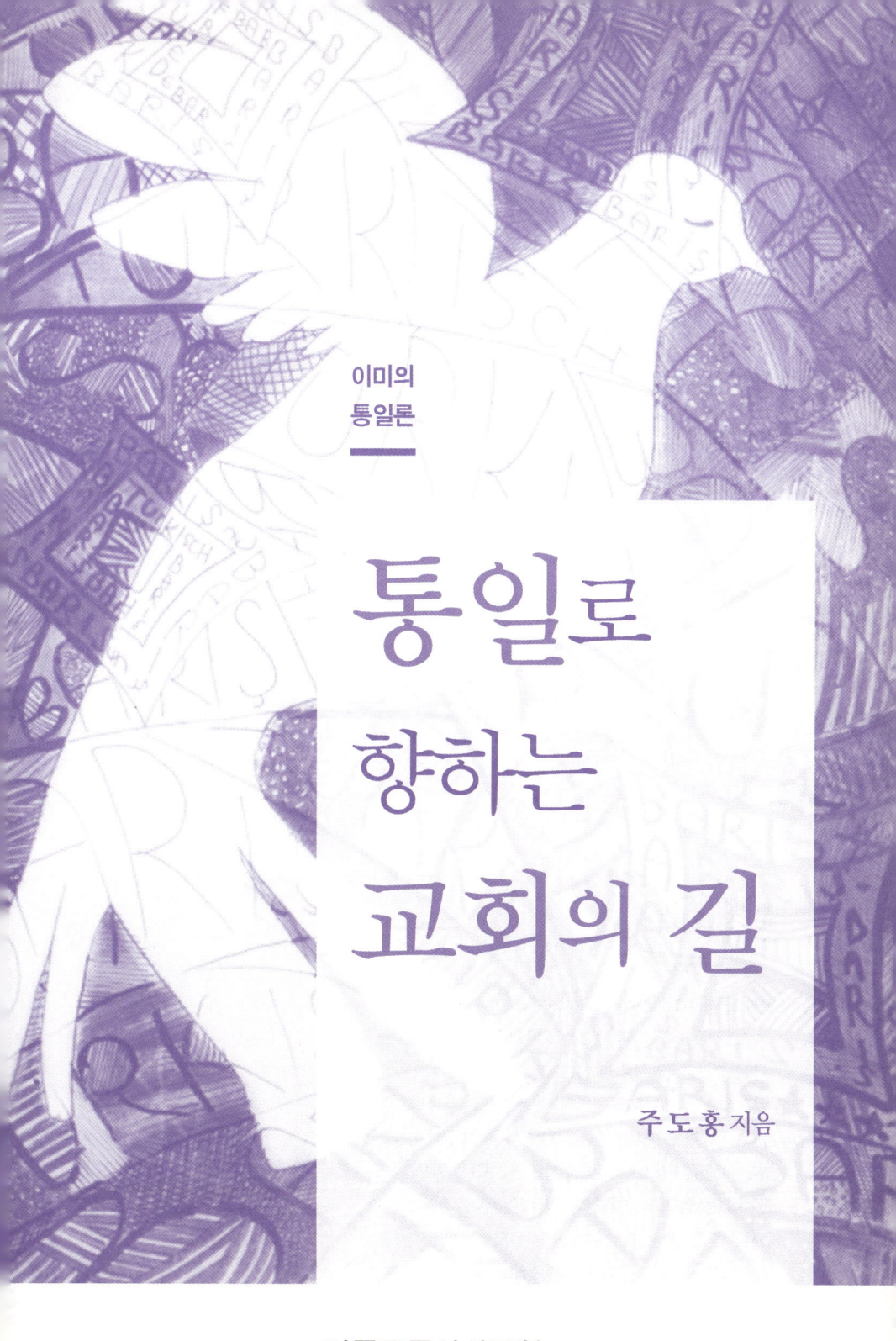

이미의
통일론

# 통일로 향하는 교회의 길

주도홍 지음

기독교문서선교회

**기독교문서선교회**(Christian Literature Center: 약칭 CLC)는
1941년 영국 콜체스터에서 켄 아담스에 의해 시작되었으며
국제 본부는 영국의 쉐필드에 있습니다.
국제 CLC는 59개 나라에서 180개의 본부를 두고, 약 650여 명의
선교사들이 이동도서차량 40대를 이용하여 문서 보급에 힘쓰고 있으며
이메일 주문을 통해 130여 국으로 책을 공급하고 있습니다.
한국 CLC는 청교도적 복음주의 신학과 신앙서적을 출판하는
문서선교기관으로서, 한 영혼이라도 구원되길 소망하면서
주님이 오시는 그날까지 최선을 다할 것입니다.

# Road of the Korean Church to the National Unification

*Written by*
Do Hong Jou Dr. theol.

Korean Edition
Copyright © 2015 by Christian Literature Center
Seoul, Korea

## 헌정사

20년 동안 하나님의 사랑으로 부족한 나를 품어주신 학교법인 백석학원과 설립자 장종현 목사님께 통일한국의 비전과 함께 이 책을 헌정합니다.

2015년 4월 17일

백석대학교 교수 **주도홍** 올림

## 추천사 1

**김명혁** 박사

강변교회 원로목사, 한국복음주의협의회 회장

내가 아끼며 사랑하는 제자 주도홍 교수가 아주 적절한 때에 그의 평생의 간절한 관심사인 '남북통일'에 관해 학문적이면서도 복음적, 실제적인 내용의 책을 저술하게 된 것을 귀하게 생각한다.

지금 우리들은 너무 세속적인 정치·경제·문화적인 관점과 가치관에 치우쳐 있다. 나는 저자의 순수한 성경적이고 십자가적인 사랑의 관점을 참으로 귀중하게 생각한다. 또한 이처럼 기독교 신학자가 반공주의와 남북통일의 문제를 순수하게 복음적으로 다루는 것을 별로 본 일이 없어 더욱 감사하게 생각한다.

그는 남북의 분단과 관련된 모든 문제를 '사랑'의 열쇠로 푼다. 그는 한국 교회가 지녀야 할 것은 이념이 아닌 십자가에 나타난 원수 사랑이며, 한국 교회가 변화되기 위해서는 예배 자체가 '삶으로 드리는 예배'가 되어야 한다고 지적한다. 또한 개인주의에 입각한 기복주의에서 벗어나, 하나님의 나라 및 하나님의 통치 관점에서 기도해야 할 것을 지적하며 윤리적인 실천을 강조한다.

그는 특별히 한국 교회의 사명과 역할을 통일 파트너에서 찾는다. 이는 칼빈(Jean Calvin)과 웨슬리(John Wesley)와 카이퍼(Abraham Kuyper)가 가졌던 입장이다. 그는 이러한 내용을 독일의 통일 과정을 살펴봄으로 구체화시키고 있다. 그는 특별히 독일에서 역사신학을 전공하였으며, 독일 교회가 수행한 사람과 섬김의 역할을 직접 목격하였다. 그러하기 때문에 그의 분석은 더욱 신뢰를 더해준다.

그는 '교회의 남북교류를 위한 5원칙'을 다음과 같이 제안한다.

① 성경적 원리를 확립하라.
② 존경받는 교회여야 한다.
③ 보답하는 사랑을 해야 한다.
④ '상처 입은 치유자'로 나서야 한다.
⑤ 정치를 이끄는 교회여야 한다.

나는 이와 같은 저자의 순수한 성경적 관점을 사랑한다. 우리는 통일에 있어서 성경의 길, 십자가의 길을 가야 한다고 생각한다. 따라서 본서는 통일을 꿈꾸는 모든 사람은 반드시 읽어야 하는 필독서로 강력히 추천한다.

### 추천사 2

**김회권** 박사
숭실대 인문대 기독교학과 교수

한국 내 보수적 개신교회에 통일화해신학을 주창해 온 저자의 통일신학 저작은 저자의 학문적 노작과 하나님에 대한 뜨거운 신앙고백이 놀랍게 조화를 이룬 책이다. 보수적 신앙인은 성경 텍스트나 신조 텍스트에는 강하지만 콘텍스트에 대한 이해가 부족하다는 통속적 세평이 얼마나 피상적인 관찰인가를 본서는 보여준다.

본서는 크게 다섯 주제를 다음과 같이 유기적으로 그리고 전진감 넘치는 서사 구조를 갖춘 채 다루고 있다.

첫째, 우리 겨레의 화해와 통일 원론을 다루는 부분
둘째, 한국 교회가 겨레의 화해 및 통일에 이바지하여야 하는 이유
셋째, 한국 교회가 벤치마킹할 수 있는 독일 교회의 겨레통일 및 화해사역 고찰
넷째, 한국 교회의 겨레통일 및 화해의지 천명, 신앙고백사 일별
다섯째, 보수적 복음주의자 김준곤 목사의 겨레의 화해 및 통일사역

이 중에서도 독일 교회의 겨레통일 및 화해사역 취급 부분과 한국 교

회의 보수적 복음주의의 겨레통일 및 화해사역 착수와 발전과정을 다룬 부분이 상대적으로 현저하게 독창적인 기여로 평가될 수 있다. 우리는 다음과 같은 부류의 예상 독자들에게 본서를 추천한다.

첫째, 겨레의 화해와 통일을 위해 애쓰는 정치 지도자, 시민운동 지도자들이 읽고 한국 교회를 겨레의 화해와 통일운동에 동반자로 삼을 수 있는 통찰을 얻어야 한다.

둘째, 한국 교회의 겨레의 화해 및 통일사역에 이미 헌신하고 있는 현장 운동가들이 본서의 통찰과 진보-보수를 창조적으로 아우르는 포괄적이고 화해적인 영성과 신학에 자극을 받을 필요가 있다.

셋째, 북한 교회 재건과 동북아 선교 시대를 내다보고 이미 기도의 장막터를 넓히고 있는 교회 지도자들이 읽어야 한다.

넷째, 겨레의 화해와 통일 등을 구원과 영적 의무보다 덜 중요한 과업이라고 생각하는 근본주의적 텍스트주의자들이 이 책의 통찰력과 사유 방식으로부터 도전을 받을 수 있게 될 것이다.

다섯째, 우리 겨레의 화해와 통일운동을 하다가 마음이 식어버린 복음청년들이 다시금 소명의 재점화를 경험하려면 본서가 유익한 길라잡이가 될 것이다.

본서는 학자적 분석, 냉정한 현실 이해를 덮어쓰기 할 정도의 뜨거운 신앙고백으로 달구어져 있다.

## 추천사 3

**박종화** 박사

경동교회 담임목사, '평화와 통일을 위한 기독교인 연합' 공동대표

통일은 물건이 아니다. 생산자가 따로 있고, 유통되는 책이 있고, 소비자가 값을 주고 사는 상품이 아니다. 통일은 삶이다. 서로서로의 삶이다. 갈라진 백성이 갈라진 틈을 비집고 서로 통하며 나누며, 서로 끌어안고 울음과 웃음을 주고받으며 살면, 그것이 삶으로서의 통일이다. 그리고 그런 통일은 이미 시작되었다. 완성을 향해 넓고 깊게 전진되고 있는 중이다. 이것이 저자의 고백적 통일론이다. 통일의 '틀 거리'를 말하는 '법적 형식적'(*de jure*) 통일론 이전에 이미 우리는 통일의 실질적 알맹이를 말하는 '삶으로 누리는'(*de facto*) 통일 말이다.

저자는 덧씌우는 인간 집단의 특정 이념이 아니라 함께 살아 주시는 하나님의 말씀인 '성경적' 관점으로 삶으로서의 통일을 '증언'한다. 머리와 가슴으로 상통하여 소통하며 읽어 주기를 바란다. 본서는 우리에게 아주 귀한 선물이다.

## 추천사 4

**양영식** 박사

통일선교아카데미 원장, 총회신학대학원 초빙교수,
성문교회원로 장로 · 前 통일부 차관

해방 70주년, 분단 70년사에 참으로 소중한 성경적 통일론의 신앙고백서가 나왔다. 이 책은 한마디로 '십자가 사랑 통일론'이라고 할 수 있다. 저자는 시종일관 예수님이시라면 무엇이라고 말씀하실지, 예수님이시라면 어떻게 행하실지를 묻고 그 답을 찾고 있다. 이데올로기에 발이 묶여 정치를 뒤따라 다니는 한국 교회의 현실을 개탄하면서, 땅의 통일, 체제 통일보다는 사람의 통일, 마음의 통일을 위해 정치를 선도해 나가야 한다고 설파하고 있다. 이를 위해 교회는 성경을 교과서로 삼고 섬김과 헌신의 길을 걸어가신 예수님의 발자취를 따라 자기 십자가를 질 것을 호소하고 있다.

저자는 독일 유학 중 서독 교회가 조건 없는 '디아코니아'(섬김과 봉사)의 자세로 정치에는 거리를 두면서도 '화평의 세력'으로서 정부와 손잡고 끝내 게르만의 사랑 통일을 구가하는 기적을 현장에서 생생하게 지켜보았다. 20세기의 통일 기적의 현장에서 '사랑 통일의 전령'으로 부르심 받은 저자는 21세기의 통일 기적을 갈망하는 분단 코리아의 아모스되기를 기도하면서 통일신학도의 험로를 땀 흘리며 걸어왔다. 사랑 통일론자인 저자는 말한다. "북한선교는 곧 북한 사랑과 다름이 아니다." 그는 한 손에는 사랑의 빵, 또 한 손에는 복음의 만나를 들고 북녘 사마리아 땅 동포에게로 달려가자고 호소하고 있다. 동시에 저자는 통일 과정에 정부와 교회가 해야 할 사명과 역할을 논하면서 '국가와 교회의 소중한 파트너십'의 확립을 권면하고 있다.

"예수님은 좌익도, 우익도 아니고 초익이다"라는 김준곤의 인식을 떠올리며, 특히 교회는 좌파와 우파, 보수와 진보의 판가름에 휩쓸리지 말고 화평의 세력으로서 정부를 선도·협력하면서 남북화해를 위한 다리 역할에 힘써야 한다고 강조하고 있다.

## 추천사 5

**이상숙** 권사
쥬빌리통일구국기도회 상임위원장

　추천사를 부탁하는 저자의 목소리는 전에 없이 가라앉아 있었다. 유탄에 너무 많이 맞아서, 분열의 분진을 너무 많이 마셔서, 인내가 한계에 달해서 라고 생각된다.

　누가 등 떠밀어 발을 들여 놓은 것이 아니다. 이 땅의 시민이면 당연히 민족의 소명을 받아야 한다고 믿어서, 일할 수 있는 50대에 10년을 저자는 아깝지 않게 드렸다. 이스라엘 역사를 보며 남몰래 기대하고 기도했다. 그런데 이 분단의 70년 앞에서 짐작컨대, 그는 통곡을 했으리라. 같은 기도를 해 온 우리 모두가 그랬던 것처럼. 오늘 나는 주님의 마음으로 저자의 눈물을 닦아 주고 싶다.

　머지않은 날을 기대하며, 그가 한국 교회에게 말하는 내용에 귀를 기울여 달라고 청하고 싶다. 잘 참고 견뎌 준 우리 모든 분의 등을 우리 주님이 쓸어 주시는 것처럼 그리고 기쁜 마음으로 본서를 추천한다.

## 추천사 6

**정일웅** 박사
前 총신대학교 총장

    통일을 향한 기독교적 성찰을 내용으로 세상에 내어놓는 저자의 귀한 책 출판을 진심으로 축하드린다. 저자는 지금까지 기독교통일학회를 설립하여 회장으로 섬기면서, 한국 교회의 성경적 통일의식을 일깨우는 일에 선구자였다. 본서 역시 한국 교회의 잘못된 통일의식 전환에 크게 기여할 수 있을 것이라 기대한다.

    무엇보다도 저자는 복음적 통일론을 제시하고 있는데, 깊은 감동이 있다. 한국 교회가 복음의 원리에 따라 막힌 남북관계를 열고 통일을 이루는 데 기여하기를 기도한다. 기꺼이 일독을 권한다.

## 추천사 7

**최갑종** 박사
백석대학교 총장

　기독교인은 세상의 아픔에 늘 동참하여야 한다. '선한 사마리아 사람'처럼 고통 당하는 세상의 이웃이 되어야 하기 때문이다. 본서는 역사신학자이며 목사인 저자의 세상을 향한 깊은 고뇌가 담긴 책이다.

　70년의 남북분단을 안타까워하며, 어떠한 상황에서도 '서로 사랑하라'는 예수님의 명령에 순종하여야 하는 한계상황에서 펜을 들고 있다. 예수님이라면 처절한 민족분단의 비참함을 어떻게 하실지를 고민한 흔적이 본서에 담겨 있다.

　신앙이란 결코 예배당 안에 갇힐 수 없기에 저자는 한국 교회를 향하여 '세상의 소금과 빛이 되라'고 부르고 있다. 독일통일에 기여한 서독 교회의 역사적 역할을 연구한 저자는 남북통일을 위해서도 한국 교회의 분명한 역사적 책임을 주문하고 있다. 한국 교회에 새로운 도전과 신선한 충격으로 다가가길 기대하며, 기쁜 마음으로 일독을 권한다.

## 추천사 8

**최현범** 박사
부산중앙교회 담임목사

남북통일은 우리 국민들이 바라는 최고의 염원일 뿐 아니라, 21세기 세계가 떠안고 있는 가장 중대한 과제이다. 이 통일이라는 과제를 풀어 가는 데 있어서 한국 교회는 커다란 걸림돌이 될 수도 있고, 결정적인 다리가 될 수도 있다. 다리가 되기 위해서는 어떤 구체적인 사역 이전에, 통일을 위해서 지속적으로 헌신할 수 있도록 균형 잡힌 통일신앙이 우리 안에 자리잡혀야 한다.

나는 본서가 바로 그 점에서 탁월하다고 생각한다. 복음적인 목회자요, 신학자요, 통일운동가이기에 그의 통일 논의는 넓이와 깊이를 골고루 갖추고 있다. 따라서 나는 본서가 한국 교회로 하여금 통일에 결정적인 다리 역할을 하도록 만드는 통일 교과서가 되기를 기대한다.

## 추천사 9

**안인섭** 박사

총신대학교, 역사신학 교수

주도홍 박사는 자신의 저서인 『통일로 향하는 교회의 길』을 통해서 분단 시대를 사는 한국의 기독교인들이 가져야 할 성경적인 통일의 방향을 제시하고 있다. 그는 이미 2006년에 기독교통일학회를 창립한 회장으로 성경적 평화통일의 이론과 실제를 제시하는 선구자였다. 이번에는 통일담론을 체계적으로 정리하여 출판함으로 한국의 기독교인들뿐 아니라 한국인들에게 큰 유익을 주고 있다.

나는 네덜란드 유학 기간 중에 통일을 위한 한국 교회의 사명에 대해서 강한 사명감을 갖게 되었지만, 막상 한국에 돌아오니 한국 교회는 통일에 대한 구체적이고 열정적인 준비를 하지 못하고 있었다. 그래서 매우 안타까운 심정으로 지내던 중에 주도홍 교수를 만나게 되었다. 주도홍 교수는 이데올로기가 아니라 성경적인 관점에서 통일을 준비하는 학회가 절실하다고 역설하면서 기독교통일학회를 창설하면서 함께 일하자고 초청하였다. 그 소리는 나에게 마치 칼빈을 제네바에 붙잡는 1536년 파렐(W. Farel)의 음성이었고, 한국 개혁주의 신학자를 향한 하나님의 강력한 부르심이었다. 그렇게 순종하던 중에 벌써 9년의 시간이 흘렀다. 당시 한국 교회의 상황을 보면 기독교통일학회는 맨 바닥에서 시작하는 선지자적인 운동이었다. 마치 독일의 개혁파 경건주의운동의 선구자인 운데어아익(Theodor Undereyck)이 계몽주의의 영향으로 죽어가던 독일 교회를 일깨우는 것과 유사하다. 점차 주도홍 교수가 이끌어 가는 기독교통일학회 메시지는 한국 교회의 메시지가 되어가고 있는 것을 목도하면서 큰 감동이 있다. 언론은 그를 '통일을 위해 뛰는 학계 대표'로 선정하기도 하였다.

그러나 좀 더 가까이 들여다보면 주도홍 교수는 하나님이 주시는 절대적인 사명감, 학문적인 주도 면밀함, 불타는 열정이 없이는 도저히 감당할 수 없는 일을 하고 있다. 주도홍 교수가 이번에 출판하는 『통일로 향하는 교회의 길』과 2011년에 출판한 『개혁교회 경건주의』라는 책을 보면, 그것은 신학과 경건, 신앙과 삶의 통전성이라는 개혁교회 경건운동을 심도 있게 연구한 신학자에게서 나올 수 있는 힘이라고 생각한다. 개혁교회의 경건주의자들이 그랬던 것처럼 신학이 그저 사변적인 곳에 머물러 있지 않고, 우리의 삶과 역사적인 현장에서 열매를 맺어야 한다는 주도홍 박사의 책의 내용은 그의 불타는 삶으로도 읽을 수 있다.

신학적으로 볼 때 주도홍 박사의 성경적 통일론의 사상적 토대는 주도홍 박사가 박사학위 논문을 통해 세계 학계에 큰 공헌을 남겼던 개혁파 경건주의운동 연구에 있다고 평가된다. 주도홍 박사는 독일의 개혁파 경건주의자인 운데어아익을 독일어판 위키피디아와 교회인물백과사전에 등재시킨 역사신학자로 저명하다. 이런 학자의 30년에 걸친 치열한 신학 연구의 성과가 지난 2011년 가을에 『개혁교회 경건주의』라는 책으로 한국의 독자들의 손에 쥐어진 바 있다. 그것은 학문적 흥미와 호기심 넘어서는 큰 감동이었다. 어눌한 후배가 존경하는 탁월한 선배 학자의 신학적 작업을 평가한다는 것 자체가 무리가 될 수밖에 없다. 그러나 주도홍 박사의 성경적 통일신학의 토대가 되기 때문에, 짧은 지면을 통해서나마 이 개혁파 경건주의 연구의 가치와 의미를 살펴보고자 한다.

한반도는 분단된 채 70년이 넘어 버려서 남과 북의 시민들은 역사적인 고난의 터널을 지나가고 있다. 그럼에도 불구하고 현대 한국 교회와 기독교인들은 세속주의라고 하는 거대한 조류 앞에서 표류하고 있다고 해도 과언이 아닐 것이다. 남북통일을 위한 교회의 관심도 이런 시대적 흐름에 의해서 영향을 받고 있는 것이 현실이다.

이런 한국 교회의 현실을 고려할 때 주도홍 교수가 소개했던 운데어아익과 개혁파 경건주의의 역동적이고 열정적인 모습은 한국 교회에 큰 위로와 유익이 됨과 동시에 방향타가 될 것으로 믿어 의심하지 않는다. 이번에 주도홍 박사의 『통일로 향하는 교회의 길』의 출판을 진심으로 축하드리며 하나님께 영광을 돌린다. 그것은 세계 학회에서 인정하는 개혁파 경건주의 연구라는 탄탄한 신학적 토대 위에서, 한국의 신학자로서 통일을 위해 간절하게 기도하며 성찰한 끝에 얻어진 값진 결실이다.

하나님의 위로와 평강이 앞으로도 주도홍 교수의 연구와 사역에 늘 함께하시길 진심으로 바라면서 그의 동역자이며 후배로서 부족한 글을 마친다.

## 차례

추천사 _ 6

| 김명혁, 김희권, 박종화, 양영식, 이상숙, 정일웅, 최갑종, 최현범, 안인섭

머리말 _ 25

### 1장 | 왜 통일을 원하는가? _ 29

그 스트레스! | 꼭 설명해야 하나? | 영화 "크로싱" | 그 몇 가지 이유들: 서로 사랑하기 위해서이다, 광활한 세상으로 나아가기 위해서이다, 북한의 복음화를 위해서이다 | 영화 "코리아" | 금수강산 삼천리

### 2장 | 통일 파트너 한국 교회 _ 41

벌써 70년이 지났다 | 아모스의 소명을 생각하다 | 공공성을 향한 추구: 칼빈, 웨슬리, 스택하우스 | 교회와 정치 | 교회가 생각하는 안보 | 교회다운 길 | 정부를 향한 제안 | 개성공단과 기독교 | 맺는 말

## 3장 | 통일 전·후 독일 교회의 디아코니아 _ 71

어떻게 섬기나? | 통일 전: 독일 교회와 한국 교회, 특별한 유대 관계, 사회주의 속의 교회, 동독 정권의 핍박, 서독 교회의 지원, 디아코니아란? 디아코니아 재단의 활약 | 통일 후: 증거와 섬김의 공동체, 재단의 역사, 재단의 현재, 기독교적 사회봉사인가?, 이상과 현실, 디아코니아의 추구 | 맺는 말

## 4장 | 독일통일이 주는 교훈 _ 97

조용한 개신교 혁명 | 한국 교회의 문제점 | 복음주의 통일운동 | 독일 교회의 사랑 | 내면의 통일 | 통일 독일 교회 | 한국 교회에로의 적용: 이념을 다스리는 복음, 개성공단은 통일모판, 기독교 대북 NGO 활동, 교회의 사회적 역할, 새 술은 새 부대에, 이미의 통일론 | 맺는 말

## 5장 | 독일통일 : 조용한 개신교 혁명 _ 127

들어가는 말 | 한국, 독일과는 달라도 | 통일 전 독일 교회의 역할 | 그 전환 1989년 | 중요 합의 | 마음의 통일 | 깨어진 꿈 | 공산주의의 잔재 | 의무 신앙교육 | 극우파의 부활 | 부흥을 외치는 독일 교회 | 교회의 사회적 역할 | 통일과 한국 교회 | 화해의 전령 | 교회의 통일 비전

## 6장 | 한국 교회의 통일신학 _ 151

21세기 최대의 사건 | 한국 교회를 진단하다: 현실을 외면하는 교회, 예배당에 갇힌 교회 | 한국 교회의 변화를 위하여: 삶으로 드리는 예배, 달라져야 하는 기도 | 교회와 남북의 분단: 교회의 십자가, 21세기 사마리아 | 분단하 한국 교회의 길: 성경적 세계관을 찾아야, 복음을 부끄러워하지 않아야, 다른 차원의 통일을 추구해야, 이미의 통일론

## 7장 | 선언문으로 본 한국 교회의 통일운동 _ 187

머리말 | 한국 교회의 통일운동 | 민족의 통일과 평화에 대한 한국 기독교회 선언(1988년) | 1994 한국 기독인 통일선언 | 한국 교회의 통일정책 선언문(1996년) | 한국기독교교회협의회 88선언 10주년 기념 선언문(1998년) | 독일 교회의 통일신학 | 이미의 통일론

## 8장 | 한국 장로교와 통일 비전 _ 221

새로운 결단의 요구 | 성경적 통일론: 원수를 사랑하라, 사마리아로 가라, 그 비유의 재고, 교회의 슬림화 | 독일통일의 교훈 | 한국 교회의 통일 준비 | 교회의 남북교류를 위한 5원칙: 성경적 원리를 확립하라, 존경받는 교회여야, 보답하는 사랑을 해야, '상처 입은 치유자'로 나서야, 정치를 이끄는 교회여야 | 맺는 말

9장 | 북한 교회 회복 _ 261

조심스러운 제안 | 어떻게 북한은 종교를 이해하나? | 북한의 기독교는? | 어떻게 북한 교회 회복을 생각하나? | 북한 교회 재건을 위한 모델: 독일 | 북한 교회 회복을 구체화할 수 있나?

10장 | 김준곤의 통일신학 _ 287

제3의 길을 가다 | 김준곤의 통일 비전 | 김준곤의 통일신학: 혁명주의자, 반전주의, 반공주의, 사랑의 통일, 복음화 통일 | 김준곤의 통일운동: 1.1.1.기도운동, 식량운동, 기독교대학생 통일봉사단, 금강산 젖염소 목장 | 맺는 말

11장 | 분단 시대 꿈꾸는 '평양 대부흥 집회' _ 319

부흥, 어게인? | 교회의 통일을 위한 노력: 평양 대부흥 100주년 기념대회, 공든 탑이 무너지랴, 실천적 대화, 사회주의 속의 교회 | 통일을 위한 교회의 역할: 루터 출생 500주년 기념대회, 실천적 준비와 행사 진행, 역사적 결과, 역사적 평가 | 요구되는 윤리적 실천 | 맺는 말

서평 _ 김명혁 박사_ 373

이미의
통일론

Road of the Korean Church to the National Unification

# 통일로 향하는
# 교회의 길

새 계명을 너희에게 주노니 서로 사랑하라
이로써 모든 사람이 너희가 내 제자인줄 알리라(요 13:34-35).

## 머리말

기독교는 사랑의 종교이다.

기독교의 사랑은 원수 사랑에서 그 빛을 발한다.

기독교의 모든 것은 십자가의 사랑이다.

사랑은 허다한 죄를 덮는다.

그 사랑을 맛본 자만이 그 사랑을 실천하러 애쓴다.

본서가 말하려고 하는 것은 '이미의 통일론', 곧 선취통일론이다. 아직(not yet) 분단이어도 그리스도의 사랑으로 북한을 품을 수 있을 때, 한국 교회는 이미(already) 통일을 맛볼 수 있다는 것이다. 꼭 법적 통일, 땅의 통일이 이루어져 어느 한 쪽이 소유권을 가져야 통일을 맛볼 수 있는 것은 아니다. 아직 나누어져 있어도 서로 만나고 오순도순 한 솥 밥을 먹으며 대화할 수 있다면, 벌써 실질적 통일의 상태로 들어 서고 있는 것이다.

본서는 70년 분단 상황을 맞이하면서 지난하게 고통하는 남북의 동족을 향한 사랑에서 시작되었다. 1945년 광복과 함께 시작된 외세에 의한 한반도의 남북의 나누임은 오늘에 이르기까지 말로 형용할 수 없는 아픔을 이 땅에 살아가는 사람들에게 주고 있다는 사실이다. 어떻게 하면 이 비극을 종식시킬 수 있을까를 한반도에 살아가는 한 일원으로서 게다가 한 기독교인으로서 고민하지 않을 수 없었다. 그러한 흔적이 이 작은 책으로 꾸며지게 되었다.

저자는 통일전문가도, 정치학자도 아니었지만, 전능하신 평화의 왕이신 하나님의 나라를 갈망하는 한 목사요, 신학자로서 부르심 받은 아모스처럼 독일통일에 있어 독일 교회의 역할을 연구하며, 성경에서 안타까운 분단을 넘어 통일로 가는 그 길을 찾으러 노력했다. 어떤 사람들은 약 2000년 전에 기록된 성경이 한국의 통일에 대해서 무엇을 말하고 있느냐고 반문하기도 하지만, 그런 질문은 명백하게 우문(愚問)이라 하지 않을 수 없다. 인간의 역사는 분열의 역사이기 때문이다. 성경의 주제인 예수님의 십자가는 바로 죄로 인해 갈라진 사람과 하나님의 하나됨, 곧 화목과 사랑을 다루고 있기 때문이다. 곧 통일의 교과서가 다름 아닌 성경이라는 점이다. 남북의 원수 맺기, 내지는 나누임은 인간 분열의 전형으로 보아도 틀리지 않을 것이다.

그런데 한국 교회가 남북의 문제를 말할 때 놀라운 사실이 있는데, 그것은 결코 성경의 관점에서 보려고 하지 않았고, 무엇보다도 이데올로기적 접근을 하고 있다는 것이다. 그토록 성경을 강조하는 '성경 기독교'인 한국 교회가 남북의 문제를 말할 때는 성경을 제쳐 두고 다른 이야기로 시작하며 흥분을 금하지 않는다는 사실에 놀라움을 금할 길이 없다. 한국 교회는 북한과의 이야기를 할 때 가장 먼저 가져오는 것은 반공주의였다. 물론 유물론적이고, 반신적이고, 반교회적인 공산주의의 북한은 6.25의 지독한 피해자였던 한국 교회가 결코 환영하고 기뻐할 수 없는 상대임에는 말할 것도 없다. 그렇지만 한국 교회가 분명히 알아야 할 사실이 있는데, 이념은 인간 역사의 시대적 산물이며, 구원의 복음은 영원불변한 진리인 하나님의 계시라는 점이다.

그러기에 복음의 관점에서 남북분단의 문제를 직시하며, 예수님이라면 이 문제를 어떻게 하실지를 마땅히 생각하고 노력해야 한다는 점이다. 그 길이 다름 아닌 복음의 길이다. 이 복음의 길에서 한국 교회는 남북통일의 지혜를 얻으리라 확신한다. 예수님이 가신 길이라면 기꺼이 그 길을 따라 갈 때 한국 교회는 교회다움을 회복할 것이다. 21세기 사마리아 북한을 향해 과연 예수님이 어떻게 하셨을까? 우회하셨을까? 포기하셨을까? 아니면 그 사마리아로 들어가셨을까?

저자는 예수님의 길을 따라 복음을 기뻐하며, 그 복음이 하나님의 능력임을 확신하며, 부족하기 그지없는 책을 세상에 내어놓게 되었다.

마지막으로, 감사를 드려야만 하는데, 본서가 나오기까지 함께 하신 분들이 있다. 추천사를 써주신 김명혁 박사님, 김회권 박사님, 박종화 박사님, 양영식 박사님, 정일웅 박사님, 최갑종 박사님, 이상숙 권사님, 최현범 박사님, 안인섭 박사님께 진심 어린 감사를 드린다. 게다가 출판을 기꺼이 허락하신 기독교문서선교회의 박영호 박사님과 편집에 갖은 애를 쓰며 함께 하신 출판사 여러분께 감사를 드린다.

분단 70주년이 되는 해,
정월 초이튿날에
주도홍

이미의
통일론

Road of the Korean Church to the National Unification

# 통일로 향하는
# 교회의 길

새 계명을 너희에게 주노니 서로 사랑하라
이로써 모든 사람이 너희가 내 제자인줄 알리라(요 13:34-35).

1장

# 왜 통일을 원하는가?

**1. 그 스트레스!**

　아침 학교에 나와 책상 위에 놓인 신문을 펼쳐 들며, 순간 내 입에서 나오는 말이 있었다. "이러기에 빨리 통일이 되어야 하는 건데!" 사실 남북관계는 한반도에 살아가는 우리의 일상에 알게 모르게 긴장감을 주며, 더 나아가 우리의 면역을 떨어뜨리며 건강마저 위협하고 있다. 삶의 활력을 빼앗고 있다. 비록 매일 남과 북이 서로를 향해 포탄을 던지고, 총을 쏘는 전쟁 상황이 벌어지지는 않는다 할지라도, 늘 전쟁 직전 내지 위기일발의 상황이 한반도에서 벌어지고 있다. 2014년 11월 말 남북 간에 벌어진 여러 양상의 싸움은 한국에 살아가는 우리에게 알게 모르게 엄청난 장애와 손해를 주고 있다. 오늘 우리 사회에서 일어나는 간단한 한 예를 들겠다. 2014년 11월 24일 저자가 펼쳐 든 한국에서 최대 부수를 자랑한다는 CH 신문을 예로 들어 보겠다.

　신문 얼굴인 제1면에 독자의 슬픔과 분노를 자아내는 북한의 연평도 포격 4주년을 맞아 전사한 군인들의 사진과 더불어 A1면 헤드라인에 "민노당 문건(文件)에 '선군(先軍)사상이 지도이념'" 기사가 A10면과 더불어 대서특필되어 뉴스로 다뤄지며, A1면 그 사진 바로 밑에 "北 '핵전쟁 터지면 청와대 안전 하겠나' 협박"이 A3・4면에 걸쳐 다뤄지고 있으며, 바로 뒷장으로 넘기면 A2면은 "제주 해군(海軍)기지 침입시위 대법원(大法院)서 7명 모두 유죄(有罪) 확정"이 자리를 잡고 있었다. A3면은 전면이 북한의 전쟁 이야기를 다루는데, "北 또 '막말 폭탄'…4차 핵(核)실험 당장 강행은 어려워"를, 바로 아래로 연이어 "北, '잠수함 미사일' 수직발사 실험 2-3차례 실시"를, 그 옆으로 "김정은, 연합 상륙 훈련 참관…유엔 인권결의에 무력시위?"를, 그리고 그 아래에는 "제1 연평해전 북한군 사상자, 수십 명 아닌 130여 명"을 뉴스로 가져오고 있다.

A4면으로 가 보면, "北 20・30代 신흥부자들 출현"을 그리고 그 바로 옆으로 "與, '북한 인권 재단 설치' 野, '대북전단 지원 안 돼'"를 다루는데, 1면에서 4면에 이르기까지 거의 모든 면을 이런 소식들이 채우고 있었다. 좀 건너 뛰어 A10면에는 "이번엔 종북(從北) 인터넷방송…김정일 사망 땐 상복(喪服) 입고 진행", 그 바로 아래로는 "'남한 변혁운동의 기본 노선은 폭력혁명' 민노당 교육 자료서 스스로 밝혀"가 다뤄지고 있으며, 계속해서 A12면에는 "北, 해외 강제노동으로 年 12억-23억불 챙겨"를 대서특필한다.

남북갈등, 남남갈등, 전쟁, 종북, 죽음, 긴장, 전쟁, 북핵, 잠수함 등의 용어로 묘사한 뉴스를 보면, 그 어느 독자도 즐거워할 수 없을 것이다. 업무에 들어가기 전 아침부터 이런 소식을 접할 때 독자들의 마음엔 이미 그늘이 생기고 한국이 처한 상황이 결코 탐탁지 않음을 실감하게 된다. 독자들로 하여금 우리가 처한 상황을 인식하게 하여 각성과 긴장을 요구할 수도 있지만, 매번 이런 뉴스가 언론을 점하고 있다면 결코 정서적으로나 심리적으로 좋은 영향을 줄 수는 없을 것이다. 이런 맥락에서 오늘 남북의 분단 상황은 가능한 빨리 종결되어 남북이 하나 되는 통일의 필요성을 절감하게 된다.

## 2. 꼭 설명해야 하나?

이러한 우리네 현실 가운데에서 통일의 필요성을 설명한다는 것은 복잡한 것이 아니다. 본래 하나였으나 나눠져 싸우는 것이 부끄러운 일이고, 이 글로벌 시대 작은 땅 한반도에서 세계와의 경쟁을 위해서도 하나 되는 것이 너무도 당연하기 때문이다. 서로 이해하고 사랑하며 오순도순 사는 것이 얼마나 소중한지는 굳이 설명할 필요가 없을 것이다. 그런데도 21세기 분단의 땅 한국을 살아가는 사람들에게 너무도 타당한 것을 설명하고, 설득해야만 하는 현실을 부정할 수 없기에, 씁쓸한 마음을 금할 길이 없다.

무엇보다도 통일이 우선순위에서 밀려난 주제이기도 하겠지만, 통일을 향한 과정이 여러 면에서 어렵기 때문에 통일의 필요성에 대한 설명이 있어야 한다. 함께 살기 위해 통일의 과정에서 많은 지혜, 노력, 희생이 요구될 뿐 아니라, 땅과 법의 통일이 된 이후에도 서로 70년 동안이나 떨어져 살아왔기에 서로의 가치관, 사고방식, 문화, 생활, 언어 등 여러 면에서 이질적인 북한 사람들과 함께 산다는 것이 결코 쉽지 않아 많은 인내와 유무형적 투자가 요구된다. 그렇다고 그 어느 누구도 하나 되는 통일을 포기하고, 둘로 나뉘어 싸우는 그 어두운 삶을 결코 기뻐하고 바람직한 삶이라고 고집할 수는 없을 줄 안다. 어떤 사람들은 노골적으로 통일을 반대하기도 하는데, 그 이유가 통일의 당위성과 유익을 모르기 때문은 아닐 것이다. 하나 되어 사는 것이 나빠서가 아니라, 하나 되어 사는 과정이 너무도 어렵다고 생각하며 무관심 내지 반대라는 입장을 제시한다고 본다.

통일 후에도 예측할 수 있는 바는 70년간의 분단으로 인한 이념 갈등의 심화를 우려할 수 있지만, 보다 바람직한 인간의 삶을 위해 사람들은 역사 가운데에서 자유민주주의 체제의 우월성을 자연스럽게 인식하고 몸으로 터득할 수 있었기 때문에 통일 독일의 경우처럼 우리도 너무 염려할 필요가 없다. 물론 예외는 얼마든지 생각할 수 있는데, 그러한 경우는 너무 마음을 둘 필요가 없는 말 그대로 예외일 뿐이다. 또한 남북의 경제적 차이가 심해 잘 사는 한국이 북한의 가난을 감당해야 한다는 부담감이 들 수도 있으나, 독일의 경우를 볼 때, 통일 이후의 경제적 부담은 국가가 책임져야 할 부분으로, 피부로 느끼는 개인들이 책임지고 출자해야 할 부분들은 그만큼 크게 부담으로 작용하지 않는다.

한편 70년간의 남북의 이질감이 너무 커져서, 단일 민족의 동질성이 크다 할지라도 남북이 쉽게 하나 되기는 어려울 것이라는 인식이 있다. 쉽게 말해, 멀리 볼 때에 통일은 좋을지라도 당장은 그냥 나뉜 채로 사는 것이 오히려 더 편하고 자연스러운 것이라는 생각이 있다는 것이다. 조금 더 노골적으로 이러한 마음을 파고 들어가면, 우리 사회의 진정한 지도자의 부재, 이기주의, 개인주의, 물질주의, 민족의식 결여, 역사의식의 부재, 근시안적 태도, 인간애의 상실, 안일주의, 불안한 경제사정, 신조어로 등장한 남의 아픔에 눈을 감고 귀를 닫겠다는 '귀차니즘'이 큰 역할을 하는 것으로 파악된다. 그러나 토인비(Arnold Toynbee)의 말대로 역사는 '도전에 응전하는' 자의 것이다.

### 3. 영화 "크로싱"

2008년 상영된 한국 영화 "크로싱"(Crossing)은 남북분단의 비극을 다루고 있다. 1990년대 북한은 먹을 것이 없어 굶어 죽어가는 아사자들이 속출하자 어떻게 해서라도 힘든 현실을 벗어나고자 '고난의 행군'을 강행한다. 이러는 가운데 북한 탄광 마을의 한 가정 세 식구 아버지, 어머니 그리고 열한 살 아들은 가정을 지키기 위해, 아니 먹고 살기 위해 공안의 눈을 피해 국경을 크로싱하여 중국 땅으로 숨어들었다. 중국 땅에서 벌목공의 삶도 결코 만만치 않았고, 그곳도 그들의 가정을 지켜 주지 않았다. 중국 공안에 발각된 그들은 뿔뿔이 흩어져 아버지는 먼저 한국으로 들어오고, 중국에 남은 어머니는 고통스러운 삶으로 병이 들어 세상을 떠나게 되고, 혼자 남게 된 11살 난 아들은 낯선 거리를 헤매게 된다.

한국에 들어온 아버지는 브로커를 통해 어렵게 거처를 알게 된 아들과 통화를 하지만 그 이상은 어쩔 수 없었다. 결국 아들은 중국-몽골 국경을 크로싱하다 길을 잃어 끝내 숨을 거두고 만다. 한국에서 홀로 살아가는 아버지는 그런대로 삶을 누리지만, 결코 행복할 수 없었다. 이 때 그는 절규한다. "예수님은 어떻게 남조선에만 계십니까? 예수님은 부자나라에만 사십니까?"라고. 이 영화는 북한의 어려운 경제 현실이 북한 사람들의 가정을 지켜 주지 못한 채 북한의 주민들을 국제 난민으로 만들 뿐 아니라, 가정까지도 철저하게 파괴시키는 것을 생생하게 보여준다.

## 4. 그 몇 가지 이유들

왜 우리는 통일을 위해 기도하고, 이를 위해 최선을 다해야 하는가? 철저한 분단의 땅을 처절하게 살아가는 한 사람의 기독교인으로서 저자는 몇 가지 이유를 들어 통일의 필요성을 말하고자 한다.

### 1) 서로 사랑하기 위해서이다

"너희가 서로 사랑하면 이로써 모든 사람이 너희가 내 제자인 줄 알리라"(고전 9:21)는 주의 말씀을 순종하기 위해서이다. 기독교는 사랑의 종교이다. 기독교가 말하는 사랑은 일반적인 사랑이 아니다. 마음에 드는 자를 선택적으로 사랑하는 그런 사랑이 아니다. 그가 사랑받을 만하기에 사랑하는 사랑이 아니다. 자격이 없는 사람을 향한 특별한 사랑, 아가페의 사랑이다. 사랑받을 수 없는 사랑을 사랑하는 별난 사랑이다. 궁극적으로 우리의 사랑은 원수를 사랑하는 원수 사랑에서 그 진가를 제시한다. 기독교가 추구하는 사랑은 원수 사랑에서 비로소 드러나고 캄캄한 밤하늘에 반짝이는 별처럼 빛난다. 곧 이러한 사랑만이 기독교인이 행해야 할 구별된 거룩한 사랑이며, 그 사랑은 죄로 인해 원수 되었던 세상을 사랑하신 예수님의 십자가 사랑을 본받는 사랑이다.

그 십자가의 사랑을 본받는 자들이 기독교인이기에 남북의 분단으로 인해 촉발된 지난한 정죄와 싸움을 그치고, 이제는 서로 사랑하기 위해 먼저 땅이 하나 되고 또 법이 하나 되는 통일을 필요로 한다. 오고 갈 수도 없기에 서로 만날 수도, 대화할 수도 없는 원수 사이에서 땅과 법의 하나됨을 통해서 비로소 사람들은 70년간의 분단을 종식시키고 사랑의 실천의 장으로 입문할 수 있기에, 우선적으로 하나의 다리 놓기에 성공할 수 있기에 우리는 통일을 원하는 것이다. 게다가 우리가 가진 것을 서로 나눌 수 있기 위해서이다.

한국 교회는 현재 먹을 것이 없어서 생존권을 위협받는 북한 동족을 돕고 싶어도 남북관계의 경색으로 인한 여러 가지 이유 때문에 안타깝게 도울 수가 없다. 그렇다면 남북이 통일이 되었을 때에 자유롭게 이웃의 아픔에 동참할 수 있게 될 것이다. 본질적으로 보면, 눈에 보이는 사람을 사랑하지 못하는 자가 눈에 보이지 않는 하나님을 사랑할 수 없다는 성경의 말씀을 영원불변한 진리로 믿기에 이를 실천할 수 있도록 우리를 갈라놓고 있는 분단을 종식시키고 통일을 필요로 하는 것이다.

## 2) 광활한 세상으로 나아가기 위해서이다

조금은 엉뚱한 논리 같지만 매우 중요한 이유이기도 하다. 작은 땅 한반도가 그것도 남북으로 나눠졌다는 것은 오늘 한국에 사는 우리가 섬에 갇힌 형국이 아닐 수 없다. 남쪽 한국은 3면이 바다이고, 위에는 녹슨 휴전선이 우리를 남북으로 단절시키고 있어 그야말로 이상한 섬에 갇혀 있는 처량한 꼴이 되었다. 그래서 외국 여행을 하려면 무조건 비싼 여비를 내고 위험 감수하면서 비행기를 타야 하니, 그 불편함과 경제적 낭비가 이만저만이 아니다. 삼천리 아름다운 금수강산이라고 노래하지만, 실상 오늘 우리는 아름다운 금강산도 저 웅장하기 그지없는 백두산도 자유롭게 오르지 못하는 반쪽 나라 백성의 신세로 전락했다.

명절 때만 되면 한국의 도로는 주차장이 되어 한국의 산야가 공해로 몸살을 앓는다. 휴전선이 없었다면 한국인은 북으로 향할 것이고 금강산과 백두산을 오르며 그리고 광활한 대륙으로 달려 중국으로 거기다 중동으로, 아니 광활한 땅 러시아로 더 나아가 여행자들의 로망인 유럽으로까지 맘껏 달리며 여행할 수 있을 것이다. 거기다 우리네 생활의 반경도 정신적으로, 경제적으로, 지리적으로, 문화적으로 여러 면에서 이미 엄청나게 달라져 있을 것이다.

그렇지만 작은 땅 한반도의 반쪽에 살아가는 우리는 넉넉잡아 네 시간이면 끝나는 반나절 여행으로 족하니, 어느덧 사람들의 소심함이 이루 말할 수 없고, 그 답답함이 스트레스로 변한다. 그래서 그런지 선거철만 찾아오면 팔도로 나눠 싸우는 백성의 꼴이 너무 흉해서 무슨 걸리버 여행국의 소인국에 들어와 사는 것 같은 착각을 일으킨다. 저자는 미국과 유럽에 오래 살면서 이러한 부정적 지역주의 내지는 패권주의를 본 적이 없다. 그 옛날 광개토대왕이 꿈꿨던 저 광활한 대륙의 기개는 사라진 지 오래이다. 그래서 그런지 한국은 인터넷 세상을 꿈꿔 온라인에서 세계를 활보하는 다른 세상의 사람들이 되었다. 이를 전화위복이라 말할 수도 있으나, 과연 꼭 그렇게 생각할 수가 있을 것인지 두고 봐야 할 것이다.

### 3) 북한의 복음화를 위해서이다

북한처럼 철저하게 복음의 문이 닫힌 땅은 극히 예외적이고 극단적인 이슬람 국가를 제외하고 지구상에 없을 듯하다. 북한에서는 탈북자들이 들어와 예수님을 믿다가 발각되면 공중 앞에서 즉결 처형을 한다니, 정말 있을수 없는 일이 이 한반도의 반쪽에서 벌어지고 있는 것이다. 한반도의 남쪽에서는 신앙의 자유가 넘쳐나 급기야 이제는 비뚤어진 한국 교회를 '개독교'라 부를 정도가 될 만큼 도를 넘었고, 북쪽에서는 아예 신앙이라는 이름을 찾아볼 수 없을 정도로 어두운 나라가 되었으니, 참으로 극과 극으로 갈린 한반도의 길이 결코 정상이라 할 수 없을 것이다.

분단 이전 평양은 '제2의 예루살렘'이라 불릴 정도로 신앙이 꽃 핀 땅이었다. 그런데 오늘의 북한 현실은 너무도 극단적으로 치우치고 있는 점을 어떻게 이해해야 할지 모르겠다. 이러한 극단적인 비정상을 바로잡는 길은 남북이 하나 되어 정상적인 나라가 되는 것이며, 무엇보다도 북한에 살아가는 사람들이 인간답게 살아 신앙의 자유를 향유하도록 하는 것이다. 신앙의 자유뿐만이 아니라, 인간다운 삶을 누릴 수 있기 위해서도 자유민주 체제로의 평화 통일이 너무도 절실하게 요구된다. 단지 빵으로만 사는 것이 인간이 아니기에, 인간이 먹고 살아야 하는 생존권만이 다가 아니며, 인간답게 자유를 향유해야 하기에 자유롭게 생각하고 믿는 신앙과 언론 및 사상의 자유는 무엇보다도 절실하게 요구된다. 한 피 받아 한 몸 이룬 단일 민족인 남북의 사람들이 함께 최소한의 인간적인 삶을 누릴 수 있도록 하는 길은 남북이 하나 되는 통일을 이루는 길임은 자명하다.

## 5. 영화 "코리아"

2012년 상영된 영화 "코리아"(Korea)는 정치 이념을 넘어 남북이 하나 될 수 있음을 보여 주는 아름다운 한 편의 영화이다. 한국의 탁구 스타 현정화의 역을 맡아 배우 하지원이 열연한 영화 "코리아"는 남북 탁구 단일팀의 실화를 배경으로 하였다.

당시 남북의 긴장감은 KAL기 폭파 사건으로 그 유래를 찾아볼 수 없었는데, 1990년 남북 고위급 회담은 체육 교류를 통해 남북의 화해를 시도하고자 당시 한창이던 축구와 탁구의 단일팀 구성을 논의해 남북분단 역사상 최초로 탁구 단일팀이 결성되기에 이르렀다. 이것은 1991년 제41회 세계 선수권대회의 우승을 겨냥한 것이었는데, 이념을 뛰어넘어 남북이 하나 되어 응원을 펼치게 되었으며, 결국 우승과 함께 전 세계를 감동시킨 남북의 쾌거였다.

더욱 놀라운 이야기가 영화에서 공개되는데, 남북이 한 팀을 이루어 경기에 출전하기 전까지 46일 동안의 힘들었던 합숙훈련 과정과 우승의 기쁨을 채 누리기도 전에 헤어져야 하는 기약 없는 21년의 오랜 이별의 순간들은 보는 이로 하여금 진한 감동을 불러일으킨다. 영화 "코리아"는 하나됨의 축복을 보여줌과 동시에 분단의 고통이 얼마나 큰 것인가도 보여 주고 있다. '왜 통일이 필요 하는가?'를 실감나게 답해 주는 영화이다.

## 6. 금수강산 삼천리

끝으로, 남궁억의 '삼천리 반도 금수강산'이라는 찬송가 가사 2절을 들으며 글을 마무리한다. 바라기는 가사를 음미하면서 한국 교회가 통일을 위해 간절한 눈물 어린 기도를 다시 재개하였으면 한다. 그리고 그 금수강산으로 함께 일하러 떠날 준비를 하는 한국 교회가 되었으면 한다.

> 삼천리 반도 금수강산 하나님 주신 동산
> 삼천리 반도 금수강산 하나님 주신 동산
> 봄 돌아와 밭 갈 때니 사방의 일꾼을 부르네
> 곧 이 날에 일 가려고 누구가 대답을 할까
> 일하러 가세 일하러 가 삼천리 강산 위해
> 하나님 명령 받았으니 반도 강산에 일하러 가세![1]

이미의
통일론

Road of the Korean Church to the National Unification

# 통일로 향하는

# 교회의 길

새 계명을 너희에게 주노니 서로 사랑하라
이로써 모든 사람이 너희가 내 제자인줄 알리라(요 13:34-35).

## 2장

# 통일 파트너 한국 교회

### 1. 벌써 70년이 지났다

현존하는 세계 유일의 국가분단인 남북의 분단은 어느 사이에 70년이 지났다. 2015년 현재 남북관계는 진전이 없고, 시계추마냥 좌우로 오고가다 불안한 포탄소리만 들릴 뿐이다. 박근혜 정부가 '한반도 신뢰 프로세스'를 앞세우며 평화 통일을 향한 나름의 '드레스덴 구상'(2014년)을 의욕적으로 제시했지만, 상대인 북한의 반응은 부정적이고 시큰둥할 뿐이다. 자신들을 통일의 파트너로 인정하지 않고 북한 붕괴 내지 북한 흡수에 중점을 둔 이해할 수 없는 괴물이라며 내팽개치고 있다. 앞선 이명박 정부 5년 동안 '비핵 3천'을 외쳤지만, 실적 없이 닫힌 단절로 남북관계는 5년을 보내고 말았는데, 박근혜 정부도 이대로 간다면 역시 아무런 열매도 거두지 못한 채 남북관계가 끝나지 않을까 염려가 된다.

물론 박근혜 정부는 이명박 정부의 전철을 밟지 않기 위해 보다 많은 노력을 기울이고 있지만, 박근혜 정부를 향한 북한의 태도가 이명박 정부를 대하는 이전 모습과 다르지 않다는 점이다. 박근혜 정부의 특단의 조치가 제시되지 않은 한 얼어붙은 남북관계를 화창한 봄날로 바꾸기란 쉽지 않을 것이다. 답답한 남북관계를 개선하기 위해서는 한국 교회가 가야할 길을 숙고하며 남북통일을 향한 국가의 파트너로서의 할 일을 생각해보는 것이 이 글의 목적이다. 그렇다고 정부를 향한 호불호의 입장을 제시하려는 것이 아니라, 교회의 길에 서서 파트너로서 마땅히 할 일을 찾는 것이다.

과연 한국 교회가 답답하고 꽉 막힌 남북관계에서 해야 할 일은 없는 것일까? 한국 교회가 비정치적으로 길을 열어 남북의 정치적 관계에 숨통을 터줄 수는 없을까? 한국 교회는 정부의 보다 지혜로운 파트너가 될 수는 없을까? 그렇다고 교회의 정치화 내지 정치신학을 말하는 것은 결코 아니다. 교회는 교회로서 마땅히 가야 할 길을 가야 하기 때문이다. 그 길은 교회의 주인 되신 예수님이 가신 길이다. 한 마디로 교회의 길은 섬김을 받으러 온 것이 아니라, 섬기러 오신 예수님의 대속의 희생 제물로 자신을 십자가에 내어놓기까지 한 온전한 섬김의 길이다.

## 2. 아모스의 소명을 생각하다

구약의 선지자 아모스는 뽕나무를 키우며 양 떼를 치는 농부로서 하나님의 부르심을 받아 벧엘의 선지자로서 활약을 하였다. 이에 공식 선지자라 할 수 있는 아마샤는 이를 이해할 수 없었고, 그의 자격에 시비를 걸며 그를 정식 선지자로서 인정하려 하지 않았으며, 농부로서 역할이나 충실하라는 것이었다. 이에 대해 아모스는 하나님의 소명을 자신의 사역의 근거로 제시하였다.[2]

저자가 백석대학교 신학대학원(당시 기독신대원) 교회사 교수로서 1997년 방배동 연구실에서 통일운동에 부름 받은 것은 구약의 뽕나무를 키우며 양 떼를 치던 농부 아모스가 선지자로 부르심을 받았던 것과 같은 처지였다. 저자는 소위 운동권 학생도 아니었으며, 그들이 읽는다는 책 한 권조차 손에 들어 본 적이 없었다.

그때까지 저자는 통일운동의 구경꾼이었으며, 국외자였다. 이 부분에 전문적인 연구도 전혀 하지 않은 평범한 목사였다. 신학도의 한 사람으로 독일에서 교회사의 가장 보수적인 주제인 17세기 독일 개혁교회 경건주의를 연구하였을 뿐이다. 한 마디로 통일운동과는 거리가 먼 평범한 신학자였다. 물론 독일 유학시절 한국인인 저자는 독일통일을 경험하며 통일과는 전혀 거리가 멀게 보이는 지난한 분쟁 가운데 있는 남북관계를 생각하며 한없이 부러움에 잠길 뿐이었다.

그런 저자가 갑작스럽게 통일운동에로 하나님의 부르심을 받았다. 그것은 하나님의 소명으로, 조국의 남북분단에 대해 어떻게 생각하며, 계속해서 서로를 헐뜯고 싸우며 원수관계를 유지하는 것이 과연 하나님의 뜻인지, 복음과 분단이 어떤 관계이며 한국 교회가 이런 상태로 계속 가도 되는지, 복음의 요청인 사랑, 원수 사랑은 남북관계와 상관이 없는 것인지, 남북분단이 그저 정치적인 문제만인지, 분단이 얼마나 영적으로 거대한 죄악인지를 생각하며 깨달음을 갖게 하셨다. 독일통일에서 서독 교회의 소중한 역할이 주는 교훈은 없는 것인지 또한 생각하게 되었다. 분단 상황에서 이념에 발목 잡힌 채 복음의 능력을 발휘하지 못하는 한국 교회에 대해서도 생각하게 되었다. 곧 한국 교회가 분단을 넘어 통일을 향하는 여정에서 확실한 몫이 있다는 것이다.

나의 소명을 정리하면 네 가지이다.[3]

첫째, 한국 교회가 남북분단을 영적인 눈으로 바라보며 얼마나 무서운 죄악 가운데 한반도가 진통하고 있는지 인식하기를 바란다는 점이다.

둘째, 좌파, 우파, 진보, 보수의 한 편을 지지하면서 통일에 관한 입장을 찾을 것이 아니라, 그것을 떠나 성경적이고 복음적인 통일론을 정립하라는 것이다. 곧 예수님이라면 남북분단의 대치상황에서 어떻게 하실지를 찾으라는 것이다.

셋째, 한국 교회의 각성으로, 한국 교회가 복음에 근거하여 분단을 극복하기 위해서 국가의 소중한 파트너로서 역할을 감당할 수 있다는 사실을 인식하는 것이다.

넷째, 한국 정부의 인식의 전환이다. 한국 정부가 빈번히 남북관계에서 한계상황에 마주치는데 스스로의 무력과 한계를 인정하고 한국 교회가 남북분단을 넘어서는 일에 있어 중요한 파트너가 될 수 있음을 인정하기를 바란다는 점이다.

## 3. 공공성을 향한 추구

16세기의 칼빈(J. Calvin, 1509-1564), 18세기의 웨슬리(J. Wesley, 1703-1791), 20세기의 스택하우스(M. L. Stackhouse)를 통해 들어 보고자 한다. 무엇보다도 보수적 한국 교회는 여전히 이원론에 머물며 남북분단을 넘어 통일을 향하는 데 있어 자신들의 분명한 역할이 요구됨에 대한 확신을 갖고 있지 못하다. 한반도의 반쪽이 독재와 가난, 억압과 착취에 시달리고 있어도 한국 교회는 공허한 이웃 사랑을 아무런 양심의 가책 없이 거룩하다는 강단에서 큰 소리로 반복하여 외치고 있을 뿐이다. 한국 교회가 북한을 향해 공통적으로 갖는 태도가 있다면 과거 그들로부터 당했던 아픈 상처를 반복하여 기억하며 성토의 메시지를 복음의 요청과는 무관하게 반복할 뿐이다.

원인을 조금 더 세분화 하면 두 가지이다.

첫째, 교회는 성속의 분리로 인한 이원론에 빠져, 거룩하고 정치는 속되어 교회가 관여할 일이 아니라는 생각과 무관심과 무지로 인한 편견이 남북관계에서 주를 이룬다.

둘째, 과거 한국 군부독재의 학습효과로 통일은 단지 정치가의 독점업무로서 이에 참견하는 경우 반정부이며, 사상적으로 편향된 사람들이라는 고정관념에서 한국 교회가 벗어나지 못하고 있다.

1974년의 '로잔선언'이 복음주의 교회의 사회정치 이슈에 대한 관심을 불러 일으켰고, 그것은 교회와 세상의 관계에 대한 한국 교회의 사회적 관심의 전환점을 이루었다. 사실 그때까지 한국 교회는 남북문제에 대한 관심 내지 참여에 확신을 갖지 못하고 있었다. 한국 교회는 이 로잔 선언을 통해 사회적 이슈를 비로소 조심스럽게 교회 안으로 가져오기 시작했다. 어쨌든 그런 맥락에서 간략하게나마 교회와 국가의 관계를 교회사적으로 살펴보는 일은 뜻있는 일이라 생각한다.

### 1) 칼빈

칼빈에 의하면, 국가와 교회는 긴밀한 파트너십을 형성해야 한다. 국가와 교회는 혼합되거나 중복될 수 없을 만큼 전혀 다른 본질을 가진, 분명하게 서로 구별된 것이다. 그렇다고 국가의 통치를 본질적으로 완전히 부패한 것으로 이해해서도 안 되며, 실제로 두 통치가 서로 대립하는 것도 아니다. 칼빈은 하나님의 나라가 우리의 이 땅의 삶, 곧 국가를 통해 구현되는 일을 기대하며 그것에 대해 긍정적이다.[4] 칼빈은 이처럼 국가와 교회의 아름다운 파트너십을 추구했다고 할 수 있는데, 그 모델이 바로 제네바 시의회와 제네바 교회의 관계였다.

칼빈은 1537년 『기독교 강요』 요약 제37장 '국가의 공직자'편에서 국가의 공직에 대해 매우 긍정적으로 이해한다. 칼빈은 국가를 다른 의미에서 하나님의 일을 하는 '하나님의 종들'로 묘사한다. 그래서 이 하나님의 종들은 마땅히 우리 주님을 생각해야 하며, 마땅히 하나님의 종들로서 백성의 신앙생활과 국민의 생활이 잘 이루어져, 국가의 번영과 평화가 확보되도록 일해야 한다.

주님은 이 신분을 우리에게 강하게 추천하시며 이 신분의 고귀한 존

엄성을 말씀하신다. 잠언 8:15-16에 따라, 왕들은 다스리고, 장관들은 질서 있게 처리해야 하며, 재판관들은 이 땅의 위대한 아들이라는 사실은 주님의 지혜에서 나온 것이다. 주님은 다른 곳(시 82:6-7)에서 이 공직자들을 신들(gods)이라 부르신다. 왜냐하면 이들은 주님의 일을 하기 때문이다. 사도 바울은 공직자들의 직책들이 하나님의 선물들(롬 12:8)이라고 한다. 더 나아가 바울이 이 문제를 더 본격적으로 논할 때에는(롬 13:1-7), 하나님이 이들의 권세를 정하셨고, 이들은 선행하는 자들을 칭찬하며 악행하는 자들에게 하나님의 진노를 내리는 하나님의 종들이라고 명쾌하게 가르친다.[5] 따라서 교회는 이들의 구원과 번영을 위하여 주님께 기도해야 하며, 이들의 통치에 순응해야 하고 이들의 법과 제도를 따라야 하며 이들에게 부과된 의무, 그것이 납세이든 아니면 어떤 직책이든 간에 수행해야 한다.[6]

이러한 하나님의 종들을 향한 칼빈의 입장은 그가 악한 통치자이든지 혹은 선한 통치자이든지 모든 공직자에 대한 순종을 요구한다. "이 두 경우 모두 권세는 하나님에 의하여 주어졌기 때문에 우리가 이 권세에 저항하면 하나님의 질서와 제도를 거역하는 것이나 마찬가지이다."[7] 칼빈은 한 가지 조건을 달고 있는데, "모든 왕의 명령들은 이 주님의 명령을 따를 것이어야 한다"는 것이다.[8] 곧 주님의 뜻에 반대되는 명령을 왕들이 할 경우, 그러한 명령은 아랑곳하지 않아도 괜찮다. 오히려 우리는 사람보다 하나님께 순종해야 한다(행 4:19).[9] 이처럼 칼빈은 악한 통치자에 대해서 어쩔 수 없이 받아들일 수밖에 없고, 다른 대안을 제시할 수 없는 정도의 수동적 태도를 보이고 있다.

그러나 1559년 『기독교 강요』 마지막 판에 가서 칼빈의 입장은 다르게 나타나는데, 역사에 등장했던 악한 국가의 지도자들을 '미친 사람'으로 일컬으며, 그들을 통치자로 인정할 수 없고, 순종할 수 없다는 것이다.[10] 그러면서도 칼빈은 여전히 모든 통치자들의 권세를 하나님께로부터 온 것으로 이해하며, 철저히 악한 지도자들까지도 '땅에 임하는 여호와의 진노'로, 하나님의 저주의 일환으로 간주한다.[11] 그러면서도 칼빈은 악한 지도자를 하나님께서 처리하신다는 사실을 잊지 않는다. 악한 정치 지도자에 대한 칼빈의 입장은 분명하다.

> 우리는 하나님 다음으로 우리를 다스리는 자들에게 복종해야 한다. 그러나 오로지 하나님 안에서만 복종해야 하는 것이다. 만일 통치자들이 하나님을 거스르는 일을 명령하면, 그 명령은 듣지 말아야 한다. 그리고 이때에는 통치자들이 소유한 위엄에 대해서는 전혀 개의치 말아야 한다. 하나님의 고유한 최고의 권세 앞에서는 그들의 위엄이 낮아져도 아무런 해가 없는 것이다.

이처럼 통치자들을 향한 칼빈의 결론은 명료하지만, 악한 통치자를 어떻게 분류해야 하며, 어떤 점에서 순종과 불순종을 구분해야 하는지에 대해서는 현실적으로 질문의 여지들을 남겨 놓는다. 칼빈의 국가 공직에 대한 이해를 두고 볼 때 다음과 같은 추론이 가능하다.

① 기독교인들로서 공직에 부르심을 받는 일을 기꺼이 감당해야

한다.

② 가능하다면 기독교인들이 이 공직에서 하나님의 종들로서 하나님의 뜻을 순종하는 것을 무엇보다 바람직한 일로서 이해해야 한다.

③ 영적 통치인 교회와 국가의 통치 관계는 이럴 경우에 얼마든지 좋은 파트너십을 형성할 수 있다.

### 2) 웨슬리

감리교의 창시자 요한 웨슬리는 기독교의 사회성을 매우 중요하게 여긴다. 기독교가 사회성을 잃어버리면 기독교의 존재 의미를 잃는다는 것이다. 물론 웨슬리가 이것을 체계적이고 세련되게 21세기의 공공신학으로 승화시키지는 못하고 있지만, 웨슬리는 세상 속에 드러나는 기독교 복음의 역할, 곧 사회성 대해 분명하게 입장을 밝히고 있다.

웨슬리는 마태복음 5:13-16의 설교 '세상의 소금과 빛'을 통해 사회적 종교로서의 기독교를 힘주어 말한다.[12] "기독교는 본질적으로 사회적 종교이며, 따라서 이 종교를 고립시킬 때 이것은 죽고 만다"는 것이다.[13] 기독교를 사회와 고립된 종교로 만들어 갈 때, 결국 기독교는 사라지고 말 것이라는 의미이다. 무엇보다도 참 신앙을 은폐한다는 것은 불가능할 뿐 아니라, 이는 창시자인 예수 그리스도의 뜻이 아니라는 것이다.[14]

또한 웨슬리는 교회의 평화를 위한 노력(peace making)에 대해서도 매우 적극적이다. 그는 "기독교에서 이 덕을 제거한다는 것은 기독교의 존립에 있어 역시 치명적이라 아니 할 수 없다"고 고백한다. 기독교는 이

러한 소중한 사회적인 소명에 매우 예민하게 반응해야 한다는 것이다.[15]

> 우리 속에 있는 향기를 우리가 접촉하는 모든 것에, 우리가 섞여 사는 그 사회에 발산해야 하지 않겠습니까? 이것이 하나님께서 우리를 이 세상에 두시고 다른 사람들과 섞여 살게 하신 본의입니다.[16]

웨슬리는 기독교의 사회성을 내면 신앙의 필연 결과로 이해한다.

> 우리가 참된 종교를 우리 속에 가지고 있다면 이것은 필연적으로 외부에 나타나지 않을 수 없을 것이며, 만일에 나타나지 않는다면 이것은 하나님의 근본 목적에 어긋나는 것입니다. 예수 그리스도의 종교를 가진 자는 이를 숨길 수 없습니다. 예수님은 이 진리를 이중적 비유로 밝히셨으니 그는 "너희는 세상의 빛이라 산 위의 동네가 숨겨질 수 없다"(마 5:14)라고 하셨습니다.[17]

웨슬리는 "사람이 등불을 켜서 말 아래 두지 아니하고 등경 위에 두나니 이러므로 집 안 모든 사람에게 비치느니라"(마 5:15)를 인용하며 이 세상에서 기독교인들이 보다 적극적으로 그리스도의 복음의 빛을 세상에서 밝히 드러내고 나타내야 한다는 것이다.[18]

> 종교가 사회적이 되어야 한다는 것에 대하여 성경과 인간의 이성이 이렇듯이 명백히 증거하는데도 불구하고 그 반대자는 그럴듯한 이

유로 기독교인이 사회와의 접촉을 끊고 은둔적 생활을 해야 한다고 합니다. 이렇게 생각하는 사람이야말로 기독교의 사회성을 파괴하려는 사탄의 흉계를 알지 못하는 자라 할 것입니다. 기독교의 사회성을 부인하는 이론은 다양할 뿐 아니라, 또한 철저하기 때문에 우리는 성령의 지혜로 이를 간파해야 하며 하나님의 능력으로 이를 타파해야 합니다.[19]

결론적으로 웨슬리는 "너희 빛이 사람 앞에 비치게 하여 그들로 너희 착한 행실을 보고 하늘에 계신 너희 아버지께 영광을 돌리게 하라"(마 5:16)는 말씀을 인용하며 탈세상적이고 폐쇄적인 신앙적 자세를 가진 자들을 사탄의 계략에 넘어간 자로 일컬으며, 그들을 성령의 지혜로 물리칠 것을 요청한다. 이 기독교의 사회성이야말로 오로지 우리의 하늘 아버지 하나님께 영광을 돌리는 것이기 때문이다.[20]

### 3) 스택하우스

미국 프린스턴신학교의 스택하우스는 현대 교회가 공공신학에 바로 서서 진정한 교회상을 정립할 것을 요청한다.

공공신학은 배타주의 집단에 의한 모든 종교적 자아찬양(self-celebration)에 대해서 비판적인 시선으로 바라보고, 공통담론(common discourse)이 파악할 수 있는 방식으로 공동의 삶을 다룰 수 있는 역량을 양성하려고 노력한다. 요컨대, 공공신학은 시민종교의 또 다른 이름이 아니다. 공공신학은 사회적 삶에 있어 종교의 역동성이 갖는 힘을 인정하는 것이며, 역동성의 어떤 특질이 유효하고 정당한지를 평가하기 위한 기준을 감정(鑑定)하는 것이다.[21]

공공신학은 종교가 문화 속에서 작용하는 방식을 매우 진지하게 받아들이게 되는데, 이는 단지 신앙과 계시에만 초점을 맞추는 배타적인 일부 교리적 전통들과는 대조를 이룬다.[22] 사실 계몽주의는 종교를 사적 영역으로 추방하였으며, 종교와 신학에게 공적 역할을 허용하지 않았다. 그러다 보니 어느새 종교는 고립된 채로 자기들만의 언어를 가지게 되었는데, 이 점에서 공공신학은 엄격한 자기 성찰이 요구된다.

곧 신학적 언어 내지 신앙적 언어를 중립적인 언어로 바꾸어 진술해야 하는데, 그럴 경우에만 합리주의적 소통이 세상과 가능하며, 게다가 공적 담론의 장으로 나올 수 있다는 말이다. 사실 많은 종교적 언어는 처음 들으면 생소하게 들리는데, 그것은 형이상학적이고, 상징적이며, 신화적이고 시적이다. 그래서 기독교는 세속적이고 합리적인 주장을 이해 가능한 용어로 표현할 수 있을 때, 세상의 소금과 빛으로서 그 역할을 감당하게 된다.[23]

스택하우스는 자신의 입장을 떠받치기 위해 센델(Michael Sandel), 페리(Michael Perry), 월터스토프(Nicholas Wolterstorff)를 가져온다. 철학자 센델은 일반적으로 통용되는 사회 정의는 종교적 담론과 결코 분리되어 생각할 수 없다고 보며, 페리는 인간의 존엄성과 이웃 사랑을 향한 최고의 인식은 종교적 논의를 통해서 확보될 수 있는 것으로 본다. 월터스토프는 자유민주주의 정치는 정의에 관한 토론의 장을 제공할 수는 있으나, 논쟁 중인 그 어떤 문제를 해결할 수는 없다고 경험적으로 이해한다. 따라서 그는 신학의 역할을 심각하게 억제하려는 사람이야말로 근본적으로 차별적이라고 본다.[24]

공공신학과 정치신학은 구별되는데, 정치신학은 정부의 정책입안에 있어서 정치와 신학을 너무 직접적으로 연결하는 반면에, 공공신학은 하나님의 통치의 원칙과 목적이 공동의 삶의 조직 안으로 스며들게 하려 한다. "공공신학은 정치에 대한 사회 이론을 채택하는 경향이 있고 정치신학은 사회에 대한 정치적 관점으로 기우는 경향이 있다."[25]

스택하우스는 정치신학이나 시민종교와는 거리가 먼 성경에 입각한 공공신학을 현대 교회가 바로 이해하고, 교회가 분명하고 확실한 음성과 행동으로 세상을 변화시키는 역동적 역할을 감당할 것을 주문한다. 이는 정치가 갖고 있는 한계를 인식하며, 그 틈새 블루오션에서 고난당하는 세상을 향한 교회만의 사명을 감당하여 세상을 변혁하는 교회의 소명에 충실히 응답할 것을 요청한다.

세 사람의 입장은 동질성을 갖지만, 시대와 상황적 배경이 달라 차이점도 적지 않다. 칼빈의 땅, 16세기 스위스의 제네바는 어떤 면에서 신정(theocracy)으로 생각할 정도로 정치와 교회의 관계는 긴밀하였다. 18세기 웨슬리의 땅, 영국은 민주주의의 고향으로 생각해도 부족함이 없는 정치적 배경으로, 그곳의 교회와 국가의 관계는 그 어떤 땅보다도 앞서서 구분되었다. 스택하우스는 중도적 입장을 가진 20세기 신학자로서 구별된 이해를 무시할 수는 없을 것이다. 그럼에도 저자가 세 사람의 주장을 살펴본 이유는 남북분단으로 인하여 이데올로기에 경직된 한국의 교회가 그들로부터 분명히 경청할 내용이 있다고 생각하기 때문이다. 그 내용이란 바로 교회가 세상의 소금과 빛으로서의 역할을 기억하고 세상을 복음의 능력으로 변혁시켜야 한다는 사명에 대한 강조이다.

## 4. 교회와 정치

한국 교회, 그 중에서도 다수인 보수적 성향의 장로교회는 신학적으로 개혁신학을 표방하고 있지만, 복음주의적 이원론을 극복하지 못하고 있기에, 바른 기독교 세계관에 입각한 공공신학의 필요성이 요청된다. 사실 개혁신학은 그 어떤 신학이나 사상들보다도 정치에 대한 많은 관심과 참여적 요소를 가지고 있다. 하나님의 절대주권과 인간의 전적 부패(타락)를 직시하고 있기 때문이다. 목사, 신학자, 언론가, 정치가였던 아브라함 카이퍼(Abraham Kuyper, 1837-1920)의 말대로, 우주에 한 치의 땅도 하나님이 다스리지 않는 영역이 없기 때문에 하나님의 주권은 국가와 정치에도 드러나야 한다.

그런 맥락에서 그의 백성이 정치에 어떤 모습으로든지 참여하는 것은 자연스러운 것이다. 앞에서도 말했지만, 칼빈은 위정자들을 부르신 목적은 정의의 구현으로, 강자의 폭력과 비행으로부터 무죄한 약자를 지키는 것인데, 힘을 가진 위정자에게 요구되는 것은 먼저 도덕성이다.

물론 부패한 인간으로서 정치가가 힘을 가졌을 때, 그가 어느 정도 도덕적일 수 있는지에 대해서는 많은 의문점을 제시하게 된다. 한 사람이 권력을 독점하는 것에 대해 칼빈은 비판적이었다. 이런 맥락에서 칼빈은 사람들의 일반투표를 통한 정부를 생각하였으며, 여러 사람이 함께 통치 하는 정치형태가 더 안전하다고 생각하였다. 칼빈의 사상이 장로교 정치제도와 민주주의 정치제도의 형성에 나름대로 역할을 했다고 볼 수 있다.

이러한 맥락에서 손봉호는 원리적인 면에서 개혁교회와 정치의 관계를 제시한다. 정치도 하나님의 주권하에 있으므로 기독교는 정치에 참여할 수 있으며, 하나님의 영광, 정의의 구현, 신앙의 자유를 위해서도 정치에 참여해야 한다. 그럼에도 불구하고 한국에서의 교회의 정치참여가 실제로 얼마나 하나님의 영광을 드러낼 수 있을 것인지에 대해 손봉호는 회의적인데, 한국의 안타까운 정치현실과 한국 교회 성도의 미성숙을 그 이유로 든다.

화란의 대표적 개혁신학자이며 바람직한 정치가였던 아브라함 카이퍼와 같은 인물이 한국에서 나오기 위해서는 정치적 능력과 더불어 신앙적, 도덕적 자질이 전제된 인물이, 게다가 기독교 세계관을 정치이념으로 내세워도 한국사회가 이해하고 받아들일 수 있는 정치적 환경이 미리 어느 정도 조성되어야 할 것이다.[26]

그렇다고 손봉호가 한국 교회가 한계에 부딪힌 정치의 중요한 파트너가 되기에 역부족이라는 주장을 하는 것은 아닐 것이다. 게다가 한국은 오랜 기독교 역사와 전통을 가진 화란과는 차이가 있기 때문에 여전히 기독교적 세계관을 앞세우며 대통령이 되기에는 어려움이 많은 것은 사실이다. 그럼에도 성경적 가치관을 갖는 탁월한 정치인들이 한국에서 배출되는 것을 기대하지 말라는 것으로 생각한다면 그것은 너무 부정적이라 하겠다. 얼마든지 한국 교회가 세상의 소금과 빛으로서 먼저 국가와 중요한 정치적 파트너십을 형성할 때, 그 다음 단계에서는 한국에서도 얼마든지 기독교 세계관을 정치 이념으로 구현하려는 바람직한 대통령 그리고 훌륭한 정치인들이 칼빈이 일컫는 '하나님의 종들'로서 배출될 것을 기대한다.

## 5. 교회가 생각하는 안보

유엔의 통계에 의하면 6.25 때 북측 사상자는 52만 명, 민간인 사상자 272만 8,000명으로 남측보다 2배나 많았다. 중공군 사상자만 90만 명이었다니 그 피해는 남측에 비해 실제로 4배 정도였다 한다.[27] 제2차 대전 때 유럽에 떨어진 포탄의 수보다 많은 무기가 6.25 때 한반도에 떨어졌고, 남북을 합쳐 수백만 명이 죽어 갔고, 우리가 일반적으로 아는 대로 1,000만 이산가족이 생성되었다.

그 가운데 상당수의 이산가족들은 부모형제를 그리워하다 상봉하지 못한 채 대부분 세상을 떠나고 있지만, 여전히 오늘날에도 이산가족 상봉은 중단되어 이루어지지 않고 있다. 분단 약 70년 동안 과연 한국 교회가 얼마나 이산가족들의 한이 맺힌 눈물을 보며 "우는 자들과 함께 울라"(롬 12:15)는 성경의 요청에 순종했는지 물어야 한다.

이렇듯 남북관계는 한 맺히고 지난(持難)한 비인간적 원수관계로 막혀 있고 고착되어 있다. 현재 남북은 헌법적으로 서로를 주적으로 간주하며 1953년 이후 휴전 상태로서 대치 상태가 계속 되며 늘 한반도에는 예측불허의 긴장감이 상존하고 있다. 동족상잔의 6.25로 인한 상처 역시 쉽게 가시지 않고 있다.

남북은 분단 이래 69년이 지났고 비록 지구촌에서 냉전은 사라졌지만 한반도에는 그 냉전이 여전히 지속되고 있다. 그런 면에서 너무 비현실적이고 이상적인 주장만으로는 설득력이 약할 수밖에 없다는 생각이다. 그렇다고 한국 교회가 상대를 적군이기에 때려잡자고, 무찔러야 한다고 말하기에는 십자가의 복음에 설 때 결코 쉽지 않을 것이다.

교회사 속에서 성전(holy war) 또는 정당 전쟁(just war)에 대한 많은 논란이 이어지고 있지만, 기독교인들이 중세 십자군처럼 적을 무찌르기 위해 적극적으로 총칼을 들고 싸우며 상대를 살해하는 일에는 쉽게 정당성을 확보하지 못하고 있다. 교회는 특히 산상수훈에서 예수님의 교훈과 성육신의 신학에 근거하여 나름의 원리를 제시한다. 독일의 경우 기독교인의 군복무에 대해 두 가지 관점을 가지고 있다.

① 신앙양심에 비춰 군복무를 거부할 수 있다.
② 정당방어의 입장에 서서 군복무를 할 수 있다.

두 경우가 나름대로 그 의미가 있기에 교회 윤리는 한쪽에 서서 서로를 비방하는 것을 삼간다.

교부 아우구스티누스(Augustinus, 354-430)는 사회의 질서와 덕을 끼치기 위해 전쟁에 참여하는 것을 정당한 것으로 인정했다. 그렇지만, 독일의 경우 분단 시절 군목제도에 대해서도 적지 않은 논쟁이 있었고, 결국 서독의 군목제도는 동서독 교회를 급기야 나눠 놓은 명목상의 이유가 되어야만 했다.[28]

그렇다면 평화의 사도로 부르심 받은 한국 교회는 어떻게 해야 할지 숙고해야 할 것이다. "할 수 있거든 너희로서는 모든 사람과 더불어 화목하라"(롬 12:18)는 주의 명령 앞에 모른체 할 수는 없을 것이다. 이러한 현실에서 저자는 개인적 경험을 통해 교회적 안보(security)를 생각하려 한다.

신학을 하는 저자의 둘째 아들이 대학 시절 여름방학이 되면 사회봉사를 하였다. 한번은 워싱턴 D. C.의 빈민가로 떠났다. 그곳은 저소득층의 사람들이 사는 곳으로, 깨어진 가정, 마약을 하는 부모들, 알코올 중독자가 넘쳐나며, 범죄율이 높으며, 총을 든 갱단이 활보하며, 부모들이 범죄로 인해 투옥 중에 있어 10대 소녀 소년들이 거의 방치되고 있었다. 그들의 학업성취도는 거의 바닥이었으며, 미국사회의 거대한 문제였다. 이곳에 가서 두 달 정도 봉사를 했다. 어떻게 생각하면 생명이 위협받는 무시무시한 현장에서 그 무엇을 할 수 있을지 상상할 수 없었고, 한편 "과연 그들을 정말 사랑의 대상으로 삼을 수 있는가?"라는 물음이 있었다. 그러나 교회봉사단들은 그곳에 찾아 들어가서 그들을 친히 섬기며 아름다운 열매들을 거두고 있었다.

그들은 사역을 위해 우선 안보를 확보해야 했는데, 그것은 그들이 머물고 교육하는 장소를 높은 철조망으로 울타리를 쳐 주어야만 하는 것이었다. 물론 그들을 사랑하기에 아무런 대책 없이 그들 가운데로 가서 섬김의 사역, 사랑의 봉사를 할 수도 있었겠지만, 그들은 나름의 안보 곧 안전을 확보한 후에 사역을 시작하였다. 한국 교회가 생각해야 할 안보는 여기서 나아가 나름의 원리를 가질 수 있지 않을까 생각한다. 이에 대해서는 추후 더 많은 논의가 별도로 계속되었으면 한다.

## 6. 교회다운 길

한국 교회는 한국의 현 정치상황이 어떠한지를 인식하는 분명한 성찰이 요구된다. 한국 교회는 순진하게 한국정치에 모든 것을 맡겨서도, 모든 희망을 걸어서도 안 된다. 진도 앞 바다에서 비참한 무능력을 보여준 '세월호'는 한국 도처에 견고한 성처럼 자리잡고 있다.[29]

한국의 정치는 그러한 면을 더욱더 부정할 수 없을 것이다. 그럼에도 오늘의 정치현실에 대한 소중한 과제를 다 맡겨버리는 우를 범한다거나, 너무 큰 기대를 갖는 것은 분단의 긴 세월을 통해서 볼 때 어리석은 일이라 하겠다. 더욱이 정치가들의 꽁무니를 따라다니며 이득을 보려는 태도는 한심하고 부끄럽기 그지없는 일로 교회는 어리석음을 확실히 삼가야 하겠다. 특히 남북분단을 넘어서서 통일로 향하는 거대한 과업을 독점적으로 정치가들에게 맡겨둔 채 방관하며, 한국 교회가 아무런 일도 하지 않으려 한다면 통일에 대한 큰 책임을 면치 못할 것이다.

사실 남북분단을 극복하는 문제에 있어서 어쩌면 한국 정부는 현실적으로 한계에 부딪혀 있다 해도 과언이 아니다. 그렇다면 교회는 남북관계를 교회의 길에 서서 비정치적으로 풀려는 자세가 있어야 하는데, 그것은 곧 인도주의적인 사랑의 길이라 할 것이다. 이 길은 정치적 이념을 넘어서서 가는 다른 길이다. 여기서 한국 교회가 분수에 넘게 정치적 길을 가려 해서는 안 된다. 교회의 몫은 여기서 일종의 파트너일 뿐이다. 그래서 교회는 아주 순수하게 교회의 길에 우직하게 서야 한다. 이 때 교회는 비둘기처럼 순결하고 뱀같이 지혜롭게 이 길을 가야만 한다. 그럴 때 남북관계는 다른 길에서 열릴 수 있다.

독일통일에서 독일 교회의 역할이 바로 이러한 교회의 길에 서서 갈 때 동서분단을 넘어섰던 것이다. 이러한 점에 대한 교회의 바른 인식은 한국사회에 신선한 충격을 줄 뿐 아니라, 한국 정치에도 새로운 길을 제시하여 정치가 여러 가지 이유로 풀지 못하는 남북관계 해결에 있어 한국 교회의 동반자적 관계의 중요성을 인지하게 될 것이다. 교회가 분단을 넘어서는 일에 있어서 소중한 파트너가 되어야 할 이유가 바로 여기에 있다.

통일은 진보, 보수, 우파, 좌파로는 안 되며, 만약 그런 식으로 통일이 된다 해도 결국 또 다른 분열에 휩싸일 가능성이 적지 않다. 분명한 것은 오늘날 한국정치의 수준으로는 결코 온전한 통일을 이룰 수 없다는 사실이다. 법과 땅의 통일을 이룬다 할지라도 사람이 하나 되는 마음의 통합화는 요원하다. 그러기에 한국 교회가 먼저 통일로 나아가는 일에 있어 스스로 근원적 문제를 깨닫고 새로워지지 않는다면, 통일은 불행하게도 사상누각이 될 가능성이 크다.

진정한 통일은 예수님 안에서 죄악과 잘못을 회개하고 이들 모두가 함께 가는 것이다. 한국 교회는 평화의 왕이신 예수님께서 우리를 평화의 사도로 부르신 크신 의미를 확실히 깨닫고, 어두운 삶의 현장에서 예수님의 모습으로 복음의 능력을 펼쳐야 한다.

한국 교회는 남북분단의 상황에서 예수님이시라면 어떻게 하실지를 묵상하며 실천하는 교회로 거듭나야 한다. 곧 교회가 국가의 지혜롭고 정결한 파트너로서 나서는 일이다. 교회는 국가와의 건강한 긴장관계에서 선지자의 자세를 견지하되, 언제나 세상의 실패를 감싸 안고 위로하며 상처 입은 세상을 하나님의 사랑으로 포근히 이끌어야 한다.

이를 위해 무엇보다도 교회는 하나의 정치이념, 이데올로기에 집착하는 것을 벗어나 복음의 자유를 잃지 않도록 해야 한다. 동서독 분단하에 독일 교회는 독일통일에 중요한 역할을 감당할 수 있었는데, 그것은 정치이념이나 정치시스템을 상대화했기 때문이다.

> 이처럼 세상의 정치를 상대화할 수 있는 힘은, 하나님 나라의 시민권을 갖고 있고, 영원한 것을 소망하는 우리 기독교인들의 특권이다. 우리는 어떤 특정 정당이나 정치이념에 사로잡히거나 집착해서 서로 물고 뜯고 싸우는 자리에 설 이유가 없다.…완전한 정의와 사랑의 하나님 나라에 속한 우리들은, 보수정권이든 진보정권이든 이 세상의 현실정치에 대해서 항상 사회비판적인 자세를 갖지 않을 수 없다.

이것이 교회가 세상의 평화와 화해의 사도가 될 수 있는 힘이다.[30]

## 7. 정부를 향한 제안

한국 정부는 통일 한국을 꿈꾸며 많은 변화가 있어야 하겠지만, 두 가지 점에서 변화를 시도했으면 한다.

첫째, 한국은 일관성 있는 통일정책을 가는 일이다. 곧 '남북통일헌장'을 갖는 일이다. 한국 정부는 국민투표를 통해 국민의 동의를 받는 통일로드맵 '남북통일헌장'을 우선적으로 가져야 하겠다. 남북관계에서 채택하는 남북합의서, 남북선언도 중요하지만, 한국이 국민의 합의하에 가져야 할 '남북통일헌장'이 우선적이라 생각한다.

'남북통일헌장'을 집행하는 통일부는 정부와는 독자적으로 업무를 수행할 수 있도록 헌법적 독립기관으로 격상되어야 할 것이다. 통일부 장관은 국무총리급으로 하며 대통령의 임기와는 엇나가게 하며 국회에서 선출하도록 하는 것이다. 그렇지 않을 경우 오늘의 현실에서 볼 때 그 어떤 남북합의도 새 정부가 들어서면 헌신짝이 될 수 있으며, 남남갈등의 출발점으로 작용할 수 있다. '남북통일헌장'을 통해서 백년대계를 바라보며 어떻게 분단을 넘어 통일로 나아가려고 하는지를 떳떳하고 투명하게 밝혀야 하겠다. 더 이상 남북관계의 오류를 반복하지 않고 그 어떤 정부가 들어서더라도 일관성 있게 통일정책을 펼쳐 작은 발걸음이라도 떼어 미래를 향해 점진적으로 통일을 이루어가야 할 것이다.

사실 한국의 북한을 대하는 입장은 정부마다 요동치고 있다. 한국의 통일론이 수시로 바뀌어 그렇지 않아도 상대하기 힘든 북한에게 빌미를 주어 남북관계가 더욱 어려워지고 있다. 매 정부마다 바뀌는 통일론을 따라가야 하는 통일부는 전문성을 심화시키기보다는 5년마다 바뀌는 대통령의 눈치 보기로 세월을 허송하지 않을까 하는 염려를 하게 한다. 이렇게 될 경우 결국 오늘처럼 통일부 무용론이 대두될 지도 모른다.[31]

둘째, 한국 정부가 남북관계의 모든 것을 독점하고 있는 점이다. 그렇지만 분명한 것은 남북관계의 길은 다양하다는 사실이다. 정치의 길뿐 아니라, 문화, 경제, 비정부기구 곧 NGO의 길이 있다. 정치의 길이 막힌다고 모든 길이 막힌 것으로 생각할 필요가 없다. 문제는 한국에서 정치길이 막힐 때 모든 길이 막혀 있는 현실을 목격하게 된다. 비정부기구 NGO의 모든 사업도 한국 정부가 정치적으로 관장하고 통제하고 있다. 어떻게 한국 정부가 비정부기구를 관장하려고 하는지 그 발상이 이해하기 어렵다. 물론 NGO 자체도 문제를 가지고 있을 수 있는데, NGO를 표방하면서도 실질적으로는 정부의 산하단체일 경우이다. 또한 정부의 재정지원으로 유지되는 NGO일 경우인데, 이런 경우 말 그대로 비정부기구로서의 역할이 쉽지 않을 것이다.

물론 NGO의 성격상 대부분 모금으로 유지되기에 정부의 후원 역시 어쩔 수 없기도 하겠지만, 이럴 경우 NGO는 분명한 입장을 밝혀야 하겠다. 재정후원과는 상관없이 말 그대로 정부와는 독자노선을 가야 한다는 것이다. 그럼에도 한국 정부는 NGO를 정부의 수하에 두고 있는 실정이다. 조금씩 긍정적 소식이 없는 것은 아니지만, 현재 기독교 대북

NGO들의 활약은 거의 전무하다. 안타까운 점은 남북관계가 정치적으로 뿐만 아니라, 모든 경우에서 단절되어 버리고 만다는 사실이다. 이런 경우를 정치가들도 원하지는 않을 것이라는 점이다.

### 8. 개성공단과 기독교

교회가 국가의 파트너가 될 수 있는 한 예를 든다면, 바로 그것은 경제특구 개성공단에서의 기독교인의 역할이라 할 수 있다. 2004년 15개의 업체로 문을 연 개성공단에 참여하고 있는 북한 노동자들의 수는 2014년 현재 총 123개 참여 업체에[32] 약 53,500명으로 매일 아침 270대의 통근버스가 움직인다.

개성공단에서 생산되는 제품에는 'made in peace'로 나간다 한다. 이 발상에 대해 분단을 경험했던 독일 기업인들이 매우 기뻐하며 환영한다 한다.[33] 북측 노동자들의 작업대 앞에는 한국의 찹쌀 초코파이 2개가 종종 놓여 있는데, 먹는 이들도 있지만 집에 가져 가는 경우가 많다.[34] 하루 50만 개가 지급되는 경우도 있다 한다. 또한 세탁기가 노동시간에 돌아가는데, 북측 노동자들이 빨래를 가져와서 빨래기에 넣어 세탁을 끝낸 후 세탁된 정갈한 옷들을 한 보따리를 들고 퇴근한다고 한다.

개성공단의 노동자들에게 지불하는 임금은 개성공단의 기업들마다 차이가 있는데, 한 달 임금으로 70-140불을 지불하는데 상당한 편차가 있는 것으로 확인된다. 그 중 북측 노동자들에게 가장 많은 임금을 지불하는 기업이 '신원 에벤에셀'인데, 기독교 기업이다. 만약 어느 기업은 한 달 임금을 70불 지불하고, 기독교 기업이 140불을 지불한다고 하면 어떤 일이 벌어질지 충분히 상상할 수 있다. 그런데 기독교 기업이 이러한 일을 철저하게 복음의 요청에 따라 순수하게 일하게 될 때 그 파장은 상상을 초월할 수 있을 것이다. 물론 온전히 예수님의 이웃 사랑의 명령에 의해서이어야 하지 다른 속마음을 숨기고 그래서는 안 될 것이다.

예를 들어 그들에게 복음을 전하고자 하는 마음으로라도 이러한 일을 할 경우 문제가 터질 것이다. 그냥 순수한 사랑 자체로 소중하고 위대한 것이다. 예수님의 가난한 자와 병든 자를 향한 사역을 볼 때 순수한 사랑의 진가를 넉넉히 인식하게 된다.

예수님이 원하시는 사랑은 그 자체로 순수한 사랑이다. 그렇다고 예수님의 사랑의 명령에 순종하는 기독교인의 삶에 상상할 수 없는 놀라운 일들을 기대하는 것은 이상한 일이 결코 아니다. 그러기에 그 어떤 다른 기업보다도 기독교 기업체들이 개성공단에 참여하여 그리스도의 사랑의 명령을 따라 이러한 일을 시행한다면 개성공단은 경제특구로서 정치와 분리하여 북측 사람과 남측 사람이 만나는 실질적 통일의 현장이 될 것이다. 이곳에서 사람들은 '사실상의 통일 상태'를 누릴 수 있다. 삶을 공유하며 서로의 아픔을 보듬을 수 있다.

그렇다면 이러한 일에 사랑의 사람들인 기독교 기업인들이 사명감을 갖고 보다 적극적으로 참여할 수 있어야 하겠다. 그 어떤 기업체보다도 기독교 기업체들이 보다 큰 사랑을 북측 노동자들에게 보여줄 때 북한 사람들은 감동하게 될 것이다. 특히 그들이 기독교 기업체들을 선호하게 되고, 기독교 기업인들이 하나님이 주시는 그 시각, 카이로스에 복음을 비로소 전하게 될 때 풍성한 결실을 기대해도 마땅할 것이다.

한 예로 개성공단에는 두 병원이 있다. 한 쪽은 남한 사람들이 가는 병원으로 2013년 1월에 개원했고, 다른 한 쪽은 북한 사람들이 가는 병원이다. 두 병원은 시설 면에서도 차이를 보이는데, 북한 측 병원은 열악한 상태로 급한 일이 벌어질 경우 남측의 도움을 반기는 것으로 예측된다. 이럴 경우, 한국의 기독교 기업체가 후원하여 개성공단에 있는 양 병원의 시설을 대등하게 갖춰 주어야 하지 않을까 생각한다. 의료장비 뿐만 아니라, 약품까지도 대등한 수준에서 함께 운영되도록 배려하는 일은 하나님이 기뻐하시는 아름다운 일이 될 것으로 기대한다. 이러한 한국 교회의 사랑이 이심전심으로 북한에 전해질 때 하나님이 기뻐하실 뿐 아니라, 남북의 평화 통일에도 한국 교회의 비정치적 역할은 분명한 몫을 감당하게 될 것으로 기대한다.

## 9. 맺는 말

이제 한국 교회가 어떻게 구체적으로 한국 정부의 소중한 파트너로서 역할을 할 수 있을지에 대해 제안하며 글을 마감하려 하는데, 이 제안은 이론적인 동시에 실천적이다.

첫째, 한국 교회는 문화변혁의 사명에 충실해야 한다. 교회는 중세의 수도원이 아니다. 예배당에 갇힌 교회는 하나님이 원하시는 교회가 아니다. 기독교인은 어두워지는 세상에서 빛으로, 썩어져 가는 세상에서 소금으로의 역할을 감당해야 한다. 중세의 수도원처럼 기독교인들이 세상을 떠난다거나(탈세주의), 세상을 죄악시한다거나(영지주의), 세상을 그저 따라서는(세속주의), 하나님이 기독교인을 세상에 두신 목적을 이룰 수 없다.

둘째, 교회의 길은 국가의 길과는 다르다. 그 길은 교회의 주인 되신 예수님이 가신 길이어야 한다. 이 길에서 혼동해서도, 혼란해져서도, 또는 정치의 길을 잘못 가서도 안 된다. 교회와 정치는 각자 주어진 길을 가야 할 것이다. 어떤 점에서 교회의 길은 섬김의 길이고, 국가의 길은 군림의 길이다. 교회의 길은 사랑의 길이지만, 세상의 길에는 손에 칼이 들려져 있는 권세가 있는 길이다. 교회의 길은 사랑의 길로 다르게는 인도주의이다. 기독교 NGO는 그리스도의 사랑에 근거하여 인도주의를 실천에 옮길 수 있다.

셋째, 한국 교회는 사회적 이슈에도 복음적으로 처방하는 힘을 길러야 하겠다. 교회가 가야 할 길을 바로 서서 가기 위해서는 그 길이 바르고 옳은 길임을 기독교인은 분명히 인식하는 자세가 요구된다. 교회의 사회성과 공공성을 확립할 수 있기 위해서는 한국 교회는 거룩한 공동체로서의 분명한 정체성을 가져야 할 것이다.

넷째, 교회는 이러한 사실을 국가가 알 수 있도록 해야 하는데, 그것은 국가의 한계와 실패 가운데에서 드러나는 위로자와 온유한 파트너의 모습으로 묵묵히 교회가 자기의 할 일을 감당할 때 가능하다. 교회의 세상 안에서의 역할은 비둘기처럼 순수하고 뱀처럼 지혜로워야 한다. 곧

종의 모습으로, 세상을 섬기는 자세로 교회는 세상 가운데에서 일해야 한다. 국가는 법적 제도적 뒷받침으로 교회의 파트너로서의 역할을 기대할 수 있다. 곧 국가도 교회가 자신들의 파트너임을 인식해야 하겠다.

다섯째, 기독교인을 즉결 처형하는 북한에서의 선교는 아직 이르며 신중해야 하겠다. 탈북민을 예수를 믿게 한 후 그들을 북한 땅에 순교자로 보내는 것도 과연 현명한 일인지 생각해 보아야 하겠다. 안타깝지만, 보다 기쁘게 복음을 전할 그때를 기다릴 줄 아는 자세가 요구된다. 기독교 대북 NGO 가운데는 복음을 전제로 하여 북한을 돕는데 그것도 엄격하게 볼 때 옳지 않다. 예수님의 사랑은 그 자체로 순수하고 소중하다.

여섯째, 한국 교회의 남북관계에는 전문성을 지녀야 한다. 그러기 위해 기독교적 세계관에 입각한 통일연구기관을 적극 유치해야 한다. 그저 부록 정도로 한국 교회의 입장을 가져서는 안 된다. 이제는 한국 교회가 자신의 위치에서 갖는 정보로 북한을 상대할 필요가 있다. 더구나 이제 더 이상 주먹구구식으로 북한을 상대해서는 안 되겠다. 한국 교회가 스스로 이 문제를 연구하여 통일 전 교회의 할 일, 통일 후 교회의 역할이 무엇일까를 인식하여 미리 전문적으로 인식해야 한다. 한 예로, 통일 후 사람의 하나됨에 관해 한국 교회의 전문적 역할이 절실하게 요구된다.

## 참고문헌

맥스 L. 스택하우스. 『글로벌 시대의 공공신학 세계화와 은총』.
　　　　이상훈 역. 서울: 북코리아, 2013.
존 웨슬리. 『존 웨슬리의 설교』. 김홍기 역. 서울: 땅에 쓰신 글씨, 2003.
손봉호. "개혁주의 교회와 정치참여." 고신대학교 개혁주의학술원.
　　　　『칼빈과 사회』. 부산: 고신대학교 출판부, 2009, 257-275.
주도홍. 『독일 통일에 기여한 독일 교회 이야기』. 서울: CLC, 1998.
＿＿＿. 『통일, 그 이후』. 서울: IVP, 2006.
존 칼빈. 『기독교 강요 요약』(1537). 이형기 역.
　　　　서울: 크리스천다이제스트, 1997.
주도홍. 『기독교 강요』(1559)(하). 원광연 역. 서울: 크리스천다이제스트, 2003.
최현범. 기조강연 "평화 통일을 위한 교회의 역할."(2014. 5. 5),
　　　　제3회 기독청년대학생통일대회 자료집.
허호익. "평화와 통일을 위한 기독교인연대." 평화칼럼(2014. 5. 6).
F. L. Cross and E. A. Livingston (ed.) "War, Christian attitude to."
　　　　*The Oxford Dictionary of the Christian Church*.
　　　　New York: Oxford University Press, 1997, 1719-1720.
http://www.ukoreanews.com/news/articleView.html?idxno=1534

이미의
통일론

Road of the Korean Church to the National Unification

# 통일로 향하는
# 교회의 길

새 계명을 너희에게 주노니 서로 사랑하라
이로써 모든 사람이 너희가 내 제자인줄 알리라 (요 13:34-35).

3장

# 통일 전·후 독일 교회의 디아코니아

**1. 어떻게 섬기나?**

통일 전후 독일 교회의 사회봉사를 역사적으로 이해하고, 다음에 기독교인의 진정한 사회봉사가 무엇인지, 그런 후 분단하에 한국 교회가 북한을 어떻게 섬기는 것이 타당한지를 생각해 보는 데, 이 글의 목적이 있다. 그렇다면, "왜 굳이 독일 교회의 사회봉사인가?"라고 물을 수 있을 것이다.

이에 대한 답을 독일 교회의 장구한 기독교 역사를 우선적 이유로 제시할 수 있을 것이며, 거기다 역사적으로 가장 가까이서 분단을 경험한 독일이기에 한국의 아픔을 가장 잘 이해할 독일 교회를 택하게 된 것도 그 이유라고 하겠다.

더 구체적으로 본 글이 추구하는 바를 말하자면, 분단하 한국 교회가 북한의 교회와 동포를 어떻게 섬기는 것이 바람직할 것인가를 독일의 경험을 들으면서 숙고하고, 나름대로 실제적 대안을 찾으려 하는 것이다. 그럼에도, 독일 교회가 전적으로 우리 한국 교회의 모델이 될 수 있다고 생각하지 않는다. 왜냐하면 우리 한국의 사정과 독일의 분단 상황이 여러 가지 면에서 같지 않기 때문이다. 그렇다면, 결국 원론적인 이야기로 돌아가게 되는데, 역사의 교훈을 신중하게 듣는 데 연구의 목적이 있다 하겠다.

## 2. 통일 전

### 1) 독일 교회와 한국 교회

독일 교회의 역사를 우리의 교훈으로 가져오려고 하는 이유는 우리 한국과 비교할 때 여러 가지 상이성에도 불구하고 교회를 향한 마르크스주의의 본질적 태도가 결코 다르지 않기 때문이다. 칼 마르크스(Karl Marx)의 "종교는 민중의 아편이다"라는 기본적 자세가 그들에게도 역시 그대로 적용되어 강조되었으며, 여기에 '사회주의 속에 존재했던 교회'(Kirche im Sozialismus)의 아픔과 고뇌가 동일하게 있었다.

그러나 이러한 아픔 속에서도 동독 교회는 어떻게 존재하게 되었으며 어떻게 인내와 사랑으로써 그 역사적 '특별한 유대 관계'(Die besondere Gemeinschaft)를 계속적으로 유지할 수 있었는지를 찾아볼 수 있다. 물론 그들에게도 교회가 무신론주의 사회주의 국가의 한낱 정치적 수단으로 전락할 수 있는 많은 유혹과 어려움이 있었으며, 카멜레온처럼 적당하게 상황신학을 전개시킬 수도 있었을 것이다. 그럼에도 동독 교회는 진정한 교회의 길을 꾸준히 갔다. 동독 교회는 교회로서 자신의 정체성을 잃지 않았다. 물론 이를 위해 서독 교회는 크나큰 인내와 관용 그리고 사랑이 전제되는 변함없는 활동을 동독 교회를 위해 추진했어야만 했다.

따라서 우리는 어떻게 동서독 교회는 그러한 '특별한 유대 관계'를 계속 가질 수 있었는가? 라는 물음을 자연스레 던질 수 있으며, 역사적 해답을 나름대로 찾아 갈 수 있다. 독일 교회의 역사를 살필 때, 분명 역사적 교훈을 듣게 되리라는 기대와 확신을 가질 수 있다. 그 확신이란, 인간의 역사는 어찌 보면 여러 면에서 상이하게 보일 수 있지만, 그 본질에 들어가 보면 대동소이하다는 일반론에 근거를 둔 것이다.

20세기의 분단국이었던 두 나라의 독일 교회와 한국 교회의 비교 연구는 동질성을 찾아볼 때 그렇게 힘든 것은 아니었다. 한국 보수교회에 속한 저자는 신학적으로 진보적인 독일 교회의 통일노력을 연구한다는 사실로 인해 기대보다는 회의적 시각이 앞서는 경우가 많이 있었음에도 불구하고 저자의 확신에는 변함이 없었다. 그 회의(Skepsis)란 무엇보다도 동독 교회의 상황과 북한의 교회 상황은 다르다는 것을 전제로 할 때 더욱 커졌으나, 그럼에도 동서독에서 전개되었던 이데올로기적 냉전 상황, 교회의 신앙을 바라보는 마르크스-레닌주의적 차가운 시선과 핍박은 약간의 차이에도 불구하고 유사하게 나타난다.

서독 교회의 동독 교회를 향한 끊임없는 사랑의 인내, 노력의 몸부림, 엄청난 재정적 지원은 우리 조국의 교회를 떠올려 주기에 조금도 어색함이 없었다. 동병상련의 마음이 무엇인지를 어렵지 않게 인식할 수 있었다. 이런 점에서 동서독 교회의 "특별한 유대 관계"는 우리에게 많은 생각과 반성, 아울러 분명한 역사적 교훈을 청취하기에 부족함이 없다.

## 2) 특별한 유대 관계

독일통일 전 동서독 교회는 '특별한 유대 관계'를 중심으로 어떠한 어려움 가운데에서도 희망의 끈을 결코 놓지 않았다. 특히 헝가리 교회 감독 칼디 목사의 증언은 기독교적 신앙의 승리가 얼마나 통쾌한지를 실감 나게 해 주었다. 무신론주의 헝가리 정부가 교회를 인정하며, 열린 마음으로 교회의 역할을 인정하게 되었다. 이러한 승리의 비결은 무신론주의 사회주의 속에 존재하는 교회의 '섬김의 신학'이었다.

함께 고난을 당하는 이웃들을 '보이는 사랑'으로 섬기는 '섬김의 신학'이야말로 닫힌 마음과 닫힌 사회를 열린 마음 그리고 열린 사회로 이끄는 원동력이 되기에 부족함이 없었다. 특히 '사회주의 속의 교회'의 무신론자들과의 만남은 '실질적 대화'로서만 가능하였다. 그럴 때 상대방은 서로 서로를 향해 이전에 자신들이 가졌던 선입견들을 수정하거나, 아니면 다른 면들을 보게 되었다.

칼디 목사는 분명한 음성으로 말하는데, 그렇다고 마르크스주의자들이 그들 스스로를 바꾸지는 않았다는 경험도 잊지 않았다. 이 지적은 매우 중요하다. 우리는 너무 쉽게 상대방을 우리 식으로 바꾸어 놓으려고 한다. 이러한 무리한 시도는 결국 서로를 향하여 더 나쁜 인상만을 준 채 다시 원점으로 돌아가게 하는 경험을 만들어 낼 수 밖에 없었다. 사랑의 인내를 너무 빨리 잊어버린 채, 그 사랑의 열매만을 취하려고 한다는 것이다. 즉 성급한 사랑의 욕심 때문에 실패한다.

헝가리 교회의 증언은 지혜로운 '보이는 사랑'을 우리에게 제시한다. 이 지혜롭고 구체적인 사랑의 실천만이 만남을 가능하게 하고, 그 만남은 서로를 보다 다르게 바라보는 관용의 상태에까지 이르게 한다. 복음 증거의 가능성은 여기에서 시작된다.

### 3) 사회주의 속의 교회

동독 교회는 '사회주의 속의 교회'였다. 무신론주의를 내세우는 사회주의 정권하에서 절대 유일신 하나님을 믿고 따르는 교회가 어떻게 상존할 수 있을까라는 의구심을 숨길 수 없다. 따라서 '사회주의 속의 교회'라는 말이 과연 무엇을 의미하는지를 인식하기 위하여, 우리는 보다 현실적으로, 사회주의 속에 존재하면서 경험하고 괴로워하고 또는 투쟁하기까지 하면서 그 열매로서 나름대로 거둬들였던 동독 교회의 모습을 역사적 과정을 추적하면서 살펴볼 필요가 있다. 저자는 사회주의 속에 실제로 살았던 교회의 그 모습을 보면서 생동감 있게 정의해 보려고 노력하였다. 그렇지 않고선 공허한 개념만 어설프게 늘어놓을 수 있다는 생각에서였다.

저자는 동독 교회의 교회법과 동독 정부의 헌법 사이에 있었던 갈등과 투쟁을 중점적으로 분석해 보았다. 1949년 동독의 최초의 헌법이 규정하고 있는 신앙의 자유와 1968년에 새로 나온 동독 헌법에서 규명하는 신앙의 이해가 너무도 판이하게 달라졌을 때 과연 이를 바라보는 동독 교회는 어떠한 마음을, 투쟁을 할 수밖에 없었는지를 양편을 오고 가면서 역사적으로 추적하였다. 그러면서도 저자의 마음은 항상 교회의 입장에 서 있었음을 고백할 수밖에 없다.

무엇보다도 가슴이 아팠던 때는 1949년 처음 발표된 동독헌법이 1968년에 이르러서는 너무도 다른 내용으로 신앙의 자유조항이 바뀌어 급하게 새 동독헌법이 공포되는 순간이었다. 과연 그들이 숨겼던 정체를 드디어 드러내는구나 하는 마음으로 함께 원망을 하기도 하였다. 눈에 선하게 들어오는 동독 교회의 핍박의 세월은 마치 손에 잡히는 듯했다. 이 대목에 이르렀을 때, 그럼 그렇지 북한 정권과 다를 바 없구나 하는 생각을 하였다.

이 시점에서 동독 교회는 자신들의 과거의 역사적 오류를 기억하는 교회가 되었다. 참으로 놀라운 순간이었는데, 다름 아닌 히틀러 체제 당시 독일 교회가 범한 크나큰 오류를 다시 되풀이해서는 결코 안 된다는 굳은 각오를 할 때였다. 그렇지만, 독일 교회는 1934년 '바르멘 신학선언'을 다시금 자신들의 어려운 현실로 가져와서 교회의 정체성을 붙드는 장쾌한 모습을 보였다. 동독 교회가 나치 히틀러의 그 무서운 시절에 몇몇 독일 교회가 순교자적 각오로 외친 '바르멘 신학선언'을 고백했다는 역사적 사실은 당시 동독 교회가 자신들이 맞이한 상황을 어떻게 간주하였으며, 어떠한 각오로 임하였는지를 보여 주는 분명한 증거라 하겠다.

사실 여기에 동독 교회의 신앙의 위대성이 있었다. 쉽게 말해서 동독 교회는 1968년 동독 정권이 새 헌법으로 신앙의 자유를 고사시키려 할 때 교회를 지켰다. 이러한 동독 교회를 주시하면서 저자는 '사회주의 속의 교회'인 동독 교회를 세 가지로 정의하였다. 동독 교회가 위치한 현장은 무엇을 의미하며, 나아가 어떠한 상황 속에서 어떠한 고난 가운데 있는지 그리고 마지막으로 교회가 무엇을 해야 하는지를 제시하는, 교회가 무엇을 위해 이곳에 존재하는지를 보여 주는 적극적이고 생동감 넘치는 개념으로 파악하였다. 무신론주의 사회주의하에서도 교회는 복음 진리를 말하고 실행에 옮길 수 있었던 공간을 가지고 있었다. 그렇다고 사회주의 속의 교회가 결코 바벨론적 포로생활을 한 것은 아니었다.

4) 동독 정권의 핍박

'특별한 유대 관계'는 사실 신앙의 자유를 압박해 오는 동독 정권을 향한 선언의 성격도 강하였다. 이러한 선언으로 끝난 것이 아니라, 동서독 교회는 '특별한 유대 관계'를 지속적으로 유지시키기 위하여 양편의 멤버들로 구성되는 '자문단'과 '협의단'을 구성하였는데, '자문단'은 교회 문제를 위해서, '협의단'은 사회참여적인 세계 평화와 화해의 문제 등을 의논하기 위해 구성되었다.

이러한 모임은 두 교회의 공식 모임을 위해 사전에 모이는 사적 모임의 성격도 강하였는데, 어떤 때는 서로의 일상적인 안부와 소식을 전하기도 하였고, 분단의 민족의 아쉬운 형제 사랑을 나누는 현장이 되기도

하였다. 물론 서로간의 사업 계획을 의논하고 필요할 때는 은밀한 도움을 요청하는 통로이기도 하였다.

모임 자체가 그렇게 쉬운 것이 아니었던 때도 있었다. 그럼에도 분명한 사실은 끊이지 않고 모임은 독일통일이 이루어지는 순간까지 계속되었다는 사실에 감탄을 금할 길이 없었다. 또한 모임은 결국 서로를 이해하며 사랑하는 관계로 이끌게 되었는데, 다름 아닌 서독 교회의 동독 교회를 돕는 프로그램으로 연결된 것을 확인하게 되었다.

형제의 고난과 아픔을 어찌 말로만 듣고 있었겠는가? 사실 동독 교회는 신앙적으로 뿐만 아니라, 물질적으로 극심한 어려움에 처해 있었는데, 무엇보다도 교회가 스스로 자멸되도록 하는 동독 정권의 여러 가지 종류의 핍박정책 때문이었다.

그 중에서도 물질을 끊는 정책을 구사하게 되었는데, 지금까지 독일 교회의 유일한 재정수단이었던 교회세(Kirchensteuer)[35] 제도를 법으로 금하였고, 신도들에게는 일반 동독시민들이 누리는 보험제도, 연금제도 등의 혜택을 누리지 못하게 하는 철저한 불이익을 주었다. 심지어 신앙활동을 범죄 활동으로 규명하여 감옥에 가두는 등, 문자 그대로 공산당식 신앙박해 전략을 교회를 반대하여 실시하였다.

### 5) 서독 교회의 지원

동독 교회를 서독 교회는 순수한 사랑에 의해 물질적으로 도왔는데, 참으로 감동적인 순간이었다. 여기엔 몇 가지 원칙이 있었다. 언제나 명목 있는 도움으로 도움을 받는 상대방의 자존심을 지켜주었고, 그러면서도 더욱 놀라운 것은 단 한 번도 도와 준 돈의 사용처를 확인하지 않았다는 점이다. 돈의 사용 용도를 묻게 되면 이러한 재정지원을 계속할 수 없음을 알았기에 그들은 어려운 형편에 처한 형제를 그저 그리스도의 성령의 사랑으로 도왔다는 사실을 확인하였다.

서독 교회의 재정지원은 그 규모가 결코 적지 않았으며, 또한 단회적이거나 과시적이 아닌, 지속적이고 인격적이었다는 사실을 확인하였다. 매년 동독 교회를 위한 물질적 지원이 한화로 약 300억 원에서 400억 원에 달하였다.[36] 이러한 도움은 여러 면에서 자상한 지혜를 요구하였는데, 직접적으로 금전을 지불하는 것보다 그들이 필요로 하는 것을 자재로 공급하는 정책을 썼다.

이를 위해 물론 서독 정부의 적극적 도움이 그리고 동독 정권의 묵인 내지는 협조가 있어야만 했다. 또한 놀라운 것은 서독 정부가 교회의 재정지원 프로그램을 막후에서 실제적으로 엄청나게 도왔다는 사실이다. 서독 교회가 시행한 동독을 위한 재정지원 프로그램은 동독 교회를 돕는 A형과 정치범 등의 석방을 위한 B형이 있었는데, A형을 위해서는 반액에 해당하는 재정지원을, B형을 위해서는 전액을 담당하였다. 그러면서도 정부가 생색을 내거나 드러내지 않았다는 점은 놀라웠다. 이는 단지 서독 교회의 프로그램일 뿐이었다. 이를 위해 서독 정부는 법적으로 재정적으로 도움을 주었을 뿐이다.

서독 교회의 재정적 지원은 결국 동독 교회뿐만 아니라, 동독의 동족을 돕는 결과를 가져왔다. 외화 획득뿐만 아니라, 신앙의 박해 가운데 처한 동독 교회를 살리고 활성화시켰다. 물론 재정지원 정책을 반대하는 사람들이 없었던 것은 아니다. 이유는 동독의 공산 정권을 더욱 견고히 유지시키는 꼴이 된다는 이유에서였다.

그러나 역사적 평가는 달랐다. 이러한 서독 교회의 재정적 지원은 결국 동독 교회의 계속적인 복음전파를 가능케 함으로써 동독인들의 삶에 중요한 원리를 제공하여 유물론주의 사회주의를 대적한 저항의 토양을 형성시켜 결국은 동독 공산 정권의 붕괴를 재촉하는 결과를 가져오게 했다는 것이다. 또한 1990년 독일이 통일이 되었을 때 이러한 동서독의 '특별한 유대 관계'는 결국 정치적으로 분단된 동서독을 견고히 묶어주는 연결고리의 역할을 감당하였음을 독일 교회는 '로꿈(Loccum) 선언'을 통해 재차 확인하였다.

6) 디아코니아란?

디아코니아는 그리스어로 섬김과 봉사의 의미를 가지고 있다. 성경에서 예수님은 자신을 섬기는 자, 종의 의미인 '디아코논'이라고 불렀다 (눅 22:27). 당시 디아코니아는 노예가 아닌 자유인에게서는 있을 수 없는 일이었다. 예수님은 스스로 이 종의 신분을 취하셨다. 제자들의 발을 씻기셨으며, 죄인들을 위하여 자신의 목숨을 십자가 위에서 기꺼이 내어놓으셨다. 예수님의 선한 사마리아인 비유는 디아코니아가 무엇인지를 잘 보여준다. 믿음은 사랑의 열매를 통해 확증된다.

성경이 말하는 하나님 사랑과 이웃 사랑은 디아코니아를 이해하는 중요한 두 축이다. 분명한 것은 기독교인의 봉사는 확실히 선포되는 말씀을 증언하게 한다. 종종 삶과 실천이 없는 말씀의 선포는 듣는 이를 허공에 울리는 종처럼 공허하게 만든다.

종교개혁자 루터는 신앙이 선한 행위를 중단하는 일은 있을 수 없다고 말하며, 선행은 다른 사람을 위한 봉사와 섬김 가운데에서 일어난다고 확신했다.

> 예수님의 사역은 봉사로서 해석될 수 있다(마 20:26; 23:11). 특히 인자는 섬김을 받으러 온 것이 아니라, 섬기려고 오신 것이다(마 20:28). 교회 행위의 차원으로서의 디아코니아는 교회가 타인을 위한 교회이어야 한다는 것을 일깨워 준다. 교회가 존재하는 근거는 기독교인으로 하여금 디아코니아의 일을 준비시키는 것에 있으며(엡 4:12), 이것은 동시에 그리스도의 몸으로서의 공동체 개발을 의미한다. 디아코니아는 하나의 영적인 은사로서 다른 은사와의 협력 속에서 교회를 섬기게 한다(롬 12:7; 고전 12:5). 기독교인들은 하나님으로부터 받은 은사를 가지고 서로 섬김으로, 각자의 은사를 가진 선한 청지기로서의 삶을 살게 된다(벧전 4:10).[37] 디아코니아는 그리스도 안에서 행하신 하나님의 구원에 대한 응답으로서의 돕는 행위이며 그리고 디아코니아는 예수를 통하여 세상 속에 오신 성령의 열매이다. 이러한 성령의 도움 없이도 남을 돕는 선한 사회 사업이 발생될 수 있지만 그러나 디아코니아는 발생될 수 없다.[38]

### 7) 디아코니아 재단(diakonisches Werk)의 활약

재정적 지원의 중요한 다른 축을 형성하고 있었던 그룹은 다름 아닌 '디아코니아 재단'이었다. 이들이 갖고 있었던 철학은 다름 아닌 '섬김의 신학'이었다. 이들의 활동을 통해서 보건데 앞서 언급한 동서독 교회의 '특별한 유대 관계'는 이미 1958년부터 시작되었다는 사실을 확인하였다. 즉 독일인의 삶 가운데에서 '보이는 사랑'의 실천은 이미 생활화되고 있었다는 사실이다. 이러한 실천정신이 위기가 찾아왔을 때 자연스럽게 그 힘을 발휘하게 되지 않았는가 추측해 볼 수 있다.

디아코니아 재단의 활동은 '항상 살아있는 활동'을 통하여 이루어졌는데, 병원, 양로원, 고아원 등을 위시하여 도움의 손길이 필요한 그 어떠한 기관이라도 주의 사랑으로 찾아가서 따뜻한 이웃이 되었다. 물론 여기에는 엄청난 물질적 지원이 뒤따라야만 했다. 디아코니아 재단의 활동은 결국 동서독의 인간관계를 '언제나 견고히' 묶어 주는 사랑의 띠였다.

그렇다고 서독 교회의 동독을 향한 사랑이 순풍에 돛단배처럼 늘 어려움이 없었던 것이 아님도 확인하였다. 오해도 있었고, 도움을 위해서는 선한 사마리아 사람이 했던 것처럼 여러 가지 수고가 있어야만 했다. 여기에 분명 성령의 사랑의 능력이 요구되었던 것을 우리는 또한 그들의 고백을 통해서 확인하기도 하였다. 아무튼 서독 교회는 이 점에 있어서 사랑의 전문가들이었다.

## 3. 통일 후

### 1) 증거와 섬김의 공동체

'소망과 함께하는 교회'(Kirche mit der Hoffnung)는 어느 시대든지 성령의 역사를 통하여 자신의 교회를 지키시고, 사람들로 하여금 교회로 모이게 한다. 이러한 교회는 모든 사람에게 복음을 선포할 과업을 가지고 있다. 곧 죄용서의 복음을 선포하여 화해하고 하나가 되는 사회로 이끌어야 한다. 1934년 '바르멘 신학 선언'에서 말하듯 하나님의 자유로운 은혜의 복음을 모든 백성에게 선포하는 교회여야 한다는 것이다. '증거 공동체'(Zeugnisgemeinschaft)인 교회는 예수 그리스도가 세상에 보낸 증거자의 삶을 감당해야 한다.

어떻게 증거자의 삶을 교회는 살 수 있는가? 사람들에게 말씀과 행위로 증거자의 삶을 보여야 한다. 아울러 교회는 사람들의 구원과 행복을 위한 섬김의 공동체여야 한다.[39] 여기에 통일 후 현 독일사회에서 섬김의 공동체로서 교회의 봉사업무(Diakonia)는 절실히 요구된다. 그만큼 많은 봉사의 업무가 독일통일과 함께 요청되고 있다는 말이기도 할 것이다.

그렇다면, 독일의 디아코니아는 통일과 함께 어떤 움직임과 변화가 있는 것일까? 섬김의 사역을 독일 교회는 디아코니아 재단을 통해서 구체화하고 있다. 세상 속에서 그리스도의 사랑을 구체적으로 더욱 실감나게 제시하여야 할 필요를 느낄 뿐 아니라, 지금까지의 교회의 사회봉사의 질을 높여야 할 요청까지를 인식하고 있다. 동시에 독일 교회의 사회봉사, 독일어 '디아코니'(Diakonie)는 복음전파를 위한 하나의 길이 된다. 물론 사회봉사가 복음전파를 위한 조건이 되어서는 안 되지만, 균형 잡힌 복음전파를 위해서 중요한 한 축으로 인식되고 있다.[40]

### 2) 재단의 역사

1848년 설립된 '독일개신교 내지 선교 중앙회'(Central Ausschusses fuer die Innere Mission der Deutschen Evangelischen Kirche)와[41] 1946년 시작된 '독일 개신교 구조 사업 중앙 사무소'가 1957년부터 함께 일을 하기 시작했다. 그리고 세월이 흘러, 1975년에 이르러서야 공식적으로 법적 절차를 밟아 한 지붕과 한 목적으로 병합하여, 곧 독일 '디아코니아 재단'(diakonisches Werk)이 되었다.[42]

현재 독일 교회연합(EKD)에 속해 있는 디아코니아 재단은 대략 45만 명의 직원들이 31,000개의 기관에 흩어져 함께 일하고 있다. 1998년을 기해 디아코니아 재단은 설립 150주년을 맞이했는데, 독일의 가장 큰 기업 중 하나로 성장했다. 디아코니아 재단에 속해 일하고 있는 직원들은 모두가 독일 국가교회 또는 자유교회 소속의 교인들이다. 주 또는 지역의 지부 운영은 독립적이다.

디아코니아 재단에는 92개의 전문 단체들이 속해 있다. 예를 들어 노인 돕기 독일 개신교 단체, 독일 개신교 여자 돕기 단체, 국제 청소년회 법인, 무숙자 돕기 개신교 단체 등이 여기에 포함된다. 이를 위해 엄청난 양의 물자들이 요구되고, 자원 봉사자로서 돕는 이들도 40만 명이 넘는

다. 슈투트가르트 디아코니아 본부 안에는 세계의 기아문제를 돕기 위한 그 유명한 운동 '세계를 위한 빵'(Brot fuer die Welt)도 있는데, 그들 역시 수고를 아끼지 않고 있다.[43]

디아코니아 재단에 소속되어 있는 병원의 수는 362개이며, 71,000개의 침대를 가지고 있다. 병원에서 일하는 사람들의 수는 112,000명으로, 전 독일 병원의 12%에 해당되는 점유율로 통계된다. 그렇지만, 이러한 병원 운영은 본의 아니게, 타 병원과의 경쟁을 하게 되고, 일반적 경영기법을 도입하게 되는데 보다 성경적이 되기 위해서 디아코니아 재단은 많은 심사숙고를 하게 된다. 사실 순수한 섬김의 봉사에서 경쟁관계란 낯선 단어이기 때문이다. 특히 디아코니아 재단이 염두에 두는 경쟁이란 가격에 있어서의 경쟁보다는 보다 많은 사랑과 섬김을 베푸는 경쟁력에 중점을 두려고 한다.

그러기에 디아코니아가 잊지 않고 긴밀하게 협조를 구해야 하는데 그것은 다름 아닌 자원봉사자들의 헌신적 수고와 교회의 재정적 지원이다. 이는 질을 높이면서 가격을 낮출 수 있는 하나의 방법이 되기 때문이다. 물론 교회의 인력 지원과 재정 보조는 이런 맥락에서 디아코니아 병원의 운영에 결정적인 요소로 작용한다.[44]

### 3) 재단의 현재

디아코니아 재단은 분명한 철학 위에서 어떻게 통일 후에도 어려워진 독일사회를 향한 봉사의 업무를 구체적으로 이행하고 있는지 궁금해진다. 물론 1949년 이후, 독일의 분단하에서 디아코니아 재단은 하나의 끈으로 묶여져 훌륭한 역할을 동독 교회와 동족을 향하여 감당했다. 역사에서 참으로 아름다운 모델로 제시할 수 있을 정도로 신실한 사랑의 과업을 이룩하였다. 한결같이 서독의 디아코니아 재단은 동독 형제의 아픔과 어려움에 동참하였다.

앞에서도 언급하였지만, 디아코니아 재단은 '섬김의 신학'(diakonische Theologie)을 분명히 보여 알게 하였고, 입의 말만이 아닌 구체적 사랑을 제시하는 '실천적 대화'(praktischer Dialog)를 통하여 끊임없는 어려움 가운데에서도 알찬 열매를 수확으로 거둬들였다. 이는 진정 예수 그리스도의 십자가 사랑을 지향하고 있는 보답하는 사랑이었다. 성령의 도우심이 없이는 감당하기 어려운 수십 년 간의 사랑을 디아코니아 재단은 분단하에서도 이데올로기를 초월하여 실천했다.[45]

1990년 10월 15일부터 18일까지 독일통일 후, 동서독의 디아코니아 재단은 볼프스부르크(Wolfsburg)에 함께 모여 하나의 법인으로 다시 법적 자격을 갖췄다. 한 사람의 회장단 밑에서 공동의 일을 추구하는 본래적 모습으로 복귀하였다. 국가적으로도 통일협약 32조에 의하여 특별한 과업 곧 지금까지 동독에서 복지 사업과 청소년 돕기에 참여하고 있는 단체들에게 법적 자격이 그대로 인정되었다. 서독의 단체와 마찬가지로 동일한 지원과 혜택도 받게 되는 유리한 입장이 되었다. 이제, 정치적 전환의 독일통일과 함께 특히 디아코니아 재단이 담당해야 할 일들이 물밀듯 찾아왔다. 무엇보다도 이제 모든 독일 국민은 사회적 혜택을 동일하게 누릴 권리가 주어진 것이다. 다행스럽게도 디아코니아 재단은 동서독에 흩어져 있었지만, 분단하에서도 긴밀한 파트너 의식을 갖고 업무에 있어서나, 인간적으로 서로가 서로를 잘 알고 있었기에 독일통일과 함께 찾아온 새로운 과업에 그 어떤 단체보다도 빠르게 대처할 수 있었다.

그럼에도 순풍에 돛 단 듯이 함께 동역을 할 수 있었던 것은 아니었다. 특히 동독 디아코니아 재단에서 지금까지 일해 왔던 직원들의 전문 직종에 대한 자격을 어떻게 인정하느냐 하는 등의 문제가 있었기에, 서로 간의 인내를 동반한 해결책을 찾아야 했다. 그래서 새로운 교육 또는 부분적인 교육을 받기도 하였고, 대부분의 경우에는 동일한 자격으로 인정되기도 했다. 이러한 통합화의 어려움을 나름대로 극복하고 독일 디아코니아 재단은 그들의 과업을 이행하고 있다.

4) 기독교적 사회봉사인가?

통일 후 제기된 물음은 '디아코니아 재단에서 일하는 사람들이 기독교적 사명의식을 가지고 일하고 있는가?', '디아코니아는 성경적 취지를 잊지 않고 있는가?', '디아코니아 재단과 일반 단체의 차이점이 무엇인가?' 하는 물음들이 강하게 제기되었다. 그저 이름만 기독교 사랑과 봉사를 말하지 그러한 구체적 증거가 있는에 대한 이의였다. 그저 이윤만을 추구하는 또 하나의 단체는 아닌가 하는 강한 의구심이다. 동독 사회주의 시절 디아코니아 재단은 사회봉사적 역할을 잘 감당하였지만, 엄밀히 말해서 직원들이 기독교적 사랑에 입각한 섬김을 구체화하려 했다는 말과는 다른 의미를 갖는다. 왜냐하면 동독 공산주의 정권 시절 상당수 직원들이 기독교적 신앙의 동기 없이 단지 하나의 전문 직업으로 이 길을 택하였기 때문이다.

동부의 디아코니아 재단 또한 이 분야에 대한 점검을 할 수 있는 형편도 아니었다. 서부의 경우도 형편의 차이는 있지만, 예외는 아니다. 세속화의 경향으로, 전문 분야에서 일할 수 있는 사람이라면 함께 일을 하기 위해 그 사람을 채용하였다. 서부의 경우, 특별히 기독교적 사명감을 확인할 필요가 없다고 생각했을지도 모른다. 왜냐하면 인구의 거의 대부분이 기독교인이었기 때문이다.

어쨌든, 예전의 사역자들에게 보이던 신앙적 분위기는 이제 디아코니아 재단의 사역에서 찾아볼 수 없게 되었다. 그러나 독일 교회는 기독교 봉사단체가 섬김과 봉사의 질에 있어서 비기독교 봉사단체보다 더 나아야 하고, 차이를 보여야 함을 그래서 사회에서의 교회의 소금과 빛의 역할이라는 인식에 보탬이 되기를 바라고 있는 것이다. 여기에 성경적 봉사를 감당해야 하는 독일 디아코니아의 과제가 있는 것이다.[46]

### 5) 이상과 현실

무엇보다도 디아코니아 활동은 성경적 취지, 곧 선교 목적을 잊지 않으려 한다. 사람들을 신앙으로 인도하는 것이다. "인간의 가장 깊은 곤경이란 다름 아닌 하나님을 떠난 상태"(die tiefste Not des Menschen ist seine Entfremdung von Gott)임을 잘 알기 때문이다. 디아코니아의 궁극적 목적은 고난에 처한 사람들을 예수 그리스도께로 인도하는 일이다.

그럼에도 현재 독일 디아코니아의 문제는 상당부분 이러한 순수한 목적에서 벗어나고 있는 점을 잊지 않는다.

> 교회의 디아코니아 업무는 예수 그리스도의 위임(委任) 안에서 행해진다. 다른 이유에서 이 일에 뛰어든 사람이라도, 동일한 권리와 사명을 갖는 동역자임은 사실이다. 그럼에도, 그는 반드시 디아코니아 업무의 복음적 근거를 받아들여야만 한다.[47]

앞에서도 언급했지만, 본래 주어진 사랑의 과업과 사업의 경제성의 문제를 놓고 고민하지 않을 수 없는 현실에 처했다. 사업에 종사하는 사람들의 임금문제, 기관의 운영을 위해 드는 경비 등을 생각해야 하기 때문이다. 특히 통일 후 동부 독일 쪽에서 접할 수 있는 항의는 이제 더 이상 디아코니아는 순수성을 잃어버렸다는 것이다. 즉 이전의 섬김의 철학과 봉사의 헌신성을 찾아보기가 어렵게 되었다. 마치 이제 더 이상 교회의 봉사단체가 아닌 것처럼 보인다는 말이기도 하다. 교회를 뛰쳐나간, 교회와는 상관없이, 관계없이 일종의 사업으로 운영되고 있다는 지적이다.

물론 이러한 지적은 상당 부분 타당성이 없지 않다. 사회주의 사회에서 서독의 지원을 받아 순전히 이윤추구와는 상관없이 운영되던 디아코니아 사업은 이제 자본주의 체제하에서 적응을 하면서 다른 모습이 된 것도 사실이다.

그럼에도 독일의 디아코니아 재단은 하나의 중요한 숙제로서 어떻게 디아코니아 사업이 교회와 긴밀한 유대 관계 속에서 진행되어야 하는가를 숙고하고 있다. 본래적 목적을 잊어서는 안 되기 때문이다. 이러한 모습이 독일통일 후 독일 디아코니아가 처해 있는 현실이라 하겠다.[48]

일반적으로 디아코니아 재단이 참여하고 있는 일로는, 교회시설로서 도움이 필요로 하는 곳으로 예를 들어 유치원, 나그네들이 쉬었다 갈 수 있는 휴식처 관리, 혼자 거동하기 어려운 노인들, 장애자들, 병든 자들과 그들을 돕는 가정을 도와주는 일, 음식과 식량 등을 공급하는 일, 빈곤층이 몰려 있는 지역을 돌보는 일, 경제적, 정치적인 이유로 인해서 고국을 떠나야만 했던 사람을 돕는 일들을 담당하고 있다.

이러한 일을 위해서 디아코니아 재단이 가지고 있는 전문 인력도 필요하지만, 무엇보다도 교회를 통해서 헌신적인 마음으로 찾아오는 자원봉사자들이 긴급히 요구된다. 그리스도의 이웃 사랑에 입각한 자들로서 전문 지식과 인격으로 준비된 자들이면 더욱 바람직하다. 그런데 그러한 자원봉사자의 70% 이상이 여성들로 이루어졌다. 이를 향한 교회의 자세는 디아코니아 사역에 있어서 결정적이다.[49]

### 6) 디아코니아의 추구

독일 디아코니아 재단은 도움을 필요로 하는 사람들을 돕는 사역에 있어서 국가와 여러 사회단체와 기관들을 파트너로서 함께 일하기를 원한다. 곧 봉사 또는 섬김의 의미를 갖는 디아코니아야말로 "사회 가운데로 내민 교회의 손"으로서의 역할을 하기를 원한다.[50] 그리하여 독일 교회가 실업자, 약자, 소외되고 있는 자를 그리스도의 사랑으로 '도와주는 문화'(Kultur des Helfens)를 형성할 것을 호소한다. 사랑의 문화를 형성하기 위하여 디아코니아 재단의 운영은 자율성에 크게 의미를 부여한다. 규범화하고, 관료화하는 조직운영을 가능한 멀리한다. 그렇지 않을 경우, 봉사와 섬김의 일 자체를 그르칠 수 있기 때문이다. 그러면서도 디아코니아 재단은 여러 면에서 강하게 현지 교회와 깊은 유대 관계를 맺고 있다.

무엇보다도 디아코니아 재단은 '예수 그리스도의 복음을 널리 전하는 특별한 기회'를 갖기 때문이다. 만약 디아코니아 재단의 사역이 봉사 그 자체에만 머물 땐, 사역의 특성 뿐만 아니라, 역시 교회의 사회적 역할을 잃어버릴 수 있기 때문이다. 교회의 단체로서의 디아코니아 재단은 복음전파의 사명을 망각해서는 안 되는데, 하나님이 원하시는 참된 인간이란 영육의 건강이 균형 잡힌 사람이어야 하기 때문이다.

아울러 독일 디아코니아 재단의 활약은 그저 독일이라는 영역에서만 머무르지 않고, 전 유럽과 전 세계를 품는 초국가적, 초교파적 섬김과 봉사의 사역을 추구하며 노력한다. 도움을 필요로 하는 사람들과 유대를 강화하며(Solidaritaet), 정의를 잃어버린 사람들의 편이 되어서 그들의 입이 되어 주는 공의를 세우는 일(Gerechtigkeit)에 국경을 초월하여 참여하기를 원한다.[51]

독일 교회 디아코니아 재단의 대표로 있는 유르겐 고데(Pfarrer Juergen Gohde) 목사의 1998년 11월 1일 행해진 강연에서 디아코니아를 어떻게 정의하는지 들어 보는 일은 의미 있다.

교회가 마땅히 해야 할 디아코니아의 과업은 일종의 생명의 힘(Macht des Lebens)입니다. 결코 사회 윤리가 아닙니다(keine Sozialethik). 종교적인 외투를 걸친 사회업무도 아닙니다(keine religioes bemaentelte Sozialarbeit). 분명 디아코니아는 부활의 증거, 죽음을 대적한 저항이며, 생명을 업신여기는 모든 힘에 대한 거부(Protest)입니다. 관료주의, 전횡주의, 무사안일에 대항하는 힘입니다. 디아코니아는 공공의 삶 속에서 제시되는 기독교인의 현존입니다. 디아코니아는 하나님의 말씀에서 근거를 찾아야만 합니다(muss). 디아코니아는 하나님 나라의 관점(die Perspektive des Reiches Gottes)에서 추구되어야 합니다. 그렇지 않을 경우, 비전의 근거를 잃어버리며, 구성력을 잃어버립니다.

디아코니아는 세상 속에서, 그 세상을 위하여 감당해야 할 기독교인들의 책임을 위한 원동력이 됩니다. 세상의 곤궁이란 하나님을 떠난 상태를 분명히 보여 주는 표식입니다. 여기에 우리 교회의 디아코니아를 향한 물음이 있어야 할 것입니다.[52]

디아코니아는 '복음에서 예수 그리스도에 의해서 제시된 모든 사람을 향한 하나님의 사랑의 현재'입니다.[53]

여기서 독일 교회의 디아코니아가 인도주의 봉사와 섬김 그 자체로 끝나지 않고, 그것을 복음전파를 위한 최고의 기회로 연결시키고 있음을 인식할 수 있다. 물론 봉사와 섬김이 전도의 조건이 되어서는 안 되겠지만, 확실한 것은 전도를 위한 그보다 좋은 기회가 없다는 현실에 입각한

의식의 전환과 이에 대한 강조가 중요하다. 이러한 강조 및 사고의 전환은 독일 교회의 어려운 현실과 직결된다. 디아코니아의 본래적 목적이기도 하지만, 이러한 강조는 독일 교회의 새로운 인식의 전환이라는 차원에서 이해해도 무방하다.

게다가 디아코니아는 정의와 늘 함께 간다. 기독교인의 사랑과 공의는 십자가에서 만나고 있기 때문이다. 디아코니아의 사랑은 진정한 법적 권리를 향유하는 공동체에서 제외된 그런 사람들의 생명권, 보호받을 권리, 참여권을 만들어주는 사역이다. 이러한 문제의 본질은 어떤 면에서 사회정치적, 디아코니아 정치적, 또는 사회구조적 문제이기에 기독교인의 봉사는 그러한 혜택을 받지 못하는 사람들의 편에서 자비와 긍휼을 가지고 함께하고 있음을 보여 주는 단결의 과시이다(solidarische Solidaritaet).

선한 사마리아 사람의 봉사는 더 이상 자신을 지킬 만한 힘과 권리가 사라진 강도 만난 자의 편에 서서 그의 아픔과 고난에 참여하는 정의적 차원의 모습도 제시하고 있다. 그러기에 디아코니아의 정신은 언제나 말씀의 해석과 밀접한 관계를 갖는다. 결국 디아코니아는 성경이 말하는 진정한 자유를 향유하는 삶을 추구하고 있는 것이다.[54]

독일 교회는 교회봉사인 디아코니아 사역을 향하여 두 가지 관점에서 새로운 정립을 요구한다.

① 교회는 디아코니아 실천을 신학적으로 관여할 수 있어야 한다.
② 디아코니아를 위한 교회의 감독과 후원은 더 적극적으로 해야 한다.

한 마디로 독일 교회의 디아코니아 사역은 보다 더 교회적이어야 하고, 복음적 근거를 확고히 해야 할 것을 요청하고 있다.

## 4. 맺는 말

독일 디아코니아 재단의 대표 유르겐 고데의 연설은 통일 후 독일 디아코니아의 현재를 너무도 잘 말해 주고 있다. 본질과 추구라는 관점에서 새로운 시대의 디아코니아의 방향을 분명하게 짚고 있기 때문이다. 이는 디아코니아의 세속화와 인본주의에 맞서는 모습으로 평가될 수 있다. 디아코니아는 결코, 사회윤리도, 종교적 외투를 걸친 사회업무가 아닌, 복음의 본질을 제시하는 부활의 증거로서의 생명의 힘, 공공의 삶 속에서의 기독교인의 현존이다.

디아코니아의 근거는 성경이며, 디아코니아는 하나님 나라의 관점에서 실현되어야 하고, 눈에 보이는 복음의 제시로서 이해되어야 한다. 인간의 불행과 비극은 하나님을 떠난 상태로서, 이 절망을 대상으로 디아코니아는 치유자의 사명을 갖기를 역설한다.

여기에 오늘 독일의 디아코니아의 추구가 있고, 그것은 다음과 같이 두 가지 물음으로 요약할 수 있다.

① 디아코니아의 철학이 보다 성경적, 신학적이어야 한다.
② 디아코니아에 종사하는 사람들이 보다 교회적이어야 한다.

독일 교회는 디아코니아가 복음전파를 위한 최상의 기회임을 인식하고 있다는 사실은 독일 교회가 새로운 전환에 직면하고 있음을 보여준다. 분단의 십자가를 진 한국 교회도 북한을 향한 성경적 요청인 디아코니아가 얼마나 중요한지를 깨닫고 이를 실천하여 남북통일의 마중물이 되었으면 한다.

이미의
통일론

Road of the Korean Church to the National Unification

# 통일로 향하는
# 교회의 길

새 계명을 너희에게 주노니 서로 사랑하라
이로써 모든 사람이 너희가 내 제자인줄 알리라(요 13:34-35).

4 장

# 독일통일이 주는 교훈

### 1. 조용한 개신교 혁명

역사적인 독일의 통일은 실로 '조용한 개신교 혁명'이었다. 이와 같은 역사의 교훈에 귀를 기울이는 한국 교회여야 할 것이다. 역사는 궁극적으로 오늘의 자신을 인식하게 한다. 역사의식의 상실은 결국 모두를 역사적 치매로 이끌어 하나님이 주시는 참된 내일의 희망이 아니라, 근거 없는 미래의 불안만을 가중시킬 뿐이다.

북한에 남겨진 형제, 자매들을 돕는 일은 헐벗고 굶주리는 형제, 자매를 도와야 하는 우리 주님의 명령에 대한 순종일 뿐만 아니라, 궁극적으로 우리 자신을 돕는 일이 될 것이다. 왜냐하면 이것이 다가올 통일 한국으로 가는 길을 닦고 가꾸는 지혜이기 때문이다.

사랑은 본질적으로 함께 더불어 사는 삶이다. 교회는 정치적 논리를 따라가서는 안 된다. '줄 것은 주고, 받을 것은 받는' 전략도, '서로 이기는' 정치적 상생의 전략도 성경적인 원리는 아닐 것이다. 하나님의 사랑을 근거로 이루어진 교회는 '값없이 주는 나눔의 원리'에 따라 살아가는, 세상과는 구별된 거룩한 공동체이다.

교회는 민족의 상처를 메우고 넘어서 이제 서로 용서와 화해, 사랑과 하나됨, 통일에로 나아갈 수 있도록, 그 길을 평탄케 하는 일에 앞장서야 한다. 바로 이 일을 통하여 '너희는 세상의 소금과 빛이라'는 주의 명령을 민족 앞에 구현해야 한다.

한국 교회가 문화변혁 사명을 올바르게 감당함으로써, 예배당에 갇힌 신앙, 곧 안일한 신앙주의를 떠나야 할 것이다. 한국 교회는 민족의 허리를 자르고 묶어 놓은 휴전선이 세계복음화로 나아가는 데 있어 거대한 장애물임을 바르게 통찰하고 인식해야 한다. 바로 그 휴전선이 흑암에 앉아 신음하는 2,300만 북한 동포에게, 13억 중국인에게, 그리고 저 광활한 실크로드를 타고 중동아시아와 아랍 여러 나라와, 다시금 마침내 사도 바울이 그 첫걸음을 떼었던 복음선교의 출발지인 예루살렘, 안디옥으로 향하는 거대한 복음선교의 대장정을 펼칠 수 있는 길을 가로막고 있다.

이 지구상 마지막 남은 철의 장막 휴전선이 제거되는 순간 한반도의 통일과 함께 복음의 환태평양 시대가 북한을 출발점으로 도래할 것이라 기대한다. 세계복음화의 본격적 출발은 비로소 휴전선이 걷힐 때이며, 이것이 21세시 우리가 통찰해야 할 한국 교회를 향한 하나님의 세계사적 비전이다.

## 2. 한국 교회의 문제점

안타까운 것은 남북갈등이 야기될 때마다 교회가 교회다운 성경적 목소리를 내지 못하고 있다는 점이다. 성경적인 길을 제시하지 않고 일순간에 파당적이 되어, 우리 주님의 모습과는 전혀 다른 얼굴로 말하고 흥분하기까지 한다. 남북문제를 말할 때, 수많은 한국 교회의 지도자들이 성경에서 해답을 찾으려 하지 않고, 보수와 진보로 나뉘어 정치가들의 논리를 따르고 있다. 이는 교회됨의 상실이며, 주의 몸된 교회를 더럽히는 행위이며, 나아가 세상의 다른 진리를 좇는 일이라 할 것이다.

복음은 이념을 초월하여 하늘에 계신 하늘로부터 역사한다. 비록 한국 교회가 공산당에게 당한 깊은 상처를 갖고 있는 것은 사실이지만, 예수님 자체이신 복음은 좌파 이념이나 우파 이념도 아니며, 그 어떤 극단주의도 결코 아니다. 복음은 이념의 노예가 된 사람들을 온전하게 치유하는 기쁜 소식, 생명이다. 그러기에 한국의 교회가 성경에 입각하여 보다 깊이 생각하고, 보다 구체적으로 실천하는 모습을 보여야 한다.

신학도, 설교도 구체적으로 예수 그리스도의 십자가에서 드러난 하나님의 평화, 사랑, 생명에 대한 성경의 진리를 실천할 수 있는 대안을 제시할 수 있어야 한다. 북핵문제, 분단의 아픔, 기아문제, 인권문제도 성경에서 대안을 찾아야 한다. 그럴 때 한국 교회는 성경적 통일론을 정립할 수 있을 것이고 분단의 어려운 정치현실에서 세상의 소금과 빛으로 귀한 역할을 감당하게 될 것이다. 성경의 사랑이 궁극적으로 원수를 사랑하는 사랑이라는 사실은 한국 교회가 북한을 어떠한 자세로 대해야 할지 가르쳐 준다. 대표적으로 한국 교회는 요한복음 4장과 로마서 12장을 함께 묵상해 볼 수 있을 것이다.

## 3. 복음주의 통일운동

한국 복음주의 교회의 통일운동은 1993년 '남북나눔운동'으로 시작되었다 해도 과언이 아니다. 그때까지 복음주의교회는 엄격하게 볼 때, 북한 문제를 단지 '북한선교'라는 차원에서 접근하고 있으나, 1990년대에 들어서 동구권의 붕괴를 목격하고, 국내의 정치적 상황이 점차 민주화의 길로 바뀌면서 보다 적극적으로 사회문제에 뛰어 들면서, 이제는 '민족통일'의 시각에서 민족의 문제를 접근하기 시작했다. 1992년 태동되어 1993년 4월 27일 본격적인 활동을 개시한 '평화와 통일을 위한 남북나눔운동'은 홍정길, 이만열 등 한국 교회의 보수적 복음주의권이 주축이 되어 진보 측과 함께한 연합운동의 전형이라 할 수 있다.[55] '남북나눔운동'은 '88선언'에서는 직접 거론되지 않은, 일제 강점기 우상을 섬긴 점과 민족분단을 저지하지 못한 죄를 회개하면서, 자신들의 설립취지를 천명한다.

> 한국 교회는 민족 속에 통일의식을 일깨우는 한편 남북간의 화해를 구체화하기 위해 '평화와 통일을 위한 남북나눔운동'을 시작한다. '나눔운동'은 인간의 죄를 용서하고자 십자가를 진 예수 그리스도께서

한국 교회에 주신 화해와 일치의 사명을 깨닫고 분단극복의 과제를 기꺼이 감당하고자 한다. 그리하여 이 사랑의 나눔이 민족 공동체를 회복하고 평화와 통일을 구축하는 씨앗이 되기를 간절히 간구한다.[56]

이만열을 '연구위원회'의 대표로 하면서, 나름대로 깊은 연구가 이 방면에서 이루어지길 바라면서 남북나눔운동의 '연구위원회'에 참여한 학자들의 성향을 보면, "비교적 폭 넓은 세계관을 가진 젊은 세대들이었다는 점, 신앙적인 성향으로 보아 진보와 보수를 망라하면서도 서로에 대해 열려 있다는 점, 학문적인 배경도 국내외 전통이 어울려 있다는 점" 등이 특징으로 부각될 수 있다. 곧 보수와 진보를 망라해 참여한 남북나눔운동의 범교단적이며, 범교회적 성격을 보여준다.

'연구위원회'는 "자주 만나 각자가 기독교적 관점에서 통일문제를 두고 연구"하기 위해 노력했을 뿐 아니라, 세미나를 열어 발표한 후 논문들을 책으로 출판하는 일을 주목적으로 설정하였다. 특히 '연구위원회'가 경계해야 할 대상으로는 '신앙환원주의'였는데, 이는 "문제의 결론이 제대로 나오지 않을 때 그 결론을 신앙에다 미루어 버리는 습관들을" 의미하는 것으로, 이를 지양하는 일을 기독교적 지성의 과제로 여긴다. 무엇보다도 "기독교인들의 통일운동은 신앙적인 열정과 함께 믿음의 선배들이 물려준 불타는 민족애와 학문에 바탕을 둔 기독교적인 이념 위에서 추진되어야 할 것으로 기대하기 때문이다."[57]

통일운동을 '한국사회가 당면한 가장 시급한 문제 중의 하나'로 인식했던 '남북나눔운동'은 '교단과 교파를 초월하여 서로 신뢰하는 가운데

이북 교회들과의 만남을 통하여 통일을 준비해 가야' 할 것을 천명하면서 평화 통일을 위한 네 가지 실천방안을 제시하였다.

첫째, 영적 나눔운동으로 다니엘 기도운동을 전개하자. 남북의 참 평화와 통일은 하나님만이 이룰 수 있기에 그분의 보좌를 움직이는 철저히 '교회 중심적'인 기도운동을 제안하였다.

둘째, 소식 나눔운동을 전개하여 북한을 바로 알아 가도록 하자. 그 이유는 남북 간에 정확한 정보를 나누지 않을 때, 서로를 향해 '편견과 의심'을 가지게 되고 결국 '분열'로 나타날 것이기 때문일 것이다. 남쪽의 교회는 통일에 관한 생각과 의식의 공유를 위하여, 있는 그대로를 인정하고 이해하고 받아들임으로써 서로에 대한 편견과 의심을 제하도록 노력해야 한다.

셋째, 살림 나눔운동을 전개하자. 그리스도를 본받아 모든 기독교인이 하나님께서 우리에게 주신 것을 함께 나눔으로, 우리가 더 큰 기쁨을 소유할 수 있을 것이며, 이 작은 나눔은 이 땅에 참 평화와 통일을 가져오는 한 알의 씨알이 될 것이다. 이를 위해 분유, 쌀, 기초 의약품 등을 보내기로 계획할 수 있다.

넷째, '경건과 절제의 운동'을 통해 실천하자. 넷째 제안은 앞의 세 가지 나눔운동이 성공적으로 진행되기 위해 전제되어야 할 삶의 조건이다. 이미 통일 후 '다른 두 체제 안에 있는 우리가 만나서 무리 없이' 함께 살기 위해서 절제와 경건의 삶이 필요한 시기이다.

네 가지 실천방안은 많은 시간을 가지고 함께 고민하면서 여유 있게 작성되었다고 생각되며, 복음주의권이 내어 놓은 통일을 위한 초창기 구체적 실천방안이면서, 동시에 2, 4안이 통일 이후도 겨냥하고 있다는 점에서 높이 평가할 수 있겠다.[58] 아울러 통일운동과 기도운동을 함께 묶어 기도를 현장의 삶으로 가져온 점, 북한에 대한 편견 없는 정보를 공유하고자 한 점, 어려움에 처한 북한을 위해 물질을 나눔으로 평화와 통일을 위한 '한 알의 씨알'이 될 수 있다는 점을 인식한 점에서 그 의의가 있다.

그럼에도 정작 어떻게 교단과 교파를 초월해서 '남북나눔운동'을 전개할 것인지에 대한 언급은 없어 궁금증을 불러일으킨다.[59] 또한 엄한 실정법, '국가보안법'과 '남북교류협력에 관한 법률'을 준수하면서 당시 어떻게 '남북나눔운동'을 전개시킬 것인지 해결해야 할 많은 과제를 갖고 있음을 주목하게 된다.

지금까지 민간 차원에서 행해지는 남북의 나눔은 반공법 내지는 국가보안법에 의해 엄중히 처벌될 수밖에 없었으며, 통일은 국가 정책 차원에서 정부가 독점적으로 다루어왔을 뿐이었다. 물론 1993년 김영삼 문민정부의 출현을 간과할 수는 없겠지만, 지금까지 침묵으로 일관해 왔던 보수교단이 주도적으로 '남북나눔운동'을 민족의 평화와 통일을 위한 차원에서 펼치고자 함은, 조금은 당돌한 감이 없지 않으면서도, 또한 분명 진취적인 실천방안이 아닐 수 없다.[60] 어쨌든 이런 모습으로 보수교회 역시 민족의 문제를 바라보게 되었고, 하나님의 관점에서 해결하려 고뇌하게 되었다는 데에서 그 역사적 의의를 부여할 수 있을 것이다.

## 4. 독일 교회의 사랑

독일 교회는 분단하에서 동독을 도우면서 하나의 아이디어를 활용했다. 분단 시절인 1958년부터 1972년까지 '독일 교회연합'(EKD)이 동독을 지원한 재정정도를 보면 첫 해 2,300만 마르크로 출발하여 1972년에는 1억 2,000만 마르크에 이르는 엄청난 액수였다. 이 교회 재정지원 프로그램은 통일과 함께 1991년 6월 12일에 역사적으로 종결되는데 이일에 중추적 역할을 한 기관이 '디아코니아 재단'이었다.

독일 교회가 교단을 초월해 동독을 도울 때 가졌던 하나의 기구, 곧 연합체를 형성했는데 그것은 그리스도의 사랑에 입각하여 고난 당하는 자를 돕는 일이었다. 디아코니아 재단은 이념도, 신학도, 정치의 성향도 물을 필요가 전혀 없었다. 게다가 동독을 돕는 것 그 자체가 목적이었다. 그리스도의 성육신의 사랑에 대한 당연한 성도의 실천적 사랑일 뿐이었다.

물론 정치적으로 이념적으로 동독과 서독은 달랐지만, 교회만은 그러한 현실 정치를 떠나 '특별한 유대 관계'(die besondere Gemeinschaft)를 분단 내내 유지하였다. 이 '특별한 유대 관계'란 명목적으로 먼저는 동독에 있는 교회, 곧 '사회주의 속의 교회'(Kirche im Sozialismus)와의 관계이며 더 나아가 실질적으로는 고난 가운데 처한 동독 주민과의 관계를 말하는 것이었다. 이러한 일을 위해 독일 교회는 '섬김의 신학'(diakonische Theologie)을 정립해야만 했다.

이 '섬김의 신학'은 분단하에서 독일 교회가 가졌던 통일신학의 일환이었다. 이러한 섬김의 신학은 어렵던 당시 동구권의 교회를 향해 가졌던 서구교회의 실천적 신학이기도 했다.

당시 '디아코니아 재단'의 책임자로 활동한 노이캄(K. H. Neukamm)은 서독 교회의 동족을 향한 사랑은 인도주의적 사랑을 뛰어넘어 무엇보다도 복음이 요구하는 주님의 사역으로 감당했음을 잊지 않고 강조했다.

> 오직 예수 그리스도의 성령 안에 있을 때에 디아코니아는 일어날 수 있습니다. 복음의 능력으로 살아가고 그 능력의 교회에 지체가 된 여자들과 남자들이 살아 활동하는 그 현장에서 말입니다.[61]

## 5. 내면의 통일

> 통일로 인한 전환의 순간에 서서 동독 지식인의 한 사람으로서 저자는 자아 정체성을 잃어버렸습니다. 전환의 순간을 맞이한 첫 자동차들이 모든 길거리에 빽빽이 늘어선 접경지대에서 느낀 것은 한 마디로 항복 그 자체였습니다. 믿었던 땅바닥이 꺼지는 것 같았고, 나 역시 함께 몰락하는 기분이었고, 이 가라앉는 기분은 멈추지 않을 것 같았습니다. 이 때 저자는 스스로에게 물었습니다. 나는 지금 이 세상에서 무엇을 해야 하는가?[62]

동독의 서독에로의 합병 바로 이후 동독의 지식인이 느낀 점을 그리고 있다. 1989년, 1990년에 일어난 일련의 과정들을 독일통일의 중요한 사건으로 사람들은 이해한다.

정확하게는 1990년 10월 3일, 40여 년의 동서독의 분단을 끝내고 동독이 서독에 병합된 사건을 독일통일의 역사적 시점, 곧 통일의 날로 공식적으로 생각한다. 물론 실질적으로 동서독을 가로 막고 있던 무거운 장벽이 무너지고, 동독 정치 조직의 완전한 와해가 이루어진 1989년 11월 9일을 독일통일에 있어 중요한 역사적 전환점(Wende)으로 생각할 때, 2009년은 실질적으로 독일통일을 이룩한 20주년이 되는 해이라 할 것이다. 법적, 정치적 통일이 이루어진 1990년 10월 3일을 기준으로 할 때, 2010년을 독일통일 20주년으로서 그 의미를 부여하려 할 것이라는 생각을 한다.

법과 땅, 정치적 통일은 통일의 시작, 통일의 첫 단계로 이해함이 타당하다. 분단의 세월만큼 사상과 문화, 언어의 분단을 경험한 사람들이 갑작스런 통일과 함께 이렇게 이루어진 통일을 이루어 가고 가꾸기 위해서는 분단의 세월에 상당한 통합화의 시간이 요구됨을 예측할 수 있다.

두 개의 독일로 나누어진 분단의 세월 동안 사람들의 마음에 통일을 전후로 하여 '머리속의 장벽'(Mauer in den Koepfen)이 존재하게 되었는데, 소위 '동-서-생각'(Ost-West-Denken)이 그렇게 쉽게 극복되지 않음이 여러 면에서 드러나게 되었다. 서부로 이주한 동부 사람은 본토인인 서부 사람보다 상대적 저임금에 시달려야 했고, 여기서 나오는 차별감은 사회적 문제로 드러났다. 문화적으로는 자본주의 경쟁사회에 쉽게 적응하지 못한 채 차라리 옛 동독 사회주의 시절을 그리워하는 향수 '오스탤지어'(Ostalgie)가 생겨나게 되었다.

통일 독일은 분단 시대에는 다른 시스템으로 작동되던 우편번호, 전화번호도 통일 후 단점을 보완해 조심스럽게 하나로 만드는 일을 시도해야만 했다. 자동차 번호판, 도시 이름도 새롭게 정비해야만 했는데, '칼-마르크스-시'(Karl Marx Stadt)는 시민들의 투표를 통해 1990년 4월부터 예전 이름으로 복귀할 수 있었다.

독일의 대통령 호르스트 쾰러(Horst Koehler)는 통일 후에도 상당한 기간 동안 존재하게 될 동서간의 경제적 차이를 보면서 '진정한 하나됨의 느낌'(ein echtes Zusammengehörigkeitsgefühl)을 소망으로 제시하기도 했다. 나누어진 두 나라가 한 나라로 되어 우리는 하나라는 느낌을 자연스럽게 소유하게 될 때, 아니 더 이상 다른 우리라는 사실을 잊어버릴 때만이 진정으로 통일이 되는 시점이라 할 수 있을 것이다.

## 6. 통일 독일 교회

동서 분단하 독일 교회는 섬김의 신학과 성육신의 사랑을 가지고 동서 분단하에서 어려움에 처한 동족을 조건 없이 인내로써 도왔고, 1990년 독일은 뜻밖에 하나가 되는 통일을 은혜로 누리게 되었다. 그렇지만, 독일 교회의 재건은 그렇게 만만하지 않았고, 많은 문제를 극복해야만 하는 노력을 오늘에도 기울이고 있다. 물론 아직도 독일 교회가 넘어야 할 산들이 있는 것은 부정할 수 없지만, 한국 교회와 비교할 때 서독 교회는 보다 성숙된 교회의 모습을 여러 면에서 보이고 있으며, 많은 점에서 분단하 한국 교회에 유익한 경험을 제시하고 있다. 분단하 독일 교회의 모습 역시 분단 교회인 한국 교회에 교훈하는 바가 적지 않을 뿐 아니라,[63] 통일 독일 교회가 당한 경험 역시 통일 한국에 있어서 북한 교회의 상을 그리는데 지혜를 준다.[64]

통일 독일 교회가 우선적으로 풀어야 하는 원리적인 문제는 교회 속에 들어와 있는 공산주의 잔재를 어떻게 제거해야 할지에 관한 것이었다. 사회주의 정권하에서 기독교를 말살하기 위한 의도에서 실시한 반기독교 교육이 통일 후에도 거대한 영향을 미치고 있기도 했었다. 즉 기독교는 미신이며, 미국 제국주의의 꼭두각시라는 인식이 확산되어 있었다.

분단하 동독 정권의 반기독교 교육은 동독에서의 기독교를 초토화하기에 이르렀고, 통일 당시 동독 교회는 거의 탈진상태에서 회생하기 어려운 상태였으며, 통일 후 20년이 지난 현재에 이르러서 까지도 독일 교회가 갈망했던 교회에로의 '복귀의 붐'은 일어나지 않고 있다. 청소년들과 그의 부모들은 공산 정권의 반기독교 학교교육의 열매로 교회를 여전히 불신의 눈초리로 바라보며 멀리하고 있을 뿐이다. 전혀 복음을 듣지 못했던 지역에서의 지금까지 전도와는 다른 새로운 전도법의 개발을 요청하고 있는데, 무엇보다도 그들이 갖고 있는 기독교에 대한 오도된 선입견을 먼저 바로 할 때에만 다음 단계의 전도가 가능하기 때문이다.

많은 재정이 투자되었음에도 기대했던 교회에로의 '복귀의 붐'이 하나의 허상으로 경험된 동부 독일지역에서는 시간이 지나면서 조금은 당황스럽기도 한 입장에서 새로운 각오를 다졌다. 독일통일 10년이 되었을 때, 독일 교회 협의회 회장 만프레드 코크(M. Koch)는 기념사에서 큰 호흡과 계속적인 인내를 요청했다.

> 10년 전 우리에게는 하나의 기대가 있었습니다. 그것은 통일이 되면 우리나라에서 개신교가 좀 더 융성할 것이라는 생각이었습니다. 그럼에도 오늘에 와서 곰곰이 생각해 보면, 동서독에서 오래전부터 내려오던 자타가 인정하는 신앙전수의 단절은 여전히 계속되고 있습니다.[65]

이러한 상황 가운데, 서독 교회가 다른 한 쪽인 동독 교회를 경제적으로 책임져야 하는 이중고를 안게 되었다. 물론 서독 출신 엘리트기독교인들이 직장 및 여러 가지 이유로 동독으로 이주하여 동독 교회의 구성원이 되는 경우가 있어 그래도 다행이지만, '무관심'으로 묘사할 수 있는 동부지역의 교회는 여전히 어려움을 호소하고 있을 뿐이다.

그럼 실제적으로 동부 독일의 사람들에게 어떻게 복음을 전할 것인가 하는 질문이 생겨났다. 동부 독일에 위치한 브란덴부르크 지역 소속 목사 한스 요아힘 마르텐스(Hans-Joachim Martens)는 특별한 경험을 전제로 도전적인 전도론을 제시한다.

① 더 이상 기다리는 교회가 아니라 찾아가는 교회가 되어야 한다.
② 불신자와의 동질성을 통해 인격적 관계를 가져 집으로 초대해야 한다.
③ 사랑공동체를 구체화하여 그리스도를 만나는 신앙에로 초대해

야 한다.

유물론 사상에 젖어든 공산주의를 경험한 사람들에게 복음을 전할 때 효과적인 방법은 교회의 사회적 과업, 곧 디아코니아의 실행으로 본다. 물론 다양한 노력을 기울이지만, 독일 교회는 소망을 잃지 않으면서 예수님 사랑의 섬김 공동체를 구체화하려 노력하고 있다. 사람들에게 말씀과 삶의 증거자의 삶을 보여 그들을 교회공동체로 나아오게 한다는 것이다. 그렇다고 그들의 봉사가 전도만을 목적으로 하는 것은 아니다. 분명한 것은 봉사 그 자체로서 충분히 의미가 있는데, 이는 예수님의 사랑의 명령에 순종하는 것이기 때문이다. 사회봉사가 복음전파를 위한 조건이 되어서는 안 되지만, 균형 잡힌 복음전파를 위해서는 중요한 축으로 인식하고 있다.

독일 교회는 교회의 대(對) 사회봉사 창구를 일원화하여 실시하고 있는데, 독일 디아코니아 재단을 통해서 하고 있다. 그런데 오늘 독일 교회의 문제는 일방적으로 치우친 감이 없지 않은데, 너무 봉사 또는 일종의 사업 그 자체로서만 끝나고 있는 점이다. 이러한 문제의식에서 "교회의 디아코니아 업무는 예수 그리스도의 사역에로의 위임 안에서 행해진다"는 사실이 강조되었다.

그 결과, 독일 디아코니아는 그리스도의 이웃 사랑의 원리를 분명히 인식하는 자로서 전문 지식과 인격을 갖춘 자를 찾기에 이르렀고, 헌신된 마음으로 찾아오는 봉사자들이 절대적 다수를 이루는 인력으로 구성되어 있다. 이렇게 하여, 독일 교회는 봉사야말로 '사회 가운데로 내민 교회의 손' 역할이기를 원한다.

> 디아코니아의 과업은 일종의 생명의 힘(Macht des Lebens)입니다. 결코 사회 윤리가 아닙니다(keine Sozialethik). 종교적인 외투를 걸친 사회업무도 아닙니다(keine religioes bemaentelte Sozialarbeit). 분명 디아코니아는 부활의 증거, 죽음을 대적한 저항이며, 생명을 업신여기는 모든 힘에 대한 거부(Protest)입니다. 관료주의, 전횡주의, 무사안일에 대항하는 힘입니다. 디아코니아는 공공의 삶 속에서 제시되는 기독교인의 현존입니다. 디아코니아는 하나님의 말씀에서 근거를 찾아야만 합니다(muss). 디아코니아는 하나님 나라의 관점(die Perspektive des Reiches Gottes)에서 추구되어야 합니다. 그렇지 않을 경우, 비전의 근거를 잃어버리며, 구성력을 잃어버립니다. [66]

독일 교회의 디아코니아는 이제 통일 독일에서도 공산주의를 경험한 동부독일의 교회 재건을 위해 충분히 이유 있는 지혜라고 생각한다. 물론 독일 교회는 분단하에서도 디아코니아를 통해 동독의 동족을 향한 사랑을 실천하였다. 문제는 동독 정권이 요구하는 대로 이 봉사가 복음과 어떤 관계에 있는지를 말하는 것이 금기시되었던 점이다. 아니, 어쩌면 복음이 요구하는 바 '묻지마 봉사'를 하는 가운데 복음과의 상관성이 없는 것처럼 되어 버리기까지 하였다. 아니면 일종의 사업으로만 전락하는 경우이다. 결과적으로 독일 교회의 봉사는 그 근거까지 잃어버리게 되는 위기를 맞게 된 것이라 하겠다. 따라서 순수한 봉사를 그리스도의 복음의 토대 위에 굳건히 서서 실행할 수 있다면 금상첨화라 하겠다.

## 7. 한국 교회에로의 적용

이제 독일 교회의 통일 전후의 역사를 이해하며 한국 교회에 주는 교훈을 찾으려 한다. 독일 교회의 통일 역사를 다 정리할 수 없었지만, 이제 그에 비추어 나름대로 분단 한국의 상황에서 오늘 한국 교회를 향한 요청을 기술할 것이다. 물론 독일 교회가 직접적으로 주는 교훈을 가져온 것도 있지만, 이러한 통일 독일을 바라보며 저자의 마음속에 형성된 나름대로의 통일관을 한국 교회를 염두에 두며 정리하려 한다. 일종의 성경적 통일신학이라 말할 수도 있겠지만, 어쨌든 한국 교회를 향한 성경적 관점 또는 기독교 세계관에서 제시하는 적용으로 이해하길 바란다.

### 1) 이념을 다스리는 복음

북한 문제에 있어서 한국 교회는 이념에 발목 잡혀있다.[67] 한국 교회는 일제시대, 6.25, 남북분단을 어렵고 힘들게 넘어서면서 조금은 세상을 부정적으로 보는 고난의 신학을 은연 중 가지고 있다.

특히 6.25 그리고 분단 시대를 살아오면서 겪은 이념으로 인한 깊은 상처는 복음을 마치 이념을 대치하여 존재하는 상대적 진리로 착각하게 만들었다. 그래서 공산주의 내지 사회주의의 적은 기독교이며, 기독교 역시 공산주의 내지 사회주의를 적그리스도로 생각하기에 이르렀다. 물론 공산주의가 먼저 기독교를 반동으로 여겨 척결의 대상으로 삼은 것은 부정할 수 없다.

그러나 곰곰 생각해 보면 예수 그리스도를 죽인 자들은 유대인들이다. 그들이 예수 그리스도를 대적하며 그분을 자신들의 적으로 삼은 것이다. 그렇다면 죽임을 당하신 예수님은 유대인들을 역시 적그리스도로 여기며 그들과 싸울 것을 마음에 굳게 다짐했는가? 결코 그렇지 않다. 우리 주님은 말씀하셨다. "아버지 저들을 사하여 주옵소서 자기들이 하는 것을 알지 못함이니이다"(눅 23:34). 알지 못하는 그들을 불쌍하게 여기며 주님 사랑의 대상으로 품은 것이다. 자신을 죽였던 원수들을 역으로 품으시고 사랑하신 예수님의 모습은 오늘 한국 교회가 공산주의 북한을 향해서 가져야 할 태도이다. 우리 예수님은 하나님의 놀라운 경륜을 알지 못하는 가난과 무지 가운데 빠져 버린 사람들을 불쌍히 여기실 것이 분명하다. 그리고 그들을 오랜 인내로 기다리실 것이다.

그렇다면 한국 교회가 가져야 할 자세는 이념을 대적하여 북한을 원수 삼아 쳐부수고 싸울 것이 아니라, 그들을 그리스도의 사랑으로 품고 그들의 어리석음을 내놓고 기도하며, 그들의 고난과 아픔에 참여하는 진정한 기독교인으로 살아가야 한다는 것이다. 이념은 인간의 머리에서 나온 인간의 생각이다. 복음은 하나님의 말씀이며, 신적 진리이다. 그렇다면, 하나님의 복음은 인간의 이념을 치유하고 바로 이끄는 진리여야 한다. 복음은 인간의 이념을 대적한 또 하나의 상대적 진리가 아니다. 공산주의도, 자본주의도 그들의 한계를 알고 있다. 물론 끝까지 착각을 할 수 있으나 궁극적으로 하나님의 진리에 무릎을 꿇게 하는 것이 교회의 사명이다.

그렇다면 한국 교회의 북한을 향한 태도는 복음적 음성을 따라 그들을 치유하는 생명의 복음, 세상의 소금과 빛으로 나서야 할 뿐이다. 하나님의 복음은 인간의 이념을 치유하는 것이지, 인간의 이념을 대적하여 싸우는 것이 아니다. 북한에서 70년 동안 공산주의 교육을 받은 자들을, 통일 후 어떻게 기독교가 상대해야 할지를 사전에 준비하지 않고서는, 자칫 한국교회가 이들과의 관계에서 큰 문제를 만날 수 있음을 기억해야 할 것이다. 복음의 사람들이 품지 못할 사람들이 없음을 성령의 능력으로 확실히 인식해야 한다. 기독교의 사랑은 궁극적으로 원수 사랑이기 때문이다.

### 2) 개성공단은 통일 모판

얼마 전 북한은 개성공단의 노동자의 월급을 300불로, 공단 토지임대료로 5억불을 지불할 것을 요청했다. 이러는 가운데 개성공단의 미래는 불투명해지고 있다. 하지만 개성공단은 무엇보다도 통일의 모종을 가꾸는 통일모판이 되어야 한다. 그저 값싼 노동력을 활용한다는 경영적 측면도 개성공단에 입주한 민간기업의 입장에서 볼 때 무시할 순 없겠지만, 정부는 통일 비전으로 멀리 바라보며 개성공단을 잘 가꾸어가야 한다. 가능하다면 제2, 제3의 개성공단을 더 확대하는 것이 미래지향적으로 볼 때 바람직하다.

어쨌든 북한을 돕는다는 차원에서 볼 때, 임금인상과 토지임대료 문제는 지혜롭게 대처하고 협상하면서 통일로 가는 길목에서 해결할 수 있다. 북한을 명분없이 돕는다면, '퍼주기' 논란을 불러일으키게 될 것이며, 북한 쪽에서도 명분없는 도움은 자존심이 상할 수 있다. 이런 맥락에서 통일비용으로 생각하여 한국 정부가 담당할 수 있는 부분은 담당하여 개성공단의 미래를 꿈과 더불어 펼칠 수 있어야 할 것이다. 또한 통일 한국에서 함께 살 북한 사람들과의 접촉점을 모색하고 미리 앞당겨 함께 사는 것을 연습하는 통일의 실습지로 분명 활용될 수 있을 것이다. 우리가 통일의 모판, 교류의 첫 단추로서 지혜를 발휘하면 제2의 개성공단 제3의 개성공단으로 나아가서, 어느 순간 함께 일하며 함께 사는 통일을 누리게 될 것이다.

물론 북한이 요구하는 임금인상과 토지임대료를 원하는 대로 다 줄 수는 없겠지만 서로의 합의하에 협의가 이루어지면 현금으로 한다든지, 북한의 도로 등의 인프라를 구축해 준다든지, 주택을 지어 주어 그 대가를 계산하는 방법도 있을 것이다. 그러기에 통일의 문제를 경제의 문제로만 생각하는, 예전에 일본이 비난 받던 경제동물(economic animal)식의, 발상은 통일 한국을 내다보는 바른 태도가 아님을 인식해야 할 것이다. 과연 어디까지 실용주의를 적용할 수 있는지도 엄밀히 생각해 보아야 한다. 분명한 철학과 비전을 소유한 복음에 입각한 인물들이 한반도에 나타나되, 특히 한국의 기독교가 이를 감당해야 한다.

사람이 빵만으로 살 수 없음을 성경은 분명히 말하고 있음에도, 오늘날 21세기 한국은 빵만으로 살 수 있는 것으로 착각하고 있다. 빵만으로 살 수 있다고 외치며 일어섰던 이념이 사회주의라고 할 때 어찌보면 통하는 면이 있다는 생각에 각성이 요구되지 않을 수 없다.

자식을 키우는 방법에도 쉽게는 두 가지가 있다. 좋은 성적을 내면 그에 상응한 포상을 하는 부모님이 있는 반면, 먼저 자식을 향한 사랑과 인내로 교육한 후 그 대가로 좋은 자식농사를 거두어들이는 부모님이 있다. 옳고 그름의 차이가 아니라, 지혜의 차이일 뿐이다. 북한을 향한 한국 교회의 자세도 이념이나, 진보나 보수의 문제로 볼 것이 아니라, 오직 하나님의 복음 위에 확고히 서서 주님의 지혜를 발휘하는 순종의 문제로 풀어야 할 것이다.

### 3) 기독교 대북 NGO 활동

싸늘한 냉전의 남북의 대치 상황에서 한국 교회가 할 수 있는 길은 기독교 대북 NGO를 통한 실천이 바람직하다. 정권과 이권, 이념에 모든 신경을 곤두세우는 정부와는 다른 독자적인 길을 가는 기독교 대북 NGO가 되어야 한다. 기독교 NGO들은 국민이 뽑는 정부를 존경하고 신뢰하되 그들의 어쩔 수 없는 한계를 알아, 북한을 돕는 오직 성경의 교본(text)을 정확히 이해하여 성경의 음성을 따라 행동하는 나름대로의 분명한 성경철학을 가져야 한다. 정치의 흐름에 부화뇌동하는 NGO들이 되어서는 안 되고, 진실을 찾아볼 수 없는 정치놀음에 휩쓸려도 안 된다.

만약 기독교 대북 NGO들이 확실하다면 분명한 성경적 신념이나 원리를 가져야 한다. 그렇지 않고서는 기독교의 이름을 붙여서는 안 된다.

그럴 경우, 한반도의 복잡한 정치상황에서 기독교 대북 NGO들이 제자리를 잡을 수 없을 뿐 아니라, 소신을 갖고 자신의 가야 할 길을 가지 못하고, 파도치는 정치와 함께 늘 힘들어 할 수밖에 없다. 그렇지 않기 위해서, 세상과 권력, 정치가들을 설득하고, 길이 막힐 때 인도하는 분명한 성경적 근거를 가지고 첫 출발부터 바르고 신실하게 하는 예수님의 제자들로 거듭나야 한다. 예수님의 자기를 십자가에 버리신 사랑이 근본이 되어 기독교 대북 NGO들이 세워지고 담대하게 일하게 될 때 그 어떠한 어려움이 남북 간에 찾아와도 중단 없이 열정과 소신을 가지고 자기의 길을 꾸준히 가게 될 것이다. 그럴 때 어느 순간 기독교 NGO들을 상대방도 신뢰하게 되고 본래적 NGO의 역할을 순수하게 잘 감당하게 될 것이다.

그런데 문제는 기독교 NGO들이 활동할 때, 특히 북한을 도울 때 보다 더욱 순수한 목적으로 행동해야 한다는 점이다. 엄격하게 볼 때, 북한선교를 위해 북한을 돕는 것도 성경적이지 않다. 가난한 자, 병든 자를 향한 예수님의 사역도 엄밀히 볼 때 조건이 없었다. 배고픈 자에게 먹을 것을 주었고, 목마른 자에게 물을 주었을 뿐이다. 병든 자에게는 그들의 고난과 아픔을 보며 고난에서 벗어나게, 병든 몸에서 치료를 받게 하셨다. 그 자체로 우리 주님의 사랑은 위대했고 놀라웠다. 그 어떤 대가를 우리 주님은 요구하신 적이 없었다.

한국 교회의 NGO 활동도 예수님의 모습을 본받아야 한다. 10명 중 한 사람이 찾아와서 고마움을 전한다 해도 그것은 열매일 뿐이지 우리의 사랑의 대가로 강요할 수는 없다. 사랑이 그 무엇을 대가로 이행될 때 이미 그것은 사랑이 아닌 것이 되고 만다. 루터(M. Luther, 1483-1546)의 말대로 치사한 것이다.

한국 교회의 사랑은 하나님을 사랑하고, 우리에게 보내 주신 이웃을 내 몸과 같이 사랑하는 것이 되어야 한다. 한국 교회 기독교 대북 NGO들이 이러한 사랑의 철학, 섬김의 신학을 분명히 한 후 행동에 나설 때 세상은 한국 교회의 사랑에 감동을 받을 것이고, 어느 순간에는 한국 교회를 향해 호감을 발휘하며 복음의 음성을 그리워할 것이다. 그럼에도 '북한선교'라는 말은 현 상황에서 볼 때 조금은 조건적이기에 심사숙고가 요청된다.

4) 교회의 사회적 역할

세상을 바꾸지 못하는 복음은 허수아비이며, 그 존재를 의심하게 한다. 세상은 그러한 교회를 귀찮게 여기기 시작한다. 마치 또 다른 공해라고 치부하기에 이른다. 아마도 그런 맥락에서 기독교가 '개독교'로 욕을 먹고 있는 줄도 모르겠다. 신학자로서 저자도 그런 생각을 한다. 신학자의 머리에서만 감도는 신학은 의미가 없다. 그 신학이 세상을 바꾸고 변혁(transformation)할 때 비로소 의미를 갖는다. 예배당에 갇힌 한국 교회는 그래서 거대한 예배당만 자랑하려 하는데 결국 교회는 점점 매력을 잃어가고 있다.

초대 교회는 교회 밖의 사람들이(outsider) 교회 안의 사람들인 성도들을 보며 칭찬했고, 그 비결이 어디서 오는지에 대해 호감을 갖고 궁금해 했다. 콘텍스트(context)없이 텍스트(text)만으로는 의미를 찾을 수 없다. 삶의 현장을 도외시한 채 신학자의 머리에서만 이루어진 이론신학은 구체적인 삶을 요청하시는 예수님의 요청에 답하기가 쉽지 않다는 점이다. 우리 주님의 성육신도 세상에 친히 오신 예수님의 모습을 선명하게 우리에게 제시한다.

그런 맥락에서 한국 기독교의 세상을 향한 의무와 역할은 중요한 의미를 갖는다. 이는 한국 교회의 마이너스 성장과도 맥을 같이 한다. 사실 우리의 십자가로 존재하는 남북분단의 휴전선은 정치의 일, 세상의 일, 이념의 일, 정치가의 일만이 아니다. 물론 그렇게 인식되고 있는 것은 부정할 수 없지만, 가만히 그 정체를 들여다보면 남북의 분단은 세계선교에 있어서 커다란 장애물로 작용하고 있다.

아시아에서 그 어느 나라도 한국 교회만큼 역동적이고 비전을 소유한 교회가 없다. 사실 세계선교의 2대 강대국으로 미국 다음으로 자리잡고 있는 것이 현실이다. 그런데 남북의 분단은 한국 교회를 복잡하게 만들어간다. 먼저는 비행기를 타야만 가는 선교로 많은 경비를 감당해야 하고, 남북의 분단으로 인한 이념의 대치는 북방선교를 더욱 어렵게 하고 있다. 게다가 2,300만 동족도 구원하지 못하면서 세계선교를 외치는 것은 가관으로 가만히 두고 볼일이 아니다. 자신이 저주를 받을지라도 자기 백성이 구원을 받기 원했던 바울의 모습과는 너무도 대조적이어서 그 부끄러움이 너무도 크다는 점이다.

이런 맥락에서 생각해 볼 때도 한국 교회가 남북의 분단을 기도의 제목으로 끌어들이지 못한 채 사랑을 외치고, 세계선교를 외침은 자기모순에 빠진다. 그러기에 종교개혁자 칼빈이 제네바를 복음화하면서 정치와 교회는 섞여서는 안 되지만, 중요한 동역자로 간주하여 긴밀한 동역했던 것을 통해서 한국 교회는 교훈을 얻어야 한다.

남북의 분단을 극복하는 일은 한국 교회의 중요한 사역임을 한국 교회는 인식하여야 할 것이다. 무엇보다도 한반도의 통일과 세계복음화가 매우 긴밀하게 상관되어 있음을 인식할 때 더욱 그렇다.

### 5) 새 술은 새 부대에

한국 교회의 변화를 요구하는 새로운 시대가 통일과 함께 도래할 것이다. 역으로 한국 교회가 변할 때 하나님은 선물로 통일을 허락하실 수도 있다. '조용한 개신교 혁명'으로 분단독일에게 어느 날 갑자기 통일이 찾아왔던 것처럼. 꿈이 없을 때 사람들은 방자히 행한다. 그렇지만 꿈이 있는 백성은 하나님의 뜻을 찾아 신중하고 비전을 따라 열정을 다해 자기에게 주어진 삶을 최선을 다해 구현한다.

한국 교회는 분명 예수님 재림을 재촉하는 세계복음화라는 가장 거대한 사명을 하나님께서 주신 것으로 생각한다. 휴전선이 걷히는 날 '새 술은 새 부대로' 잘 준비된 한국 교회는 쓰임을 받을 것이라고 기대한다. 옛 사람을 벗어버린 후 새 옷을 입은 사람들로서 새 시대를 준비하는 기독교인이 되어야 한다. 과연 한국 교회는 새로운 시대, 통일 한국에서 제대로 역할을 감당할 수 있을지 자신을 돌아보아야 하겠다. 세계사적 사명을 감당해야 할 시간이 도래하였을 때 준비가 되어 있어야 한다.

분단의 어려운 시대가 끝나고 독일처럼 불현듯 통일 한국이 우리에게 다가왔을 때 새로워진 모습으로, 새로운 사명을 붙들고, 새로운 비전으로 나아가는 하늘나라의 신실한 일꾼들이 되어야 하겠다. 그러기 위해서는 새 시대를 바라보며 그리스도 안에서 새 사람으로 거듭나는 영적 부흥이 우리를 이끌어야 한다.

### 6) 이미의 통일론

천국을 설명할 때 중요한 두 단어가 등장한다. 그것은 '아직'(not yet)과 '이미'(already)이다. 현재 우리는 문제 많은 한반도에서 나그네로 살아가고 있다. '아직' 천국에 들어갈 수도, 천국을 완전하게 누릴 수가 없다. 그렇지만, 기독교인은 '이미' 이 땅에서 천국을 맛 볼 수 있으며, 어느 정도 누릴 수 있다. 법적으로 기독교인은 '의인이며 동시에 죄인'이다. 두 관계는 어쩌면 긴장관계에 놓일 수도 있지만, 알고 보면 사실 여기에 예수 믿는 자의 역설적 감사와 희열 그리고 적극적 비전이 있다. 곧 원수를 이웃 사랑으로 바꾸는 일이다.

이러한 천국이해는 복잡한 남북관계를 생각할 때도 적용해 볼 수 있다. 냉전적 현실은 시계추 마냥 떠나가는 것 같다가도 어느 순간 제자리로 돌아와 있다. 그렇다고 여기서 우리 기독교인은 포기하고 주저앉아 있을 수만은 없다. 무엇보다도 죽음을 이겨낸 부활 신앙이 선명하게 드러나야 한다. 여전히 분단으로 인해 문제는 많지만, 그래도 교회는 '이미' 통일을 앞당겨 맛보는 지혜를 가져야 할 것이다.

교회가 늘 깨어 있어 성경적 진리를 바로 선포해야 하지만, 세상 정치에 뒤따라가 뒷북치는 모습, 정치가들의 정략적 입장에 편승해서, 보수와 진보로 나뉘어 서로를 공격하고 편 가르기를 하는 꼴은 부끄럽고 한심하다. 분단의 어려운 정치상황에서는 아무것도 할 수 없다고 자포자기하며 무소신과 안일을 변명하려는 교회는 얄미우며, 게으름으로 추하기까지 하다. 무엇보다도 교회가 절망의 죽음을 이겨낸 진정한 부활공동체라는 자기인식에서 볼 때 더욱 그렇다. 공산주의가 망해야 그제야 복음의 선교가 가능하고, 통일이 된 후에야 비로소 교회가 그 뭔가를 시작할 수 있다고 생각한다면 복음의 진정한 이해와는 거리가 먼 수동적 안일주의 처세술이다.

교회는 다가올 통일 이후도 준비해야하지만, 분단의 장애와 아픔을 짊어지고 극복하면서 역동적으로 이미의 통일을 맛보고 이루어가는 적극적이어야 한다. 이에 대해서 독일통일이 많은 것을 우리에게 교훈하고 있다. 통일 후에 이루어질 일이라 할지라도, 이미 분단하에 시작된 꾸준한 준비가 통일 후로 자연스럽게 연결되는 교회 사업이 이루어져야 할 것이다. 남북 분단 하에서도 한국교회의 관심은 어떻게 하면 어려움에 처한 북한주민들을 주의 사랑으로 진정으로 섬겨 마치 분단을 잊을 정도로 하나 됨을 누리는데 있다 할 것이다.

땅과 법이 하나 되는 정치적 통일의 유무에 상관없이, 교회는 이미 남북의 동포들이 어우러져 마음의 통일을 이루는데 공헌할 수 있어야 한다. 부활공동체인 교회는 이념, 사상, 국경, 문화, 분단을 초월하여 그 놀라운 사랑을 얼마든지 실천할 수 있기 때문이다. 녹슨 휴전선을 초월하여 그 사랑의 실천이 성령의 도우심으로 현실화될 때, 교회는 통일의 유무와 상관없이 이미 통일을 맛보며 누리는 자들이 된다.

반세기 동안 독일이 분열되어 있는 동안, 독일 교회는 그 분단을 사실상 복음의 힘으로 극복하고 있었다. 아니, 그들은 이데올로기의 장벽을 뛰어넘어 분단하에서도 '이미 통일을 맛보는 교회'였다. 정치적으로는 나뉘어져 있었지만 교회는 통일의 순간에 이르기까지 동서 교류를 한 번도 중단하지 않았고, '특별한 유대 관계'를 가지며 정치가들을 선도하며 동족의 아픔과 고난에 참여하고 적극적으로 도와 그들을 감동시켰다.

독일 교회는 동독을 향해 '섬김의 신학'을 정립하였고, 그리스도의 '성육신의 사랑'을 동족이 처한 그 고난의 현장에서 '실천적 대화'로 실행했다. '실천적 대화'란 마르크스주의자들과 대화를 하되 그리스도의 사랑을 구체적으로 제시하며 대화를 계속하였다는 말이다.

유물론주의자들과 대화를 하는 가장 쉬운 방법은 기독교인들이 분명한 자기정체성을 갖고 그 사랑을 구체화하는 것이다. 그럴 때 서로 간에 가진 오해와 선입견을 벗고 진정한 대화가 조금씩 진전될 수 있었다. 과거에 전 세계에서 혹독한 냉전 상황이 계속될 때에도 독일 교회의 인내어린 대화는 결코 중단되지 않았고, 그 모든 것을 극복하여 주어진 임무를 성실히 감당했다.

## 8. 맺는 말

통일이 이루어졌을 때 부작용이 많이 일어나지 않도록 준비하며 특히 정신적으로 북한인들에게 도움이 되도록 우리의 신앙과 도덕성을 함양해야 할 것이다. 지금 한국 교회가 가지고 있는 질과 도덕성으로는 북한 주민들에게 긍정적인 도움을 줄 수가 전혀 없다. 북한 주민들에게 실제적으로 도움이 되지 않는 통일은 성경적으로 아무 의미가 없다.[68]

독일 교회의 통일을 위한 역할은 사실 밖으로 나타나지 않은 조용한 사랑의 실천이었다. 결국 독일국가의 위기를 극복하고 분단된 사회를 하나로 바꾸는 말 그대로 '조용한 개신교 혁명'으로 이끌었다. 이는 교회의 진정한 복음적 실천이 세상에서 어떠한 결과를 가져오는지를 잘 보여 주고 있다. 한국 교회가 그저 예배당에 갇힌 교회일 때는 전혀 예수님께서 요청한 세상의 소금과 빛의 역할을 감당할 수 없다. 일종의 광신과 맹신의 상태로 떨어질 수밖에 없다.

에드워즈(J. Edwards, 1703-1758)는 "행동하지 않는 신앙은 광신이다."라고 했다. 예수님이 요청하신 사랑을 겸허히 실천하는 교회일 때 세상의 역사를 바꾸는 위대한 영광의 교회로 드러나게 된다. 독일 교회가 분단 시절 형제사랑을 묵묵히 인내로써 실천할 때 결국은 독일 정부도 기대하지 않았던 통일의 원동력으로 그 역할을 감당했다.

진정한 신앙은 개인을 바꾸고 사회를 바꾸는 능력을 가지고 있음이 역사를 통해 증명됨이 한 둘이 아니다. 바른 신앙은 세상을 밝히는 등불로 드러나게 되어 있다. 그 등불을 켜서 캄캄한 말 속에 가두는 어리석음을 주님은 탓하였다. 아무리 위대한 신앙, 교회라고 할지라도 교회가 존재하는 세상에 아무런 역할도 못한다면 그들이 가진 신앙은 마땅히 점검되어야 한다는 생각이다.

요한복음 4장 거의 전체(요 4:1-42)를 할애하며 묘사하는 예수님의 사마리아 방문을 묵상하며, 21세기 지구촌의 마지막 사마리아 땅인 북한을 향해 예수님은 어떻게 말하고 행하실지 생각해 본다. 가까이서 예수님을 따른다는 제자들의 예측과 생각과는 전혀 다르게, 예수님은 "사마리아 땅을 향해 나아갔고"(But He must go through Samaria: 요 4:4), 사마리아를 향한 자신의 뜻과 삶을 우리에게 분명하게 보여 주었다.

예수님은 이 길에서 비참한 상황에 놓인 사마리아 수가성 여인과, 제자들이 이해할 수 없을 정도로, 우물가 대화를 진하게 나누며 그녀의 참 소망과 기쁨이 되어 주셨고, 그녀로 하여금 사마리아 최초의 여성 선교사로 생명의 복음을 뜨겁게 전하는 계기를 열어 주셨다. 연이어 사마리아 사람들의 초청에 응하셨으며, 거기서 그들과 함께 이틀을 유하며 사마리아를 향한 예측할 수 없는 사랑을 실감나게 보여 주셨다. 이에 제자들은 할 말을 잃었는데, 예수님의 모든 행동이 자신들의 뜻이나 예측과는 달랐기 때문이었다.

바로 그 예수님이라면, 21세기 사마리아 땅인 북한을 행해 어찌할 줄을 몰라 우왕좌왕하는 한국과 한국 교회를 향해 어떤 말씀을 그리고 어떻게 행동하실 지를 숙연히 그리고 담담히 생각할 수 있어야 한다. 물론 이 때 상당수의 우리는 여전히 당시 제자들의 입장에 서서 예수님의 사마리아 행을 강력히 막고 있을 수 있다는 점을 상기할 필요가 있다. 그럴 때만이 우리는 요한복음 4장이 말하는 진리 자체이신 예수님의 삶에 충격을 받으며, 회개하고, 겸손히 순종할 수 있기 때문이다.

일곱 가지 원칙을 확립하는 한국 교회가 될 수 있었으면 한다. 이는 곧 통일 한국을 준비하는 한국 교회의 모습이라 생각한다. 남북의 분단을 극복하고 통일 한국을 준비하는 비전의 한국 교회로서 지켜야 할 원칙이라 하겠다.

① 성경적 음성에 순종하라.
② 존경을 받는 교회로 거듭나라.
③ 십자가의 사랑에 보답하라.
④ '상처 입은 치유자'로 나서라.[69]
⑤ 정치를 이끄는 교회가 되라.
⑥ 통일을 앞당겨 맛보라.
⑦ 사회적 역할을 감당하라.

5장

# 독일통일: 조용한 개신교 혁명

## 1. 들어가는 말

'조용한 개신교 혁명'으로까지 일컬어지는 독일통일은 오늘 분단의 한국 교회에 교훈하는 바가 적지 않다. 이러한 맥락에서 독일통일을 살펴보려 한다. 목적은 통일 후 독일 교회의 현황과 과제를 인식하여 한국 통일 후 한국 교회의 모습을 예측하며, 그에 대한 사전 준비를 하는데 필요한 아이디어를 발견하고자 함에 있다.

그럼에도 독자의 이해를 돕기 위해 저자는 앞선 연구인 통일 전 독일 교회의 통일을 위한 역사적 역할을 소개하였다. 독일통일을 전후로 하여 독일 교회의 통일의 시점을 전후로 한 역할을 조금은 포괄적으로 소개하고자 하였다. 세 가지 방향에서 이루어졌다.

첫째, 독일 교회의 통일 전의 역할과 통일 당시의 모습, 그리고 통일 후의 교회의 현재를 역사적으로 분석하고 정리하여 종합했다.

둘째, 통일 후 교회의 상황과 과업을 보다 집중적으로 다루었다.

셋째, 조심스럽게 독일 교회가 한국 교회에 주는 교훈을 찾아 나섰다. 물론 여기서는 엄격한 판단 하에서 이루어지는 아이디어가 적용될 수 있을 것이다. 과연 통일 후 한국 교회는 어떤 문제들과 함께 씨름을 해야 할 것이며, 또한 나타날 문제를 어떻게 조금이라도 빨리 사전에 대처해야 할지를 인식하여 준비하는 것이다. 잘못하면 거대한 착오와 실수를 범할 수 있다.

## 2. 한국, 독일과는 달라도

물론 독일과 한국은 분단에 있어서 확연히 다른 역사와 상황들을 가지고 있다. 동족상잔의 뼈아픈 전쟁을 치른 한반도의 상황, 그로 인한 남북이 서로 간에 가졌던 원한과 상처는 독일과는 비교할 수 없는 것이기도 하다. 그래서 그런지 남한의 교회가 북한을 대하는 태도는 분단 내내 서독 교회가 적극적으로 동독을 돕고 섬겼던 역사와는 너무도 다름을 확인하게 된다. 게다가 독일의 통일을 '조용한 개신교 혁명'으로까지 명명됨에 한국 교회는 당황을 금치 못하기도 하다.

이에 비해 남한의 교회는 반세기 가까이 북한을 대하여 아무런 행동도 하지 않은 채 마음속의 상처를 치유하는 기간을 요구했다. 아니 대체로 강한 반공과 함께 분단의 아픔과 통일에의 비전을 가슴에 묻어둔 채 정치가들의 전유물로 민족의 문제에 동참하지 못했다. 1,000만 이산가족의 눈물을 어쩔 수 없는 한숨과 기도로 삭이곤 했다. 물론 독재적 정치

상황이 분단의 문제를 독차지한 채 민간과 교회의 통일에로의 노력을 허용하지 않은 점도 적지 않은 역할을 했음도 부정할 수 없다. "너희는 세상의 빛이요, 소금이라"는 예수님의 말씀으로 인한 성도의 순종을 한국 교회가 모르는 바가 아니었고, "네 원수를 사랑하라"는 예수님의 명령이 북한을 생각할 때마다 떠오르지 않은 때가 거의 없었으나 한국 교회는 못 들은 채 하며 오늘 분단 62년의 세월을 맞이하고 있다. 물론 독일과 한국은 다르게 헤어지고 갈라서야 했기에 반세기 동안 독일 교회와는 다른 모습을 한국 교회가 보여 온 것을 이해할 수는 있다.

그럼에도 방관과 미움의 태도를 계속해서 한국 교회가 견지해도 좋다고 할 수는 없다. 그리고 동족을 향한 그러한 무관심과 무사랑을 우리 교회가 뻔뻔하게 드러내 놓을 수도 없다. 지난 반세기의 한국 교회의 태도가 이해할 수 있지만, 잘 한 것도 아니고, 칭찬받을 일도 아니다. 할 수 있다면 한국 교회가 동족상잔의 아픔에도 불구하고 동족을 사랑했고, 그 누구보다도 북한을 주의 심정으로 사랑했다는 평가를 받을 수 있기를 바란다. 그러기 위해선 한국 교회의 신앙이 인간이 만든 이념을 뛰어넘어 분명하게 하나님의 복음진리에 확고히 선 성숙한 모습이 되어야 한다. "그런즉 누구든지 그리스도 안에 있으면 새로운 피조물이라 이전 것은 지나갔으니 보라 새 것이 되었도다"(고후 5:17)는 말씀이 우리 한국 교회 안에서 구체화되어야 할 것이다.

어쨌든 서독 교회가 무신론주의 동독을 돕는 일은 어렵고 지난한 일이었다. 오늘 우리가 북한을 돕는 일도 어렵고 힘이 들고 분명 지난한 일임에 틀림없다. 그럴 때일수록 한국 교회가 성령의 도우심을 힘입어 21

세기 한국 교회에 부여한 기도제목을 잘 감당하여야 할 것이다. 하나님께 칭찬받는 한국 교회로 거듭나야 한다.

## 3. 통일 전 독일 교회의 역할

자타가 인정하듯 독일통일 전 독일 교회의 통일을 위한 역할은 결정적이었다. '특별한 공동체', '실천적 대화', '섬김의 신학', '디아코니아 재단', '사회주의 속의 교회', '동서독 교회가 함께 했던 공동 행사' 등으로 묘사할 수 있다. 무엇보다도 동서독의 '특별한 유대 관계'는 형제의 입장에서 순수한 사랑을 실천했던 십자가의 성육신의 사랑이 기본으로 흐른다. 동서의 분단으로 인해 일상의 만남이 어려워졌을 때 형제의 아픔과 필요를 따라서 유대 관계를 무던히 유지시켰다. 사회주의 속에 존재하는 형제 교회의 입장을 매우 조심스러운 태도를 가지고 이해할 때만 특별한 공동체는 성사되고 유지될 수 있었다.

"벙어리 냉가슴 앓는다"라는 말이 있듯이, 서독 교회는 사랑과 인내와 지혜를 다하여 유대 관계의 끈을 놓지 않았다. 한마디로 순전히 인도주의 입장에 서서 교회에 주어진 역사적 과업을 진행했다. 여기엔 서독 교회의 분명한 철학, '섬김의 신학'이 있었고, 그 '섬김의 신학'은 동시에 '실천적 대화'를 요구했다. 서독 교회는 진정한 사랑은 주는 것임을 바르게 인식하여, 그 사랑의 지식을 역사적 상황 속에서 묵묵히 행동으로 보여주었다. 잔꾀를 부리지 않았으며, 진실했고, 겸손했으며, 떠들지 않았고, 순수했다. 이것이 바로 통일을 위한 독일 교회의 위대한 역할이었다. 이러한 독일 교회의 인내어린 역할은 급기야 1989년 가을 라이프치히 교회의 평화로운 촛불기도회를 시작으로 거대한 힘으로 드러났고, 이에 함께 한 수많은 사람에 의해 통일의 물꼬를 트는 전환의 역사를 이루고야 말았다.[70]

## 4. 그 전환 1989년

독일통일에 있어서 극적 '전환'(Wende)이 이루어진 시점은 조금씩 입장이 다르지만, 정치가 에곤 크렌츠의 묘사대로, 동독 경찰이 동독의 시민운동에 더 이상 제재를 가하지 못하게 되는 시점, 1989년 10월 9일로 본다. 그 역사적 전환 후 만 1년, 독일통일은 공식적으로 1990년 10월 3일에 이루어졌고, 동서 교회의 통합은 조금은 여유 있게 생각하고 잡았던 1993년 보다는 빠르게 1991년 6월 27일에 독일 코부르크에서 이루어졌다.

정치적으로 볼 때, 동독이 서독에 편입되는 일방성이 없지 않았지만, 교회의 통합에는 서로를 존중하면서 행해지는 신중함이 돋보였다. 무엇보다도 동서독 교회통합에 요구되는 바는 법적 근거를 확립하는 일이었다. 독일 교회연합(EKD)의 기본법은 동부 교회를 탈퇴로 인정하거나, 언급하지 않았으며, 또한 동부 교회의 회원자격이 끝난 적이 없기에, 동부 교회가 독일 교회연합의 법에 규명한 정당한 회원으로서 자격과 권리를 행사하면 된다는 법적 해석에 근거하였다. 동독 교회가 자기편에서 법적 권한을 정당하게 재개함만이 요구되었다. 이로써 통합의 근거는 해결되었다. 무엇보다도 통합을 위한 창구의 일원화는 두 교회의 통합을 예상보다 빠르게 진척시켰던 것으로 생각한다. 또한 통합을 위한 법적 근거를 쉽고, 명료하게 제시한 점, 매우 조심스럽게 서로를 존중하는 입장에서 교회통합을 진행시킨 점은 독일 교회가 보여 준 탁월한 지혜였다고 평가할 수 있다.

## 5. 중요 합의

교회 통합에 있어서 중요한 몇 가지 합의가 이루어졌다. 교회법, 학교신앙교육, 군목제도와 관련된 것이었다.

첫째, 반세기의 분단을 뛰어넘은 통일의 순간에 독일 교회는 가장 먼저 새로이 교회법을 손질해야 할 필요성을 느꼈다. 물론 과거의 경험에 근거하여 볼 때 이는 쉬운 일이 아니었다.

그래서 교회법 2조에 "독일 개신교 통합을 위하여"라는 조항을 삽입하는 선에서 종결을 지었다. 2년간의 기간을 두고 독일 교회의 신학적 근거, 부활의 증인으로서의 교회의 과업과 사명을 명확히 하는 항목이었다. 이것이 결정될 때, 독일 교회는 '공동선언'을 채택하기로 했다. 분단 하 1985년 '공동선언'이 중요한 기준이 되었다.

둘째, 합의해야 할 사항은 독일 공립 중·고등학교에서의 기독교 신앙교육을 서로 간에 새로운 환경에서 조정해야 할 필요를 인식했기 때문에 생겨났다. 특히 동독 공산 정권 시절 사라진 헌법 7조 3항에 명시된 의무교육을 부활에 관한 것이었다. 그렇지만, 생각보다 간단하지 않았다. 무엇보다도 반신적 사회주의에 반세기 가량 젖어든 동부지역의 주민들을 어떻게 설득해야 하는지가 거대한 도전으로 다가왔다.

셋째, 통일 후에도 동서독 교회가 평화 윤리적 입장에서 첨예하게 다른 입장을 보이는 문제가 바로 이 군목제도였다. "교회는 무기를 다루는 일이나 군복무 거부를 기꺼이 평화의 길에 서야하는 기독교인의 신앙순종의 표현으로 인정한다"는 동부교회의 1987년의 결정에 이의가 제기되지 않았다.

역시 1981년 서독 교회도 나름대로 이 문제를 확인하였다. "오늘 교회는 자유 가운데 핵무기를 통하여 평화를 지키려는 시도에 참여함이 기독교인에게도 있을 수 있는 한 행위로 인정하여야 한다. 이런 맥락에서 교회는 군복무를 이행하는 사람들에게도 존경과 이해를 갖는다." 이렇게 하여 하나된 동서독 교회는 3-4년간 각기 자신의 길을 갔다. 곧 헌법 4조 2항의 '제약받지 않은 신앙의 자유'를 어떻게 구체화할 것인지에 대해 숙고하면서 서로 간에 자유로운 합의에 이를 것을 기대하였다.

결국 오랫동안의 논의를 거쳐 통일 12년만에 2002년 합의에 이르고, 2004년에 이르러서야 전 독일에서 군목제도에 관한 특별규례가 집행되었다. 이제 군목이 교회가 월급을 지불하는 교회정식 직원이 아니라, 국가가 공무원의 신분으로 군목을 채용하는 것이었다. 또는 겸업 차원에서 일반 목회자들이 이 일을 감당하는 것이었다. 게다가 일정 기간 동안 근무계약을 체결하는 계약직으로 보다 융통성 있게 군목제도를 운영하기로 한 것이다.

## 6. 마음의 통일

> 동독과 서독 사이의 장벽이 허물어진 것은 사실이다. 그러나 이보다 더 어려운 것은 사람들의 마음속에 있는 장벽을 제거하는 것이다. 저자는 바이에른 지방에 사는 사람들이 뤼겐 섬은 북쪽에 있고 동쪽에 있지 않다고 말할 때, 그리고 로스톡 사람들이 뮌헨은 남쪽에 있고 서쪽에 있지 않다고 말할 때 비로소 우리 마음속의 장벽이 허물어지리라고 믿는다. 그러나 마음속의 장벽을 허무는 일은 많은 시간이 걸릴 것이다.

이 말은 2001년 5월 8일 크리스천 아카데미에서 열린 제8차 한독교회협의회에서 독일목사 카르스텐 로스탈스키가 '통일의 과정에서의 교회의 역할'이라는 발제에서 자신의 일상의 경험을 동독의 관점에서 한 말이었다. 땅의 통일, 법의 합의는 이루어졌어도 사람의 통일, 마음의 통일을 이루기는 또 얼마나 어려운 일인지를 잘 보여준다. 조금만 생각해 보면 남북통일도 이러한 삐걱거림이 얼마든지 있을 수 있다는 것을 쉽게 예견할 수 있다.

통일 후 찾아올 수밖에 없는 가치관의 혼란, 욕구의 다양성으로 인한

의식의 혼란, 하나 되기보다는 서로의 차이점과 부족함을 들추어냄으로 찾아 올 21세기형 신종 갈등 바이러스, 그리고 차라리 과거가 좋았다고 쉽게 향수에 젖어드는 일종의 '출애굽 광야의 과거병' 등을 얼마든지 예측할 수 있다.

독일통일의 후유증이 경제에만 국한되는 것은 아니다. 어떤 면에서는 문화와 가치관의 차이로 인한 혼란과 어려움이 더 확연하게 드러나고 있다. 그러다 보니 이제는 무너진 장벽보다 더 해결하기 힘든 '마음의 장벽', '머리 속의 장벽'이 자리를 잡게 됐다. 구서독 사람들은 동독 출신들을 '오씨'(Ossi)로, 구 동독인들은 서독 출신들을 '베씨'(Wessi)라고 부르면서 공공연히 서로를 깎아 내리고 있다. 물론 사람의 통일이 땅의 통일보다 훨씬 어렵다는 것을 이제 깨닫게 된 것은 아니며, 또한 이런 것들이 근본적으로 '인간의 문제'라고 볼 수도 있겠지만 어쨌든 통일 비용은 정신적인 면에서까지 요구되는 셈이다.

## 7. 깨어진 꿈

독일 교회의 가장 큰 좌절감의 근거는 통일 후 기대했던 교회로의 '복귀의 붐'이 일어나지 않은 점이었다. 독일 교회의 현재는 더 이상 '민족교회'가 아닌 '민족 속의 교회'로 묘사된다. 설상가상으로, 독일 교회는 동 서부를 막론하고 교회부흥은 고사하고 역으로 교인수의 감소에 충격을 금하지 못하고 있다. 독일 교회의 어려운 현실은, 서부에서는 무관심이며, 동부에서는 무신앙이 이유이다. 서부의 교인들은 통계로 볼 때 인구의 80%가 교인이지만, 신앙생활과 교회생활에 관심이 없고, 동부지역은 오랜 사회주의 무신론에 익숙하여 교인 수는 인구의 20% 수준에 머물고 있다. 그나마 그 동부의 20%에 해당하는 교인도 거의 경제력, 노동력이 없는 노인들이 대부분이다. 결국 독일 한쪽이 다른 한쪽을 책임져야 하는 상황에 이른 것이다.

그럼에도 통일 후 수많은 문제를 맞이한 독일사회의 교회를 향한 기대는 줄어들지 않을 뿐 아니라, 도리어 증가되고 있다. 과연 통일은 교회에 기회일까, 위험일까를 생각하지 않을 수 없다. 분명한 하나의 사실은 통일 후 하나 되는 통합화 작업은 그만큼 많은 인내와 기다림이 요구된다는 점이다.

## 8. 공산주의의 잔재

역사란 하루아침에 생성되지도 않고, 일순간에 사라지지도 않는다. 현재 독일 교회가 당면한 문제로서 '청소년 축복식'은 동독 공산 정권이 오늘 통일 독일에게 남겨준 슬픈 유산이다. 물론 과거 동독 교회의 동독 정권을 대적한 힘없는 투쟁이 있었지만, 분단 마지막 해였던 1989년 동독 공산 정권 시절 97%의 동독 청소년들이 교회를 등지고 이 반교회적 의식의 추종자가 되었다. 그래서 그런지 분단하 공산 정권 시절 교회입교식에 대항하여 행해진 반 교회적, 반 신앙적 잔재가 통일 후에도 여전히 교회를 어렵게 하고 있음을 보여 주는 실례가 그 '청소년 축복식'이다.

분단 시절 습관화되고, 또는 하나의 청소년의 문화로 굳어지면서 축복식은 통일 후에도 다원주의, 세속화와 함께 손을 잡고 여전히 독일 동부지역에서 새로운 청소년 의식으로 자리잡아 그 세력이 막강하게 유지되고 있다. 이에 대처하는 독일 교회는 역량부족과 한계를 느낀다. 한 가지 분명히 짚고 넘어갈 수 있는 것은 그 후유증이 결코 지나칠 수 없다는 점이다.

결국 교회의 부흥을 가로막는 적대세력으로 뜻하지 않게 등장한 청소년문화, 반교회적 반신앙적 의식으로 굳어지고 있다. 그러기에 그저 안이하게 낭만적으로 통일에, 분단문제에 뛰어들어서는 오히려 역효과를 가져올 것이다. 분명 통일은 귀한 것이다. 그렇지만, 여기에는 보다 분석적이고, 지혜로운 준비와 대처가 요구된다.

### 9. 의무 신앙교육

통일의 후유증 또는 어려움은 여러 분야에서 나타나고 있다. 통일 후 독일 공립학교의 정식 의무과목인 '학교 신앙교육'(Religionsunterricht)은 위기를 맞고 있다. 물론 오래 전부터 예견되어온 일인 것은 부정할 수 없다. 동부 80%의 청소년들이 신앙교육 수업에 참여를 원하지 않기에 윤리, 종교개론 등의 다른 과목으로 대체수업을 진행시키기에까지 상황이 이르렀다. 물론 헌법에는 공립학교에서의 의무 신앙교육이 명시되어 있다. 민족교회로서의 상황에서 이루어진 헌법이었다. 그렇지만, 현실은 많은 거리감을 보인다. 더 이상 독일 교회를 '민족교회'라 부를 수 없다. 단지 '민족 속의 교회'일 뿐이다.

그러기에 독일 교회가 민족교회의 특권을 강조만 하는 것이 뭔가 격에 맞지 않아 보인다. 독일 교회는 민족교회, 또는 국가교회로서 누리던 지금까지의 모든 혜택과 영광을 포기하고, 처음부터 새로운 각오로 시작해야만 되지 않을까 하는 현실을 보게 된다. 과연 독일 교회의 대책은 어디로 향하는 것일까? 그렇다고 기독교 신앙교육만이 허락된 독일 헌법만을 주장할 수 없는 것으로, 법은 다종교로 구성된 독일 상황을 무시 할 수 없기 때문이다.

## 10. 극우파의 부활

통일 후 독일에서 극우파 네오 나치주의자들에 의한 외국인 증오로 인한 범죄는 심각한 수준에 이르고 있다. 그러기에 세상의 소금과 빛으로서의 사명을 감당해야 할 독일 교회가 통일과 함께 풀어야 할 문제는 독일에 들어와 살고 있는 외국인 증오로 인해 파생되는 여러 가지 불상사이다.

통일과 함께 경험해야 했던 동부인들의 서부에 대한 상대적 박탈감은 동부의 젊은이들에게 근거 없는 심리적 탈출구를 요구하였다. 곧 약자인 외국인을 그 대상으로 삼은 것이다. 사랑의 복음을 전파하는 독일 교회는 이 문제를 잘 해결하여야 할 민족의 과제, 교회의 과제로 담당하고 있다.

먼저 독일 교회는 그들의 실상을 분석하며, 무엇이 그들의 문제인지를 성경적으로 제시하여 분명한 음성을 독일 교회는 들려주고 있다. 독일 교회는 하나님이 만드신 모든 인간은 존엄에 있어서 동일하며, 그리스도 안에서 하나이며, 이웃 사랑과 약자에 대한 배려를 외치는 성경에서 볼 때 약자 도태설은 비성경적이며 분열과 미움에의 촉발은 죽음을 이기신 그리스도의 부활과는 배치되는 것임을 분명히 한다.

또한 독일 교회는 극우파들이 내세우는 지도자와 국가폭력에 대한 숭배는 반신적 행위로서 우상숭배임을 선언한다. 무엇보다도 강도 만난 자의 진정한 이웃으로 나설 때, 그들의 친구가 될 때 교회는 진정한 모습으로 자기의 역할을 제대로 감당하게 될 것이다.

이러한 미움의 근원에는 청소년을 향한 가정교육이 중요한 역할을 한다는 것을 독일 교회는 인식하였다. 즉 어떤 가정교육을 받느냐에 따라 청소년들의 태도가 판이하게 달라진다는 점이다. 독일 교회는 정치적으로뿐 아니라, 신앙 교육적 관점에서도 이러한 악에 대적하고 있다.

## 11. 부흥을 외치는 독일 교회

급기야 독일 교회는 통일 후 교회의 어려운 현재를 보며, 부흥을 외치는 교회로 나섰다. 이는 옛 독일 교회의 모습과 비교할 때 조금은 낯설다. 아니, 자신들의 표현대로 독일 교회의 타부를 깨고 있는 것이다. 이제 독일 교회는 민족교회의 교만과 아집을 버리고 열린 교회로 나아가려 한다. 무엇보다도 지금까지의 잘못을 회개하려 한다. 분명 이는 독일 교회 현대사에서 볼 때 새로운 움직임이 틀림없다. 역사 깊은 독일 민족교회가 회개하고와 중생하기를 간절히 원하는 것이다. 독일 교회가 부흥을 외치며, 회개를 외치고, 각성을 위한 기도와 중생을 외침은 새로운 시대를 향한 좋은 징조를 보여준다. 전화위복의 기회로 나아가고 있는 듯하다. 또한 독일 교회의 전도 강조는 교회의 위기에서 출발하고 있다.

그럼에도 동부와 서부의 전도전략은 차이를 요구한다. 특히 공산주의를 경험한 동부에서의 전도를 어떻게 해야 할지 새로운 당면과제를 만나 독일 교회는 많은 고심을 하고 있다. 안일하게 동부에서 복음을 전할 때 전혀 반응이 없는 현실을 목격하면서 새로운 전도전략을 생각해야만 하기 때문이다. 적극적 반기독교 교육을 받은 동부 사람들에게 전혀 복음에 대해 들어본 적도, 그 어떤 선입견도 없는 사람에게 전도를 하는 식으로 다가갈 때 그들은 엄청난 충격을 받을 것이다.

지금까지 가만히 있어도 부자 교회의 영광을 누렸던 시절은 옛말이 되어 가고 있다. 물론 오래 전부터 독일 교회의 위기와 변화는 감지되고 있었던 것이 사실이다. 그렇지만, 독일통일과 함께 독일 교회의 위기는 피부로 와 닿는 현실로 다가왔다.

지금 독일 교회의 전도를 향한 새로운 움직임이 시작되고 있다. 물론 그렇다고해서 독일 교회의 모든 성도가 나서 전도운동에 회개와 부흥운동에 참여하고 있는 것은 아직 아니라는 사실이다. 조금 더 시간이 필요할지도 모르겠다. 아직 독일 교회는 여전히 움직이는데 시간이 요구된다.

## 12. 교회의 사회적 역할

독일통일 후 제기되는 말할 수 없는 많은 사회적 문제는 교회의 손을 요구하고 있다. 앞에서도 언급했지만, 경제적으로, 정신적으로, 많은 문제점을 만난 독일사회는 습관적으로 독일 교회에 도움의 손을 벌리고 있다. 물론 이는 독일 교회에 많은 부담을 주는 어려움인 것은 사실이나, 한편으로는 어려워진 독일 교회가 복음을 들고 사회를 찾을 수 있는 절호의 기회로 활용될 수 있다. 물론 교회의 세상을 향한 섬김이 복음전파의 조건이 되어서는 안 된다. 어쨌든 독일 교회가 바른 정체성을 회복할 기회인 것은 분명하다.

이러한 시점에서 현재 독일 디아코니아의 대표 유르겐 고데의 연설은 의의를 갖는다. 또한 디아코니아의 세속화와 인본주의에 맞서는 모습으로 평가된다. 디아코니아는 결코, 사회윤리도, 종교적 외투를 걸친 사회업무가 아닌, 복음의 본질을 제시하는 부활의 증거로서의 생명의 힘, 공공의 삶 속에서의 기독교인의 현존이다.

무엇보다도 고데는 인간의 가장 큰 곤경이란 하나님을 떠난 불신 상태임을 강조하며 잊지 않는다. 무엇을 말하는 것일까? 독일의 사회봉사가 복음전파를 잊어서는 방향과 본질을 잃어버린다는 사실을 드러낸 것이다. 그런 맥락에서 통일 후 독일 디아코니아의 방향은 두 가지로 요약된다.

① 디아코니아의 철학이 보다 성경적, 신학적이어야 한다.
② 디아코니아에 종사하는 사람들이 보다 교회적이어야 한다.

물론 여기서 우리는, 분단하에서 독일이 동독에 디아코니아 재단을 상주시키면서 사회봉사를 계속했다는 점을 상기해야 한다.[71]

## 13. 통일과 한국 교회

독일 교회의 역사에서 우리 한국 교회는 지혜를, 교훈을 얻어야 한다. 과연 분단하 오늘 우리 한국 교회의 역할은 무엇일까를 생각하게 된다. 그것은 한 마디로 북한 동포를 위한 예수 그리스도의 사랑, 그 조건 없는 사랑의 인내어린 실천이다! 독일 교회가 보여 주었던 무던한 사랑은 분명 그 자체로서 위대하다는 것을 한국 교회는 인식해야 한다. 곧바로 효과를 보려는 조급함은 결코 역사의 교훈이 아니다. 열매는 하나님이 거두실 것이다! 한국의 통일도 수많은 문제를 한국 교회에 가져다 줄 것이다. 분단 시절 이상으로 문제의 극복을 위해서는 그만큼 많은 시간이 요구될 것이다.

한국 교회에도 역시 예외 없이 북한의 무신론과 유물론주의, 한국 안에서 거세게 불어오는 세속화와 교회의 타락, 성직자들의 물질주의적 가치관이 거대한 풍랑으로 해일처럼 몰려올 것이다. 게다가 통일 후 서로 간의 이질감을 어떻게 극복할 지는 우리 민족이 풀어야 할 거대한 숙제이다. 극도의 가난과 유래를 찾아볼 수 없는 폐쇄체제 속에서 살아왔던 북한 사람들의 정신적 충격과 상대적 박탈감, 역으로 나타날 수 있는 북쪽 사람에 대한 남쪽의 차별, 한국의 자본주의적 상황에 적응하지 못하는 좌절감은 점점 많아지는 외국인 노동자 문제와 맞물려 통일 한국의 크나큰 숙제로 대두될 것이다. 여기에 교회의 지혜로운 사전 준비와 사려 깊은 대처가 있어야 할 것이다. 그러기 위해서 한국 교회는 먼저 자신을 바로 세우고, 외부의 충격을 이길 수 있는 내구력 내지는 적응력을 길러야 한다. 한 마디로 통일을 준비하는 교회가 되어야 한다.

북한 교회의 현실과 탈북자들을 향한 보고에 귀 기울일 필요가 있다. 많은 보고를 통하여 들었지만, 탈북자들의 전도는 매우 어려운 것으로 확인되고 있다. 이는 북한 정권의 기독교에 대한 의도된 불신감과 오해에 근거한다. 탈북자의 어려움을 한 마디로 묘사한다면 무엇일까? 북한이탈주민들 사이에서 떠도는 말이 있는데, 너무도 쉽고 적나라하게 그들이 처한 고통을 말해 주고 있다. 교회가 조금은 심각하게 이 말에 귀 기울여서 대처를 해야 하겠다.

> 북한에선 배고파 못살겠고, 중국에선 불안해 못 살겠고, 한국에선 서러워 못살겠다.

한국에서의 서러움을 함께 나누며, 그들이 보다 긍정적인 자존감을 회복할 수 있도록 하는 대안을 교회는 제시하며 실천에 옮길 수 있어야 한다. 북한이탈주민의 상당수가 어쩔 수 없는 상황에서 우선 중국에서 기독교를 접한다. 그런 후 그들이 한국에 들어오면 2년 안에 90% 이상이 교회를 떠나고 만다. 그 이유는 무엇일까? 한 마디로 교회가 너무 성급하게 신앙을 강요하기 때문이다. 북한이탈주민들은 자신들의 생존을 위해 어쩔 수 없이 기독교를 택했다가, 생존의 문제가 한국에 들어와서 어느 정도 해결되면 이젠 그들의 의지를 가지고 교회를 떠난다.[72]

그러기에 탈북자 선교는 보다 다른 차원에서 여유와 인내를 갖고 실천해야 할 것이다. 가을의 추수를 바라보고, 씨 뿌리는 농부의 기다리는 심정을 가져야 할 것이다. 아닌 그들을 섬길 수 있는 독일 교회가 가졌던 '섬김의 신학'과 '실천적 대화'를 정립해야 한다. 진정한 디아코니아 신학을 가져야 한다. 밥을 복음전파의 조건으로 삼는 일은 비성경적이고 잔인하며 야비하다. 어쨌든 한국 교회가 민족의 문제와 아픔에 무관심하고 외면하므로, 오히려 한국사회가 교회에 등을 돌리는 과오를 이제는 지혜를 가지고 벗어나야만 한다. 여기에 통일 시대의 한국 교회의 미래, 진정한 세상의 소금과 빛으로서의 역할을 감당하게 될 것이다.

지난 2004년 11월 2일 서울 기독교회관에서 '기독교윤리실천운동'이 주최한 '북한 이탈주민 인권 및 선교 현황과 방향 토론회'에서 제기된 한국 교회의 탈북자에 대한 자세를 문제와 대안이라는 측면에서 몇 가지로 정리할 수 있을 것 같다. 물론 교회가 정치논리가 아닌, 인권논리를 가지고, 어떻게 그들을 섬길 것인가에 초점이 맞추어진 토론회로 이해된다. 여러 가지 면에서 바람직한 대안이 제시되었다.

첫째, 한국 교회가 교회 안으로 들어오지 않은 탈북자들에게는 관심을 기울이지 않는다. 그렇지만 오히려 교회가 그리스도의 섬김의 정신에 입각하여 사회적 탈북자 지원체계에도 적극 동참해야 한다. 탈북자를 포함한 북한 사람 선교를 위해 복음주의 통일신학의 정립이 시급히 요구된다.

둘째, 교회는 강자의 태도에서 어려움에 처한 북한이탈주민을 가르치려는 태도가 문제인데, 먼저 신앙을 강요하기 보다는 진정한 기독교인의 향기 나는 삶을 보여줌으로 그들 스스로가 기독교 신앙에 매력을 느낄 수 있도록 하는 생활전도로 바꾸는 것이 바람직하다. 너무 성급하게 신앙을 강요할 때 오는 역기능을 지혜롭게 대처해야 한다. 배고픈 자에게, 병들어 고통 하는 자에게 예수님이 베푸셨던 무조건적 사랑의 먼저 실천을 배워야 하겠다.

셋째, 탈북자를 대할 때, 교회는 우열, 강약의 논리, 물질주의의 논리를 가지고 탈북자에게 접근해서는 어렵다. 서로의 모습을 있는 그대로 인정하면서 우열이 아닌 다름과 차이로서 인식하는 태도가 요구된다. 무작정 성급하게 하나로 만들려는 발상은 매우 위험하다. 하나의 답을 찾으려 하지 말고 다양한 답 중에서 스스로가 하나를 찾을 수 있도록 기다리고 배려해야 한다.

넷째, 탈북자를 대하는 교회의 태도는 한 마디로 겸손이다. 북한이탈주민들이 자신들의 문제를 스스로 해결하는 주인이 되도록 해야 한다. 당사자인 북한이탈주민을 제외한 채 정책이 결정되는 경우를 피하여야 하고, 어떠한 모습으로든지 그들이 참여할 수 있는 다양한 길을 제시하여야 한다. 한국의 북한인권법은 미국의 법안이 무색할 수 있도록 보다 다른 차원에서 북한이탈주민을 배려하고 참여하는 적극적 법안이 되어

야 한다.[73]

> 너희는 나그네를 사랑하라 전에 너희도 애굽 땅에서 나그네 되었음
> 이라(신 10:19).

아울러, 1970년대 이후 북한 기독교는 사회주의 속에서 급격한 변화와 적대적 분위기에 적응하면서 세계 교회사에서 유래를 찾아볼 수 없는 '독특한 종교적·사회적 존재양식을' 가지고 있는데, 8가지 특징으로 묘사될 수 있다. 물론 북한 기독교를 신학적 관점에서 교회로 보아야 하는지에 대해서는 또 다른 문제이다. 아니면, 특수 종교집단으로 이해할 수도 있겠지만, 그럼에도 나름대로 신중한 통일 준비를 위해서 특성을 이해할 필요는 있다.

① 북한 교회는 국가로부터 자율성을 상실한 교회이다.
② 사회주의와 주체사상을 수용하는 교회이다.
③ 교회의 정치사회적 기능을 중요시한다.
④ 교파로부터 벗어난 교회이다.
⑤ 철저한 종교적 자주성을 강조하는 교회이다.
⑥ 가정교회의 모습을 가지고 있다.
⑦ 성직자가 존재하지 않은 교회이다.
⑧ 교리적으로 철저한 근본주의이며, 삶에 있어서는 정치적 참여가 강한 독특한 영성을 보이는 교회이다.[74]

## 14. 화해의 전령

한국도 독일과 마찬가지로 남북의 여러 차이로 인한 갈등도 있겠지만 무엇보다 북측에서 억울한 정치적 과거 때문에 진정한 통일의 기쁨을 맛보기보다는 그에 대한 공정한 처벌 내지는 보복을 요구하게 될 것이므로 화해를 위한 노력은 무한히 요구될 것이다. 정치가들은 민족의 화해보다는 권력에 눈이 어두울 것이 뻔하니 안 보아도 보는 듯 걱정이 앞선다. 여기에 우리 교회는 통일 후의 또 다른 역할과 통일 전 이를 위한 교회의 만반의 준비가 요구된다. 교회는 국가와는 다른 가치관을 가지고 있기 때문이다.[75]

한국 통일에 있어서, 남북의 민족적 이질감을 극복하는데 기독교의 역할에 기대를 거는 것은 당연하다. 이유는 먼저 화해의 복음으로서의 기독교 신앙이 가지는 포용성 때문이다. 그 다음으로는 남한 교회가 가지고 있는 북한선교에 대한 비전과 열정 곧, 그리스도의 사랑을 전하고자 하는 선교적 비전과 열정 때문이다. 이외에도 거의 대부분의 북한 기독교인들이 다시 고향으로 돌아갈 것을 염두에 둘 때, 기독교가 이를 위해 나름대로의 역할을 할 것이라는 기대가 있다.[76] 그럼에도 마냥 마음을 놓을 수 없는 이유가 있다.

첫째, 한국 기독교의 감정적 반공전통이다. 사실 기독교는 북한공산당으로부터 가장 큰 피해를 입었다. 이 문제를 한국 기독교는 통일을 바라보며 어떠하든지 풀어 마음의 상처가 치유되어야 한다. 공산주의와 기독교의 관계를 한국 교회는 차분하게 정립해야 한다. 무엇보다도 복음의 우월성을 인식하는 것이 중요하다. 상처 입은 공산주의자들을 포함하여 모두를 치유하는 복음을 확신해야 한다.

둘째, 한국 기독교의 세속화이다. 세상으로부터의 존경받는 교회가 되지 못함으로 통일의 정신적 리더로서의 자존감을 회복하는 일이 시급하다. 교회는 자타가 인정하는 존경받는 위치를 회복하여야 한다. 리더란 그들의 말에 귀를 기울이는 자일진대, 한국 교회의 말에 귀를 기울일 수 있도록 하는 정신적 권위를 회복하는 일이 요구된다.

셋째, 교만을 버려야 한다. 북한 동포를 대할 때 우월감과 동정심을 버리고, 있는 그대로를 차이로 받아들일 수 있는 겸손한 자세, 형제의 아픔을 함께 괴로워할 수 있는 예수님의 사랑을 가져야 한다. 남한의 것이 다 좋고 정당하며, 북한의 것은 다 잘못되고, 열등한 것이라고 생각할 때 결코 이질감의 해소는커녕 도리어 심화될 것이다.

넷째, 한국 교회의 분열적 성격, 고질적 지역주의이다. 어떤 의미에서 한국 기독교가 과연 망국적 지역주의에 어떠한 역할을 했는지를 숙고해야 한다. 교단의 분열, 교권 싸움을 들여다보면 세속 정치 못지않게 고질적인 지역주의에 밀착되어 있다는 사실이다. 이는 분명 통일을 가로막는 암적 존재이다. 평화와 화목의 복음을 우리의 삶의 현장에서 회복하는 일이 요구된다.

## 15. 교회의 통일 비전

점점 통일에 대한 기대가 흐려지는 오늘, 한국 통일을 대망하며 통일 비전과 함께 이 장을 마감하고자 한다. 영적 존재인 교회는 통일과 분단 중 어느 쪽이 우리 민족에게 유익인가를 경제적으로 따지는 일을 해서는 안 된다. 하나님이 세우신 우리민족은 한 민족 단일민족이라는 사실에서 곧 통일 비전을 가슴에 품으며 독일 교회가 한국 교회에 주는 역사적 교훈에 귀 기울이어야 할 것이다.

우리 한국 교회가 잊지 않아야 할 '기독교인의 통일 비전 품기'를 역설하면서, 네 가지 영역에서 기독교인은 통일 비전을 제시한다.

첫째, 공간의 열림에 대한 비전이다. 분단으로 남한은 지리적으로 밀폐 공간으로, 반도가 아니라 하나의 섬으로 전락하고 말았다. 대륙과 세계를 향한 지리적 열림을 꿈꾸는 통일 비전을 갖기를 역설한다.

둘째, 경제적 번영을 꿈꾸는 통일 비전이다. 한 예로 남북이 과도한 군비에 쏟는 돈을 경제에 투자함으로써 경제적 번영을 이룰 수 있다. 남북이 40만 병력을 유지할 경우 평균 4-5조원의 재정을 확보하게 된다.

셋째, 남북간의 신뢰의 관계가 구축되는 비전을 품어야 한다. 이는 곧 불신과 대결을 청산하고 사랑의 공동체를 향한 비전이다.

넷째, 민족의 복음화를 향한 비전이다. 기독교를 '사악한 미신'으로 생각하는 북한의 인식은 대단히 부정적이다. 그럼에도 민족의 복음화는 주님의 약속한 근거한 비전이다.[77] 휴전선이 열리고, 통일이 온다는 사실은 민족의 복음화뿐만 아니라, 12억 중국을 위시한 중동, 러시아, 유럽, 아프리카를 위시한 세계복음화에 결정적인 길이 열린다는 말이기도 하다.

독일 교회가 사랑의 실천으로 독일통일에 결정적인 역할을 해온 사실은 주지의 사실이다. 동서독의 분단하 냉전시대에도 독일 교회는 탈냉전적이며 가장 앞선 민족 화해의 표상으로서 정신적 지주의 결정적 역할을 감당하였다. "정치에 뛰어들지 않으면서도 적극적인 화평 세력으로서, 독일통일 과정에서 가장 중요한 영향력을 행사해 왔다."[78]

이러한 독일 교회의 역사에서 한국 교회의 통일준비를 위한 아이디어를 가져올 때 잊지 않아야 할 가장 앞선 것은 한국 교회의 통일을 향한 비전이라 하겠다.

"묵시가 없으면 백성이 방자히 행하거니와"(잠 29:18)라는 말씀을 굳이 떠올리지 않아도, 비전과 함께하는 뜨거운 가슴으로 우리는 역사의 교훈에 겸허히 귀를 기울이며, 오늘 한국 교회에 부여된 역사적 과업을 신실하게 이행하여야 하겠다. 민족의 분단은 분명 21세기 한국 교회의 가장 큰 십자가이며, 극복되어야 할 과제이기 때문이다. 이 숙제를 한국 교회가 감당할 때, 하나님은 한국 교회에 세계사적 과업을 부여하실 것이다. 그것은 주님의 재림과 상관되는 일일 수도 있다.[79]

6장

# 한국 교회의 통일신학

## 1. 21세기 최대의 사건

　21세기 세계 최대 사건은 남북의 통일이 될 것이다. 이를 향한 한국 교회의 성경적 역할은 말할 것도 없이 필히 요구된다. 그렇지만 2010년 한반도에는 전운이 가득한 한 해였다. 아니, 허둥지둥 피난을 떠나야 하는 전쟁이 일어나고 있었다. 무고히 46명이 죽어간 천안함 사태와 6.25 이후 최초의 민간주거지역을 향한 북한의 연평도 포격은 한반도가 세계 언론의 중심에서 여전히 전쟁의 실체를 적나라하게 보여 주었다. 대부분의 한국 사람들은 다시 이어질 것 같은 북한의 포격에 마음을 졸이며 2010년 한 해를 긴장 가운데 보내며 새해 2011년을 맞이해야 했다. 위장 평화니 진짜 평화이니 책임전가로 사람들을 현혹하는 말을 내뱉는 정치인들을 보며 사람들은 쓴 웃음을 지어야 했다.

　그렇다면 작금의 전쟁현실은 진정한 평화라도 된다는 말인지 묻지 않을 수 없었다. 뿔난 남북관계에 뾰족한 대안도 없이 큰소리치는 것을 보면서 정치가 진정 무엇인지도 생각하게 했다. 백성을 평안하게 살게 하는 것이 정치의 기본임에도 남북의 위기 가운데에서 자기성찰은 전혀 이루어지지 않은 채 남의 탓만 하는 자들의 정체를 주목하며 허탈해 했다. 세상에 어떤 평화가 진짜인지도 곰곰 생각해야 하는 시간을 가질 수 있었고, 세상에 진정한 평화가 있을 수 있는지도 물어야만 했다.

세상이 주는 것과 같지 않은 예수님의 그 참 평화를 묵상하며 그리워하며, 세상에는 진정한 평화란 없고 유사평화만 존재한다는 생각을 하기도 했다. 인간의 역사를 싸움과 전쟁의 역사로 기억할 때 전쟁 중단의 상태 또는 휴전의 상태는 있을지 몰라도 하나님이 다스리고 주장하는 참 평화인 구약의 샬롬(shalom)과 신약의 에이레네(eilene)가 이 땅에서 구현되기란 그림자를 잡는 것처럼 요원하다는 생각도 했다.

이제 반세기를 넘어 한 세기를 향하고 있는 21세기 세계유일의 남북 분단이 한국 교회에 의미하는 바가 무엇인지 깨닫고 이를 성경적으로 생각하고 말하고 행동하는 교회가 되어야 한다. 동족상잔의 슬픈 전쟁의 상처와 미움에서 벗어나 세상의 소금과 빛으로 서로를 향한 불신을 극복하고 서로 이해하고 보듬어 주고 사랑하는 하나됨으로 이끄는데 한국의 교회가 앞장서야 하고, 선으로 악을 이기는 주님의 교회로 거듭나야 할 것이다.

더 이상 정치가들의 뒤꽁무니를 따라다니며 부질없는 편싸움에 휩쓸리는 교회가 아니라 이제는 하나님의 지혜로 정치를 이끌고 세상을 바꾸며 하나님의 비전을 제시하는 선지자적 교회가 되어야 한다. 굳이 정치의 본질을 언급하지 않더라도 교회와 정치는 건강한 긴장관계를 유지하는 것이 바람직하다. 그럴 때 성경에 입각한 바른 통일신학을 정립할 수 있을 것으로 기대하고, 그 통일신학이 어려운 한반도를 보다 바람직한 길로 이끌 것을 기대한다.

그럼에도 남북문제를 대하는 한국 교회의 입장은 시민사회의 모습과 거의 일치하고 있다. 성경을 삶의 원리로 하는 교회와 전혀 다른 가치관에 입각하여 살아가는 사회와 드러나는 현상이 일치하고 있다는 것은 그 자체로 진지한 물음을 던지지 않을 수 없다. 그 사회가 성경적 관점으로 살아가는 기독교 시민사회가 아니라면 더더욱 그렇다.

그렇다면 문제는 교회 쪽에서 찾아야 할 것이다. 왜 교회는 세상의 소금과 빛이 아니라, 세상을 따르는 속물이 되었는가? 양극으로 나누어진 사회에서 균형을 잃은 채 한국 교회는 분열의 선수로 행세하고 있다. 만약 신학과 가치관의 문제가 아니라면 기질의 문제인지도 생각해 볼 일이다.

> 그러나 우리는 하나 되지 못하고 있습니다. 우리는 중요하지 않은 문제로 분열되어 있습니다. 우리를 분열시키는 문제들 중 어떤 것은 신학적이며 어떤 것은 기질적입니다.[80]

## 2. 한국 교회를 진단하다

### 1) 현실을 외면하는 교회

말씀이 육신이 되어 우리 가운데 거하신 예수님의 성육신의 의미를 다시 기억한다. 한국 교회에서 복음은 하늘에서 내려오다 말고 공중에 멈춰 서 있다. 처절하기 까지 한 인간의 삶의 현장인 땅에까지 이르지 못하고 있기에, 구체적 현실에서 어떻게 행동해야 하고 살아야 할지를 말해 주지 못하고 있다. 한국에서 복음은 하늘에 발을 두고 서 있을 뿐, 마땅히 내려와야 할 사람들의 땅과는 여전히 거리가 있다. 너무 홀리한(?) 한국 교회는 사람들의 생의 현장을 모르기에 말하기를 꺼려할 뿐 아니라, 그들의 땅의 삶을 쉽게 속되다 말하며 무관심 속에 방치하기에 이르고 있다.

그렇지만 실상 한국 교회는 이중적이고, 이원론에 빠진 중세 교회와 다르지 않다. 한국사회에 등장하는 수많은 문제, 성도들이 현실에서 당하는 어려움에 대한 인식도 없고, 처방도 주어지지 않은 채 세상과 짝이 되어 뭔가 엉뚱한 곳에 온갖 관심을 쏟고 있다. 결국 한국 교회의 문제는 세상의 문제와 다르지 않고, 구별이 되지 못하고 있다. 세상의 문제와 교회의 문제는 일란성 쌍둥이처럼 동일하고 물질문제와 의식주에 국한되어 있다. 한국 교회가 처한 한반도의 위기에 대한 인식도 감상적이며 즉흥적이고 체계적이지 못하고 세상적이고 이념적이다.

세상과 함께 길을 잃은 한국 교회는 답 없이 거센 세파에 밀려 방황하고 있다. 진보와 보수, 좌익과 우익으로 나누어 힘겨루기를 하며, 정치가들의 편싸움에 휘말리고 있다. 얼른 봐도 여당교회, 야당교회, 여당교단, 야당교단으로 나뉘어 꼴사납기가 도를 넘고 있다. 미래지향적이어야 할 강단의 목회자들은 흘러간 옛 이야기와 뒷 담화에 익숙할 뿐, 선지자처럼 앞서서 세상에 진리의 빛을 비추지 못하고 있다. 세상은 교회에서 배울 것이 없다. 결국 비난받는 타락한 교회를 목격한다.

이제 한국 교회는 거룩하다는 성의를 벗고 일상의 작업복으로 갈아입고 성도들이 처한 리얼한 삶의 현장으로 내려와 함께 생활하며 예수님처럼 그들의 친구가 되어야 한다. 그들 속에서 그리스도를 전하고 복음을 실천하는 진정한 교회일 때 한국 교회는 비로소 하나님의 음성을 들을 것이며, 하나님의 지혜와 능력을 소유하는 교회로 바뀔 것이다.

한국 교회는 공공신학(public theology)을 새롭게 정립해야 한다. 공공신학을 위해서 한반도가 처한 안타까운 현실에 대한 바른 인식이 이루어져야 한다. 세상이 어떻게 돌아가는지, 세상이 어느 곳에 와 있는지, 우리의 이웃이 어떻게 아파하며 눈물을 흘리고 있는지, 무엇이 문제인지를 치열하게 공부하며 알아야 한다.

한국 교회는 진단도 없이 대충 처방에 뛰어드는 성급한 돌팔이, '고등 무당'이 되어서는 안 된다. 병든 세상의 영적 의사인 교회가 정확한 진단을 할 수 있을 때 비로소 바른 처방을 할 수 있다. 복음과 상황은 긴밀한 대화, 복음에 입각한 냉철한 분석이 이루어져야 한다. 그럴 때 하나님의 부르심이 구체화되고, 그 소명에 순종하여 세상을 변혁하는 역동적인 교회, 성도는 세상의 소금과 빛으로 자리를 잡게 될 것이다.

작금 한국 가톨릭교회의 급성장은 한국 개신교에게 시사하는 바가 크다. 여전히 고(故) 김수환 추기경의 공공 언론에서의 집중적 조명은 한국 교회의 현실과 비교할 때 부러움과 아울러 바닥을 치고 있는 한국 교회가 어디로 가야할 지를 강하게 가르친다.

가톨릭교회는 사회의 어두운 곳, 소외받는 사람들이 있는 곳에는 늘 함께함을 보여 주었다. 신부의 복장과 수녀의 옷을 입고 위험한 곳이든 불편한 현장이든 가리지 않고 약한 자들의 편이 되어 함께했다. 불신자들은 그들의 모습에 감동하며 가톨릭교회에 호감을 가졌다.

최근 방영된 고(故) 이태석 신부의 아프리카에서의 삶을 그린 "울지마 톤즈"라는 다큐는 많은 이들의 눈물을 자아냈으며 가톨릭교회를 선망의 눈으로 바라보게 하는 힘 있는 선교영화이기도 했다. 예배당을 먼저 지을지, 병원을 먼저 지어야 할지 고민했던 고(故) 이태석 신부는 병원을 먼저 지었지만 예배드리는 데는 문제가 없었다. 예배는 장소의 문제가 본질이 아니라, 하나님을 향하는 사람의 마음이 문제이기 때문이다. 이 산과 저 산, 예루살렘, 어떤 장소에서 예배를 드려야 하는가는 중요하지 않고, 신령과 진리로(in spirit and in truth) 드리는 것이 예배의 본질이다(요 4:24).

### 2) 예배당에 갇힌 교회

하나님은 사람의 손으로 지은 전에 거하는 분이 아니다(행 17:24). 그렇지만 한국 교회는 예배당에 숨어 있다. 아니 한국 교회는 예배당에 갇혀 있다. 여전히 한국 교회는 예배당에서 이루어지는 종교행위를 신앙의 모든 것으로 생각하는 경향이 크다. 예배당 안에서 행해지는 몇 가지 레퍼토리에 합격이 될 때 훌륭한 성도로 평가받는 한국 교회의 신앙 기준은 교회 밖의 현장의 삶에 대한 무관심 내지는 무지 또는 이중적 태도를 보이고 있다.

사실 한국 교회에 속한, 소위 경건하다는 성도들이 예배당 밖에서 그 어떤 구체적 삶을 실행하기는 어떤 면에서 시간적으로 체력적으로 여간 힘든 것이 아니다. 그들에게 주어진 대부분의 시간과 에너지를 예배당 안에서 행해지는 종교행위를 하는데 소모해야만 하기 때문이다. 아니 교회가 이것을 강요하기 때문이다.

예외 없이 매일 새벽을 깨우는 새벽기도로 시작해서 제자훈련, 소그룹 성경공부, 수요예배, 금요철야예배, 구역예배, 심방, 토요일 회의, 파죽음이 되어 귀가해야 하는 주일 교회업무는 전문직인 목사에게만 해당되는 것이 아니다. 한국 교회의 성도들이 세상에서 복음을 구체화하는데 과연 여력이 있을까 묻지 않을 수 없다. 생명을 얻었을 뿐 아니라 그 생명을 풍성히 누리고(요 10:10 하) 천국을 맛보는 성숙된 교인, 교회로 나아가지 못함을 주시할 때 안타까움을 금할 수 없다.

한국 교회는 성도들이 삶의 현장에서 복음의 구체화를 위해 열정을 쏟을 수 있도록 시간과 에너지를 너무 빼앗지 않아야 한다. 물론 주일대예배만 참석하는 선데이 기독교인도 문제일 수 있지만, 우선적으로 그토록 많은 시간과 에너지를 필요로 하는 매일 새벽기도를 심각하게 고려할 필요가 있지 않은지 조심스럽게 물음을 던져 본다. 혹시 기도 자체에 의미를 둔다면 무시로 깨어 기도할 수 있는 다른 방법도 간구할 수 있을 것이다. 만약 공적 모임의 중요성과 단잠을 중지시키는 수도원 금욕에 무게를 두고 있는 일종의 행위구원 요소가 도사리고 있다면 신학적으로도 문제를 가지고 있다 하겠다. 여기서 하나의 질문은 꼭 새벽기도를 해야만 양질의 신앙생활을 할 수 있느냐 하는 것이다.

세계 교회 가운데 한국 교회처럼 새벽기도를 매일 그것도 5시에 실시하는 교회는 찾기가 쉽지 않다. 물론 기도하는 교회라는 이름에서 볼 때 긍정적이다. 그렇지만 꼭 질 높은 신앙인의 삶에 새벽기도가 필수불가결한 것인가라는 물음에는 동의하기가 쉽지 않다. 게다가 몇 퍼센트의 성도들이 새벽기도에 동참하는지를 물을 때 더욱 그렇다.

미국과 영국에서 한국에 찾아와 특강을 하며 아름다운 신앙을 펼치는 강사들이 꼭 새벽에 기도하지 않는다고 해서 잘못된 신앙을 갖고 있다거나 비뚤어진 기독교 세계관을 가지고 있다고 말하지 않는다. 그들을 신앙 없는 기독교인들이라고 폄하하지 않으며, 다른 신앙문화 차원에서 이해한다. 역으로 새벽기도를 하는 한국 교회의 지도자들이 차별화된 양질의 신앙을 소유한 바람직한 기독교인이라는 규정에도 쉽게 동의할 수 없다. 그렇다면 새벽기도의 배경에는 뭔가 다른 요소가 자리잡고 있는 게 분명하다. 어떤 점에서 잠을 푹 자서 건강한 상태로 규칙을 따라 무시로 기도하며 보다 맑고 투명한 정신으로 사역에 임할 때 하나님이 기뻐하실 것이 분명하다.

거기다 목회자들의 5일제 근무를 조심스럽게 생각한다. 교회 목회자들에게도 일반 직장인들이 일주일에 5일 근무하고 2일 휴일로 자기 시간을 갖듯이 보다 확실하게 자녀교육, 가정생활, 취미 생활, 건강관리, 그리고 사회적 이슈에 시간을 쏟을 수 있는 창조적 휴식과 여가가 주어져야 할 것이다. 월요일 단 하루 쉬는데 이는 타당하지 않고 공의롭지 못하다. 목회자들이 일반 시민들과 함께 인간관계를 가지면서 생활할 수 있을 때 그들의 삶의 현장에서 생각하고 경험하며 목회와 설교의 현장으로 가져와 보다 실질적 사역을 효과적으로 하게 될 것이다.

그렇지만 오늘의 한국 교회 목회자들은 수도원 잔재 내지는 요청 속에서 괴로워하며 진정한 감사와 행복한 가정생활, 개인생활도 향유하지 못하고 있는 섬과 같은 외로운 존재들이다. 목사의 가정은 일반적 휴일과도 시간이 맞지 않아 엇박자를 치고 있는데, 이러한 교회 사역자들의 생활이 결국 일반 성도들의 삶을 또 다시 그런 식으로 규정하려 하고 있다는 점이다. 단도직입적으로 말해 교회를 중세의 수도원으로 만들려고 하는 것이다. 곧 목회자들은 성도들을 예배당에 가두고 있는 것이다. 모든 신앙생활은 예배당에서만 이루어지는 것으로 착각하게 만들고 있다.

예배당에 갇힌 교회, 이것이 한국 교회의 문제이다. 중세 교회를 종교개혁자들이 바벨론 포로된 교회로 묘사했는데, 한국 교회는 예배당에 포로된 교회라고 말해도 이의를 제기할 수 없을 것이다. 예배당 건물에 모든 마음을 다 쏟고 있을 뿐 아니라, 신앙의 모든 레퍼토리가 예배당 건물 안에서만 이루어지고 있다. 세상의 삶의 현장은 신앙과는 거리가 먼 딴 세상일 뿐이다.

결과 한국 교회는 실질적으로 세상 속에서의 역할을 상실하는 교회로 전락하고 말았다. 옥스퍼드대학교의 맥그래스(Alister E. McGrath)는 근본주의 교회의 문제를 신학적 배타주의와 세상에서의 영향력 상실로 지적하는데,[81] 이러한 교회의 실상이 한국 교회를 향하여 '개독교'라고 불림을 받기에 이르지 않았나 생각한다.

교회를 향한 세상의 상식과 최소한의 기대가 전혀 충족되지 못한 채 자기들의 배를 불리는데 모든 에너지를 다 쏟는 그 괴이한 교회를 향하여 그렇게 욕하지 않았을까 생각한다. 기독교가 싫어서도 그렇게 할 수 있겠고, 불신자들이 그렇게 말할 수도 있겠지만 과연 그들 모두가 비기독교인이고, 기독교에 대한 미움 때문에 꼭 그랬을까 묻는다. 어쩌면 기독교에 대한 기대와 그로 인해 가질 수밖에 없었던 실망 때문에 그러지는 않았을지 생각하게 된다.

중세 교회를 개혁하고 비판했던 자들이 종교개혁에 동참했던 교회사처럼 한국 교회를 비판하는 상당수가 교회 안에 속한 교인들이라면 어떻게 생각해야 할지. 세상 가운데 아무렇게나 내동댕이친 한국 교회는 결국 진정으로 교회가 관심을 가져야 할 곳을 모른 채 하는 무책임, 비도덕을 범하기에 이를 수밖에 없다는 사실이다.

통계적으로 볼 때 한국 교회의 강단에서 북한 사랑을 외치는 설교, 남북분단을 넘어서는 통일을 주제로 한 설교는 찾아보기 힘들다. 이러한 한국 교회의 한 예는 과연 정당한 것인지를 묻지 않을 수 없다. 물론 한국 교회가 이런 비판에 직면해서 할 말이 없는 것은 아니다. 흡연, 음주, 마약 등 작은 윤리(micro-ethics)에 기여하고 있다는 항변이 있을 수 있다.

그러나 사회적 참여로서 독재, 가난, 환경파괴, 남북의 분단, 인권유린 등 거대 윤리(macro-ethics)를 소홀히 한 점에 대해서는 인정할 수밖에 없다. 감사한 것은 점점 더 한국 교회의 지도자들이 성경에 근거하여 사회참여가 바람직하다는 생각을 하고 있다는 점이다. 하나님이 다스리지 아니할 한 치의 땅도 지구 위에 존재하지 않는다는 아브라함 카이퍼(Abraham Kuyper)의 생각에 동의하고 있다. 이런 맥락에서 한반도의 분단은 오늘의 한국 교회가 마땅히 짊어져야 할 십자가, 중요한 과업으로 다가오고 있음은 다행하고 감사하다.[82]

> 사회를 개혁하려는 노력은 세속적인 것이 아니라 사랑이다.
> 사회에서 손을 떼는 것이야말로 사랑이 아니라 세속적인 것이다
> (Frederick Catherwood).[83]

## 3. 한국 교회의 변화를 위하여

### 1) 삶으로 드리는 예배

진정한 성도의 예배는 예배당 안에서만 이루어지는 의식(liturgy)이 전부 다 일수 없다. 삶이 전제되지 않은, 또는 삶과는 무관한 예배를 하나님이 받으신다는 생각은 잘못이다. 한국 교회는 세상에서는 어떻게 살았을지라도 예배당 안의 의식으로서의 예배를 제대로 드릴 때 그것으로 과거는 용서되고 새 출발할 수 있을 거라는 안일함과 무지를 드러낸다. 잘못된 신학이며 출발이다. 세상에서 잘못 살았을지라도 예배의식을 통

해 순간 새로워지며 바른 사람이 될 수 있다고 생각한다. 예배당 밖의 삶이 전제되지 않고서, 과연 예배당 안에서 행해지는 일방적 의식예배만이 합당한 예배로 드려질 수 있는지를 묻지 않을 수 없다.

구약의 선지자들이 질타했던 잘못된 제사는 삶이 전제되지 않은 제사로서, 이는 하나님의 진노의 분노를 불러일으키는 책망거리였다. 세상 현장의 삶과 예배당 안의 의식으로서의 예배는 수레의 두 바퀴와 같은 역할을 한다. 어느 한 쪽이 성립되지 않을 때 진정한 예배는 한 치도 나아갈 수 없고, 성립되지 못한다.[84]

신약에서도 다르지 않다. 로마서 12:1-2을 통해 하나님은 한국 교회가 추구해야 할 바른 예배가 무엇인지를 분명하게 말한다.[85] 삶의 현장에서 드려지는 살아있는 예배가 "하나님이 기뻐하시는 산제사…영적 예배"가 된다. 그러한 영적 예배를 드리기 위해서 기독교인에게 이 세대를 본받지 않는 구별된 가치관이 요구된다. 그 가치관은 "오직 마음을 새롭게 함으로 변화를 받아 하나님의 선하시고 기뻐하시고 온전하신 뜻이 무엇인지 분별"할 수 있을 때 가능하다. 기독교 세계관이란 다름 아닌 하나님이 기뻐하시고 그 온전하신 뜻을 인식하여 자신의 삶의 원리로 가져오는 행위라 하겠다.

이러한 원리적이며 본질적 변화가 한국 교회를 이루고 있는 성도들의 삶에서 근원적으로 형성되지 않고서는 삶으로 드려지는 영적 예배란 그림의 떡에 불과하다. 성경적 세계관에 입각한 현장의 삶 역시 영적이라는 사실도 기억해야 한다.

다시 주목해야 할 것은, 삶을 통해서 드려지는 살아 있는 예배가 바로 영적 예배라는 말이다. 성도의 삶을 세속적 영역으로 생각할 수 있겠지만 로마서 12:1-2은 결코 그러한 이분법적 사고를 허용하지 않고 있다. 성령의 인도를 받는 진정한 성도의 모든 삶이 영적이지 않는 분야가 있을 수 없다. 성령의 인도를 받을 때 영적인 삶이다. 그래서 기독교인으로서 좋은 공무원, 좋은 사업가, 좋은 의사, 좋은 교사, 좋은 군인, 좋은 직장인들이 되어야 한다. 직장의 생활이 성령의 인도하는 바가 될 때 그 자체로서 영적 예배로서 하나님께 드려진다. 예배당 안의 예배는 영적이고, 소명으로서의 일반 직업은 영적이지 않다고 결코 말해서는 안 된다. 문제는 한국 교회 안에 이러한 잘못된 이분법이 일반화되고 있다.

### 2) 달라져야 하는 기도

한국 교회가 달라지기 위해서는 다양한 이야기를 할 수 있겠지만, 그 중 한 가지를 우선적으로 말한다면 주일 예배에서 드려지는 장로들의 대표 기도가 달라지는 것이다. 기도란 기도자의 삶을 전제로 드려진다. 기도의 내용은 삶의 내용이며, 기도의 추구는 기도자의 삶의 이상이며 목적이다. 기도는 기도자의 삶을 말해 준다. 즉 기도는 기도자의 신앙을 잘 보여준다.

그런 맥락에서 한국 교회의 대표기도가 언급될 수 있있다. 대표기도는 기도자의 신앙, 삶을 고백하고 표현하는 중요한 신앙 장르이다. 대표기도는 무엇보다도 일반 성도들의 삶을 대변하고 보여준다는 점에서 중요하다. 목회자의 기도를 닮아가는 것을 부정할 수는 없지만, 그래도 독립적으로 일반 성도들을 대변하는 대표기도는 조금은 보다 다른 관점에서 의미를 담아 분석해 볼 필요가 있다. 특히 구체적으로 한국 교회의 갱신이라는 목적으로 할 때 기도의 변화는 성도의 삶의 변화를 전제로 하기 때문이다. 이는 곧 일반 성도들로부터 추구되는 상향식 개혁을 위한 중요한 이슈라 하겠다.

한국 교회의 대표기도가 다루는 내용 반경은 너무 협소하다. 그 이유는 기도자의 삶의 반경이 너무 좁기 때문이다. 자신의 초라한 삶의 넋두리를 하고 있다는 생각이 들 때가 빈번하다. 이런 모습은 하나님의 관점, 내지는 하나님의 나라 및 하나님의 통치 관점에서 기도가 행해지지 않고 있음을 보여준다. 하나님의 통치 가운데 있는 세상이라는 생각을 하지 못하고 있다는 반증이다. 쉽게 말해 사이비 내지 유사종교의 기도와 한국 교회의 대표기도가 내용면에서 차별이 없다면 충격적이지 않을 수 없다. 좀 심하게 말해, 무속종교와 다른 이단 및 유사종교의 기도 내용과 비교할 때 한국 교회의 대표기도에서 본질적으로 차별성과 수월성을 찾을 수 없다면 이는 심각한 물음을 던져야 할 것이다.

기독교인이지만 종교 다원주의의 한 종교인일 뿐이지, 굳이 거룩하다는 기독교 신앙인으로 자부할 수는 없게 된다. 예를 들어, 가까운 이웃 일본이 대 지진과 쓰나미 그리고 원전 사고로 말할 수 없는 수많은 인명이 죽어가고 어려움을 당하고 있는데, 대표기도에서는 이에 대한 언급이 신기하게도 없다. 2500만 명이 아사 직전의 참담한 인권유린이 행해지는 독재자의 나라 북한에 살아가는 동포를 위한 내용 역시 기도에서 찾아볼 수 없다. 중동의 반독재를 향한 피비린내 나는 민주화운동을 바라보는 하나님의 관점에서의 기도가 전혀 내용에 포함되고 있지 않다. 마치 한국 민주화 과정에서 교회가 침묵을 지켰던 모습과 유사하다. 방사능비가 봄비로 내리고, 2010-2011년 한국 겨울 수백만 마리의 소 돼지가 생매장을 당하는 참혹한 재앙 가운데에서도 고통당하는 수많은 농민들을 위한 기도는 찾아보기가 쉽지 않다. 무감각, 무지, 무관심, 무정함이 도를 넘고 있는 삶을 기도로 생생하게 보여 주고 있는 것이다. 한국 교회의 상황이 이보다 더 참담할 수 있을까 묻게 된다. 이러한 한국 교회의 대표기도를 분석할 때 몇 가지로 나누어 말할 수 있다.

첫째, 이기주의, 개인주의에 입각한 기복주의이다. 일반 유사종교에서 만연하는 기도이다. 결과 이웃 일본이 만나는 재앙을 그저 손가락질할 뿐이다.

둘째, 중세적 이원론이다. 하나님에 의해 세상은 버려진 영역으로 규정하고 드려지는 기도이다. 이스라엘이 가졌던 선민의식 내지는 교만과 독선이 가득하다.

셋째, 값싼 구원의 확신이다. 엄격히 말해 구원의 유무는 오직 하나님만이 알 뿐이다. 그러기에 인간 편에서 매우 신중하고 조심스럽게 다루어야 할 주제이다. 중세 교회가 면죄부를 팔아 구원의 확신을 주었다. 한국 교회가 예배에 참석한 회중을 향해 구원의 확신을 유도한다. 그러나 중요한 사실은 구원은 그렇게 값싸게 이루어질까 하는 점이다. 성경적 가치관으로 전혀 변화되지 않은 자가 여전히 세상의 옷을 그대로 입고서 구원의 확신을 가지고 있다고 해서, 아니 그들에게 구원이 선포된다고 해서 그대로 되는 것일지! 세상에서 속물로 살아가면서도 약삭빠르게 구원의 확신을 갖는 자들이 적지 않다.

우리 주님이 '이렇게 마땅히 기도하라'고 가르치신 주기도문, 특히 주기도문의 전반부를 잊지 않아야 한다.

> 하늘에 계신 우리 아버지여 아버지의 이름을 거룩하게 하옵시며, 아버지의 나라가 오게 하시며, 아버지의 뜻이 하늘에서와 같이 땅에서도 이루어지게 하소서!

곧 우리의 아버지께(Our Father) 드려지는 보다 폭넓은 기도를 우리가 해야 할 것이며, 우리의 아버지의 이름을 높이며 거룩하게 하는 구별된 현장의 삶을 추구해야 하며, 우리의 아버지의 나라와 통치가 구현되는 성도의 삶의 자리가 되어야 하고, 성도들이 구체적 삶의 현장에서 하나님의 뜻을 찾아 실현할 뿐 아니라, 하나님께서 성령을 통해 그 뜻을 구현할 수 있도록 기도하고 실천하는 한국 교회가 되어야 할 것이다. 주기도문의 전반부 반을 차지하는 우리 주님이 가르치신 기도를 따르는 삶과 기도가 있을 때, 한국 교회는 제 자리에 서게 될 것임을 기대한다.

"너희는 먼저 그의 나라와 그의 의를 구하라!"는 말씀이 반영되는 삶과 기도의 내용이 곧 뒤따라야 할 것이다. 이러한 자각이 우리의 기도 가운데 밝히 드러나고 우리의 삶 속에서 추구되어야 한다면, 분명 우리의 모습은 다르게 될 것이다. 한국 교회는 다시금 우리 주님이 자신의 제자들에게 기도를 가르치신 것처럼 기도를 가르치고, 그 기도를 위한 삶을 구체적으로 폭을 넓혀 세워가야 할 것이다.

이제는 더 이상 예배당에 갇힌 삶에서 단지 중언부언 의식의 예문으로 드려지는 것이 아니라, 예배당에 포로된 자의 좁은 기도를 넘어서는 진정 복음을 향유하는 자의 하나님 나라의 삶이 묻어나는 것이 한국 교회의 대표기도가 되어야 하겠다. 속한 곳이 어디든지 간에, 그곳의 대표기도가 하나님의 나라가 속히 임하길 바라는 간절함과 소망 가운데에서 드려질때, 한국 교회는 한반도의 분단이 얼마나 크고 강렬한 기도의 제목인가를 인식하며 세상을 변화시키는 눈물어린 뜨거운 기도를 하게 될 것이다.

### 4. 교회와 남북의 분단

1) 교회의 십자가

벌써 두 세기에 걸친 지난하고 잔혹한 한반도의 허리 잘림으로 남북의 잦은 불화와 싸움과 죽음, 그로 인한 한숨소리와 눈물은 그냥 지나칠 일개 국가의 집안사가 아니다. 21세기 남북분단은 미국, 일본, 중국, 러시아의 문제 그리고 당사자인 남북의 십자가이다.

미국, 러시아, 중국, 일본의 문제란 곧 세계의 문제라는 말이다. 지난 2010년 남북 긴장의 고조는 극에 달했으며, 우리는 주변국을 재무장으로 이끌고 있는 우울한 현실을 본다. 일본의 방위성 장관과 한국의 국방장관이 함께 머리를 맞대고 일·한 동맹을 간구하는 낯선 현실을 본다.

남북문제는 세계문제, 세계평화의 문제, 전 인류의 과제이다. 지구촌은 이제 나누어 생각할 여러 개가 아니다.

또한 한국 교회가 인식해야 할 일이 있는데, 남북의 문제는 정치가의 문제만이 아니라는 점이다. 정치적으로만 풀 수 있는 문제가 아니기에 오늘에 이르기까지 정치가들이 풀지를 못하고 있다. 복잡한 인간의 근원적 문제가 함께 얽혀 있다. 인간의 실체가 무엇인지를 알기를 원한다면 남북분단으로 일어나는 수많은 사건을 주시해야 할 것이다.

분단 이후 한국의 정치가들은 남북의 문제를 자신들만의 문제로 주장하며 독점해 왔고, 종종 자신들의 정치적 입지를 유리하게 만들었던 것도 사실이다. 이러한 사실은 어느 사이 국민들을 학습했고, 이미 그렇게 생각하는 다수의 국민들이 우리 가운데 있다. 그러는 중 남북의 문제는 정치가들에게만 일임하게 되었고, 문제는 시계추마냥 늘 제자리에 와 있고 현실적으로 전혀 진전의 기미를 보이지 않고 있다. 이제 더 이상 정치가들에만 남북문제를 맡기는 우를 반복해서는 안 된다.

모든 국민의 과업과 일로 되찾아 와야 한다. 분단으로 인한 정신적, 경제적, 문화적, 국가적, 국방위적, 세계적, 환경적, 교회적, 선교적 손실은 이루 헤아릴 수 없다. 게다가 분단, 그로 인해 불청객으로 찾아오는 증오와 미움은 한반도에 살아가는 사람들의 정신적 황폐의 근원이 되고 있다는 사실에 교회는 주목해야 한다.

남북분단으로 인한 형제를 향한 정죄, 미움 그리고 증오의 학습화가 교회에 찾아 들어와 한국 교회의 분열은 그 유래를 찾아보기 힘들 정도로 세계적 수준에 이르고 있다. 작디작은 땅 남한에서 학연, 지연, 혈연에 따른 뭉침으로 인한 쪼개짐은 정치 1번지를 위시한 곳곳에서 조금의 양심 가책도 없이 자행되며 당연시되고 있다.

남북분단을 핑계로 그리고 이념을 핑계로 한 피 받은 동포를 향한 미움과 원수 맺기를 주저하지 않은 인간의 죄악이 노골화되어도 수치를 모르는 현장이 한반도이다. 아무리 대한민국이 경제대국을 외쳐도 집안싸움이 잦은, 집안이 불화하는 국가일 때 선진국의 품격과는 거리가 먼 졸부의 나라로 전락할 수밖에 없다. 교회강단에서는 그토록 말씀에의 순종과 그에 따른 거룩한 사랑을 강조하면서도 '빨갱이'를 향한 미움과 타도를 스스럼없이 외치는 현장이 한국 교회이다. 이념으로 두 동강이 난 한반도는 한국 교회의 수치이며, 세계선교를 가로막는 거대한 장애물이다.

이런 맥락에서 남북분단의 극복, 하나 되는 통일, 남북의 용서와 화해는 마땅히 한국 교회의 과제, 한국 교회의 가장 큰 기도의 제목으로 가져와 매달려야 한다. 분단을 극복하는 남북통일은 21세기 한국 교회의 세계 교회사적 과제이며 새 일을 향한 출발점임을 될 것임을 기억해야 한다.

2) 21세기 사마리아

이념에 발목 잡힌 한국 교회는 놀라운 복음의 능력을 실감하지도 누리지도 못하고 있다. 공산주의는 빵을 이야기하며, 그 빵이 소외(Endfremdheit)된 인간의 모든 문제를 해결할 것으로 믿었다. 성경은 빵만으로 살지 못하고 하나님의 말씀으로 살 수 있음을 가르친다. 그러기에 영적 차원의 기독교와 육적 차원의 공산주의는 다른 차원의 문제이다. 공산주의는 인간의 아이디어이고, 복음은 하나님의 지혜이다. 그러기에 하나님의 복음과 인간의 공산주의가 주먹 불끈 쥐고 서로 싸우고 대결해야 하는 상대가 아니다. 하나님의 복음은 허구를 추구하다 상처 입은 그들을 품고 싸매고 치유해야 하는 그 유일한 해결책일 뿐이다.

물론 한국 교회는 6.25으로 인해 공산주의자의 미움의 대상, 피해자가 되었고, 여전히 그 아픔과 상처가 한국 교회 곳곳에 배여 있다. 그러기에 우선적으로 한국 교회에 십자가의 피로 그 상처가 치유되고 건강하게 회복되는 용서와 화해의 은총이 있어야 한다. 그래야만 비로소 '상처 입은 치유자'로 한국 교회가 세워질 수 있다.

일제가 무참히 한국인을 짓밟았지만 어느새 한국과 일본은 손을 잡고 있다. 일제의 신사참배의 강요로 주기철 목사 외 수많은 한국 교회의 기독교인이 무참히 희생당했다. 그런데도 북한을 대하는 것과 일본을 대하는 자세에서 한국 교회는 엄청난 차이를 보이고 있는데, 북한을 향해서는 공산주의 이념을 향한 한국 교회의 적대적 감정이 큰 몫을 하고 있음이 분명하다.

그렇다면 이념을 뛰어넘는 하나님의 사랑이 바로 역할을 할 때만이 한국 교회는 다른 모습을 보일 것이다. 하나님을 떠난 탕자와 같은 마음으로 파라다이스를 꿈꿨던 물질주의자들은 아버지의 품으로 돌아와야 할 죄인들이다. 한국 교회는 그들의 상처와 문제를 긍휼히 여기며 그들이 하나님께로 돌아올 수 있도록 사랑으로 그들을 감동시키는 노력을 게을리해서는 안 된다. 그 어느 곳보다도 하나님의 사랑이 절실히 요구되는 현장이 여러 가지로 어려움에 처한 절박한 북한임을 인식해야 한다. 공산주의자들을 포함한 모두가 복음 선포의 대상이라는 것은 분명한 사실이다.

주님이 찾으실 21세기 사마리아는 북한 땅임이 분명하다. 북한은 한국 교회가 미워하고 정죄하며 싸우며 타도해야 할 대상이 아니고, 할 수 있는 대로 평화하며 복음을 전해 줄 선교의 대상임을 인식해야 한다. 분명 그들에게 필요한 것은 현실적으로 빵이지만, 함께 잊지 않아야 할 중요한 것은 바로 그들에게 복음과 사랑의 손길이 필요하다는 사실이다.

기독교인들을 아편중독자들이라고 완강히 거부하며 죽일 것같이 덤벼들지라도 꼭 전해주어야 할 메시지는 그들의 상처를 씻어 치유하며, 죄악을 용서하는 소망의 생명, 십자가의 복음, 용서하는 부활의 능력이다. 한국 교회가 이념도 기꺼이 뛰어넘는 복음의 놀라운 능력을 실천하고 체험할 때만이 21세기 한국 교회를 향한 하나님의 부르심과 과업에 순종하며 완성하는 복 있는 교회가 될 것을 확신한다. 그리스도의 사랑은 이제 한국 교회가 성경적 교회, 성숙한 교회로 거듭나야 할 것을 강권하고 있다.

## 5. 분단하 한국 교회의 길

### 1) 성경적 세계관을 찾아야

언론이 사람들에게 주는 영향력은 크고 막강하다. 그렇지만 한국 교회는 조·중·동 신문을 따라 통일을 이야기해서는 안 되며, 한겨레·

경향신문을 따라 앵무새처럼 설교해서는 안 된다. KBS, MBC, YTN, SBS 등 특정언론을 따라 흔들리는 설교자가 되어서도 안 된다. 특히 남북관계에서 요구되는 개관적 지식이란 쉽게 얻어지는 것은 아니다. 그러기에 강단에서 목회자들은 언론의 일방적 논조를 따라 함부로 말하지 말 것이며, 여당과 야당의 관점을 따라 부화뇌동하지 않아야 한다. 깊은 묵상과 기도를 통해 현실을 냉철하게 바라보며 인식한 후, 성령의 인도를 받으며 하나님의 관점에 서서 치열하게 성경적으로 생각하고 정리하여 말해야 한다.

목마른 세상은 진리의 음성을 듣기를 대망한다. 동으로 서로 남으로 북으로 방황하며 진리의 생수에 목말라 있는 세상에게(암 8장) 생명 넘치는 성경의 음성을 한국 교회는 분명하고 바로 들려주어야 할 책무를 가지고 있다. 성경을 통하지 않고, 성경에 의하지 않고, 성경의 관점을 몸부림치며 확정하지 않은 채 강단에서 말하는 것은 용인될 수 없다. 성경의 진리, 하나님의 음성을 선포한다는 명목하에 엄청난 잘못을 범하는 것이다. 어려울 땐, 아니 잘 모를 땐 성도 각자가 기도하며 성경의 음성을 들을 수 있도록 설교자는 차라리 침묵하며 길을 열어 두는 것이 양심적이고 바람직하다.

한국 교회가 북한 문제를 다룰 때 하는 이상한 습관이 있는데, 성경적 관점을 갖기 위해 노력하지 않는다는 점이다. 그토록 성경적 진리를 강조하다가도 남북문제에 대해 언급할 때 한국 교회는 너무도 쉽게 확신 가운데 이념적으로 말하고 만다. 예수님이라면 어떻게 하실지, 성경이 그에 대해 과연 어떤 입장을 갖는지를 고민하며 물으려 하지 않는다. 중오를 동반한 톤 높은 목소리로 강한 반공의식을 제시하면 만사 오케이로 정답 중의 정답을 말하는 것으로 생각한다. 이에 대해서는 다른 생각의 여지가 없다.

이미 한국 교회에 모범답안이 주어졌다는 듯, 반석 위의 세워진 집처럼 전혀 흔들림이 없다. 강한 반공주의자를 강한 신앙의 소유자인 것으로 동일시하기까지 한다. 이러한 한국 교회의 모습은 정상적이지 않고 한국적이고 특이하다. 반공주의자가 꼭 바른 기독교인은 아니라는 엄연한 한 가지 사실만을 기억할 때이다. 질병과 굶주림에 처한 북한을 예수님의 긍휼과 사랑으로 돕는 기독교 NGO을 빨갱이로 매도하는 자들이 한국 교회 안에 적지 않다는 사실은 문제의 심각성을 보여준다. 예수님이 가난한 자와 병든 자를 도우실 때 아무 조건 없이 그들의 편에 서서 일하셨다는 점을 기억해야 할 것이다.

남북관계가 연평도 포격 같은 일이 생기고 대북 관계가 악화되면 한국 교회의 북한지원 사업은 금방 속마음을 드러낸다. 교회로부터 모금이 되지 않아 기독교 대북 NGO들은 일을 중단해야 하는 어려운 형편에 봉착하고 만다. 이명박 정부 들어 기독교 대북 NGO들은 거의 절망적 상태에 놓여 있는 것도 현실이다. 이는 단적으로 한국 교회의 북한 사랑 내지는 지원이 비성경적이고 감정적이며 감상적이며 뿌리가 깊지 못하다는 말이다. 조건 없이 형제의 어려움에 동참하셨던 예수님의 모습, 선한 사마리아 사람처럼 우리도 그렇게 살아 갈 것을 요구하셨던 예수님의 말씀과는 거리가 멀고 또 멀다.

그 원인을 분석해 보면 여전히 마음속 깊이 가지고 있는 반공이념이 복음의 원리를 앞질러 작동하고 있는 것이다. "그럼 그렇지 빨갱이들, 어쩔 수 없단 말이야! 도와줘도 소용없어!" 이러한 언사, 태도, 모습은 지금까지 북한 동포를 사랑한다며 시행했던 모든 일들이 불에 타버린 재처럼 허사로 끝나는 순간이 되는 것이다. 그러기에 이제 한국 교회가 복음의 반석, 성경적 토대 위에 굳건히 세워지는 성숙한 교회로 거듭나야만 한다.

기독교인은 더 이상 육체를 따라 판단하지 말 것이며 세상 관점으로(from a worldly point of view) 말하거나 행동하지 않아야 한다. 그 대신 예수님의 관점, 하나님이신 성령의 관점으로 이해하고 행동할 때 '그런즉' 그리스도 안의 새 사람으로 살게 된다. 고린도후서 5:14-21을 분석할 때 나오는 몇 가지 요청에 귀를 기울이게 된다.[86] 과연 누가 진정한 기독교인인가라는 물음이다.

첫째, 진정한 기독교인은 강권하는 그리스도의 사랑 때문에 삶의 이유를 갖는 사람이다. 성령의 사람이 되면 삶의 근원적 이유가 달라지는데, 그것은 그리스도의 십자가의 사랑이다(고후 5:14).

둘째, 진정한 기독교인은 십자가에서 죄인들을 구원하신 예수 때문에, 오직 예수님의 영광을 위해 살아가는 사람이다. 즉 예수를 인생의 주인으로 고백하며 주인 되신 예수를 위해 살아가는 사람들이다(고후 5:15).

셋째, 진정한 기독교인은 함께 살아가는 이웃을 세상의 기준으로 평가하지 않는다. 육적인 기준이 더 이상 사람을 평가는 기준이 되지 않는다. 하나님의 관점, 예수님의 눈으로 함께 살아가는 사람들을 보고 판단하며 생의 의미를 부여한다. 기독교인이란 가치관이 바뀐, 곧 성령이 이끄는 성경적 세계관을 소유한 사람들이다(고후 5:16).

넷째, '그런즉', 그럴 때 비로소 그리스도 안의 새 사람이 된다. 알고 보면 그리스도 안의 새 사람은 매우 체계적이고 단계적이다. 경건의 연습이 필요하고, 새로운 정체성을 향한 꼼꼼한 점검이 요구된다. 값싼 선포는 찾아볼 수 없다(고후 5:17).

다섯째, 진정한 기독교인은 화평케 하는 자들이다. 열매로 하나님은 진정으로 그리스 안에 새로워진 가치관이 바뀐 기독교인을 분명한 직책으로 부르셨다. 다름 아닌 화목하게 하는 직책(the ministry of the reconciliation)이다. 이는 먼저 하나님과 화목하는 자들에 주어진 소명(calling)이다(고후 5:18-21). 한 마디로 성도는 가치관이 전도된 이 뒤바뀐 세상에서 피스메이커(peacemaker)로 부르심을 받았다.

### 2) 복음을 부끄러워하지 않아야

사도 바울은 로마 교회를 향해 "내가 복음을 부끄러워하지 아니하노니"(롬 1:16)라고 말한다. 그 의미를 두 가지로 생각할 수 있다.

첫째, 복음은 하나님의 능력이 되기 때문에 그 능력의 복음을 전할 때 부끄러워하지 않는다.

둘째, 복음대로 살아가는 것을 부끄러워하지 않는다.

이는 복음의 음성을 순종할 때 틀림없이 사람들에게 놀라운 일이 일어난다고 믿고, 또한 그렇게 사는 것을 절대 부끄럽게 생각하지 않을 때 가능한 외침이며 고백이다. 확신 넘치는 삶의 경험 없이는 결코 부끄러움 없이 복음을 전할 수는 없다. 복음은 절대 예배당 안에서만 놀라운 것이 아니다. 복음을 우리의 어려운 삶의 현장에 적용할수록 그 놀라움은 증대되며, 엄청난 확신으로 드러나게 된다.

남북의 분단 현실에, 북한공산당을 상대할 때, 참으로 이해할 수 없는 북한 정권을 대할 때도 복음의 음성대로 말하고 행동하면 틀림없이 하나님의 능력인 복음이 놀라운 일을 한반도에 가져옴에 대한 확신을 부끄럽게 생각하지 않는다는 말로 받아야 할 것이다. 성경이 답이라는 말이다. 그렇게 성경을 강조하다가도 얄미운 북한공산당을 대할 때 순간 복음을 망각해서는 안 된다는 말이다. 과연 그러한 태도는 타당한지 성경을 통해 물어야 할 것이다. 특히 시시때때로 남한을 힘들게 하는 북한을 상대할 때이다.

어떤 자들은 북한공산당은 사탄으로서 타도해야 할 대상이지 사랑해야 할 원수가 아니라고 말한다. 어떻게 이런 말을 할 수 있는지 의문을 갖는다. 자신들의 미움 내지는 사랑 없음을 합리화하는 궤변일 뿐이다. 그렇지만 성경에서 제시되는 하나님의 음성은 분명하고 명쾌하다.

로마서 12:19-20을 통해 성경이 요구하는 바를 인식하자.[87]

① 공의를 위한 원수 갚는 일은 하나님의 업무이다. 인간은 하나님의 업무를 침범해선 안 된다.
② 원수가 어려울 때 섬기며 사랑하라. 먹을 것과 마실 것을 주어라.
③ 인간의 원수 사랑이 하나님의 공의를 낳는다. 즉 하나님의 공의의 숯불이 사랑의 분량만큼 쌓인다.

한국 교회의 문제점은 원수관계에서 인간 자신들이 직접 공의를 산출하려 함에 있다. 이는 하나님의 업무방해 되지는 업무침해이다. 하나님이 이루시는 공의의 지혜는 십자가의 길(via dolorosa)에서 찾아야 할 것이다.

한국 교회가 복음의 진리를 삶의 현장으로 가져가는 일에 보다 더 치열한 혼신의 노력을 기울여야 한다는 점을 강조하고자 한다. 아무리 거룩한 진리를 가지고 있을지라도 그 진리의 가치를 삶의 현장에서 향유할 수 없다면 그 의미는 감소되고 말 것이다. 일반적으로 바른 복음 이해를 갖는 교회들은 복음적 진리를 모든 삶의 현장으로 가져가 구현하는 데 온 힘을 기울인다. 하나님이 다스려야 할 영역을 성과 속으로 나눈다거나 그 어떤 장소로 한정시키지 않는다.

한국 교회의 복음이해는 이중적인데, 즉 복음으로 통치해야 할 영역과 그렇지 못한 영역을 은연 중 구분하고 있다. 정치가로서 사업가로서 복음의 진리를 일터에서 구현하는 것을 생각하지도, 기대하지 않는 기독교인들이 대부분이다. 그 복음적 원리를 정치현장, 산업현장에서 구현하려는 무색의 소금과 같은 기독교인들이 희귀하다는 사실은 한국 교회의 미성숙성을 보여 주는 잣대라 하겠다. 한편, 너무 드러나게 표 나게 지혜롭지 못하게 중세 교회의 전투적 십자군적 모습을 보이는 경우도 있는데, 그것도 역시 성숙한 모습으로 볼 수 없다.

2011년 최근 들어 미국정부가 여러 가지로 힘든 북한과 여러모로 상대하는 것을 언론을 통해 듣게 된다. 북한의 관료들을 미국의 산업현장에 불러들여 북한이 다른 경제 사회로 나가길 기대하는 것을 본다. 전 미국 대통령 지미 카터로 하여금 북한을 방문하도록 하여 꽉 닫힌 관계, 북핵문제, 육자회담 등의 주제를 대화로 풀려 노력하는 것을 듣게 된다. 상대적으로 한국은 북한이 최소한 어느 수준으로 변화된 모습을 보이지 않으면 상대하지 않을 것을 몇 번이고 반복하여 다짐하고 있다. 다른 입장의 의견들을 듣지 않겠다는 다짐을 하는 것 같은 뉘앙스도 동시에 주는 모습을 한국 정부는 제시한다.

어쨌든 각자 다른 정부의 길이 있겠지만, 여기서 생각이 드는 점이 있다. 미국정부가 훨씬 기독교적 태도를 보이고 있다는 사실이다. 정말 상대하기도 싫고 예측불허의 정치집단인 북한을 우리보다는 다른 민족인 미국이 더 참고 인내하며 다 각도로 길을 열려고 노력하는 태도는 그야말로 '사랑은 오래 참고'(고전 13장)를 실천하는 정치를 느끼게 한다는 점이다. 정치든 경제든 성경의 원리를 삶으로 녹여 풀어내는 성숙성을 미국이 보여 주고 있다고 생각한다.[88] 이러한 성경적 지혜를 평신도 설교자 미국의 카터뿐 아니라 한국의 장로 대통령도 발휘하였으면 하는 기대는 저자가 단순히 순진한 목사이기 때문만은 아닐 것이다.

한국 교회를 주목하며 두 가지 믿음을 생각한다. 하나는 수직적 믿음이며, 다른 하나는 수평적 믿음이다. 두 가지 믿음이 균형을 잡을 때 온전한 믿음이다.

수직적 믿음이란 하나님의 독생자 예수님을 통한 십자가의 용서와 부활의 영생을 믿는 믿음으로, 십자가의 하나님의 사랑을 받아들이는 믿음이다. 수평적 믿음이란 십자가의 사랑을 받아들여 그 사랑을 삶의 현장에서 구현할 때 새로운 사람으로 세상을 변화시킨다는 믿음이다. 누구든지 그리스도 안에 있을 때 새로운 피조물이 되고 능력을 소유하며 이미 천국의 삶을 맛보며 살게 된다는 확신이다. 어지러운 세상, 어두운 세상을 변화시키는 것은 하나님의 사랑이라는 믿음이다. 부르심 받은 소명의 사람으로 세상에서 하나님의 사랑을 실천하며 살아갈 때 하나님의 놀라운 통치가 세상에 드러나게 된다는 실천적 신앙이다.

문제는 구원은 십자가의 공로로 받았음을 믿지만 그 구원받은 자로서 세상에서의 소명에 무지하며, 세상을 단지 버림받은 세상으로 정죄하며 세상에서의 소금과 빛의 역할에 참여하지 않음이다. 세상을 향한 무관심과 무지, 나태와 방종에 빠져든 기독교인이 교회 안에 가득하다면 이는 교회의 비극이며 기형적 교회의 모습을 세상에 보여줄 수밖에 없게 된다. 최근 드러나는 한국 교회의 불미스러움은 바로 이 수평적 믿음의 결여 내지는 없음에서 파생한다 하겠다. 그런 맥락에서 한국 교회는 먼저 균형 잡힌 믿음을 인식해야 하며, 균형 잡힌 두 믿음이 오늘의 한국 교회를 바른 길로 나가게 할 것을 기억해야 할 것이다.

### 3) 다른 차원의 통일을 추구해야

현대인들은 빵만으로 살려고 하고 그 빵만을 삶의 모든 것으로 생각하고 그것을 위해 삶의 모든 에너지를 소모한 후, 탈진 상태에서 별생각 없이 21세기 IT산업에서 방출하는 모든 정보를 가감 없이 받아들이며 살아가는 물질의 노예가 되어 가고 있다. 고난스런 한반도의 분단을 극복하는 통일도 그들의 일상처럼 세상 관점으로 일견한 후, 먼 산 바라보는 듯하다. 종종 정치가들에게 눈길을 주며 그들이 언론을 통해 뱉어내는 몇 가지 정보를 자신의 것으로 하여 의식 있는 시민으로 행세한다. 그렇지만 정치적, 경제적, 군사적으로 추구되는 남북의 통일(Vereinigung)만으로는 한반도에서 진정한 하나됨(Einheit)에 이를 수 없다. 경제적으로 40배의 우월성과 강력한 군사력을 가진 한 쪽이 여러 면에서 약하고 모자라는 상대를 너그럽게 이해하고 포용하고 손에 손을 잡는 넉넉한 사랑에로 나아갈 수 있기 위해선 보다 다른 차원의 준비, 곧 정신적이고 영적 차원에서 구현되는 용서와 화해 그로 인해 자리잡는 평화, 샬롬에 주목해야 한다.

여기에 한반도의 통일을 위한 한국 교회의 역할은 너무도 중요하다. 독일통일에서 오늘에 이르기까지 문제로 부각된 '사람의 통일'은 한국 교회가 감당해야 할 부분이다. 그러기 위해선 보다 성숙된 한국 교회로 자라 21세기에 주어지는 한국 교회의 소명을 감당할 수 있어야 할 것이다. 무엇보다도 인간의 이념을 뛰어넘는 예수 십자가의 복음 위에 굳건히 서서 인간의 본질적인 문제인 분단을 성찰하고 그 분열을 극복하는 하나됨을 성경적으로 추구해야 한다. 예수님의 장성한 인격의 분량에 미친 성숙한 기독교인이 될 때, 창조적 소수자인 한국 교회는 세상의 소금과 빛의 역할을 통일시대에 감당하게 될 것이다.

전문가들은 북한이 김정은의 권력세습을 앞두고 북한에서는 공포정치를 강화하고, 남쪽을 향해서는 더욱 예측불허의 위험한 행동을 할 것으로 전망한다. 거기다 북한의 대륙간 탄도미사일은 시간이 갈수록 발전을 거듭하여 점점 세계의 평화를 위협하는 쪽으로 나아갈 것으로 예측한다. 머지않아 북한의 장거리 탄도미사일이 미국의 본토까지를 겨냥할 것으로 생각할 때 북한문제는 이제 태평양을 건너 세계의 문제로 현실화될 가능성이 미국 합참의장의 입을 통해 밝혀지고 있어, 북한을 통한 지구촌의 긴장은 고조될 것으로 보인다.

이러한 때 평화를 지키는 책임(peacekeeper)을 갖는 정부는 최선을 다해 외교적 역량을 발휘해야 할 것이고, 남북관계를 보다 긴밀하게 하여 국민의 평화와 안보를 지키는 데 있어도 최선의 정책을 찾아야 한다. 아울러 평화를 창출해야 할 사명(peacemaker)을 가진 교회가 할 일이 있는데, 예측불허의 북한을 그리스도의 십자가의 인내와 사랑으로 섬기고 돕고 봉사하며 그들의 아픔과 고난에 동참함으로 북한의 위정자들을 포함한 북한 동포를 감동시켜 그들의 무디어진 양심을 회복시켜 주는 일을 감당할 수 있어야 한다.

그리하여 세계만방을 향해 그리스도의 사랑의 위대한 힘을 깨우치는 데 갖은 사명을 다해야 할 것이다. 믿음이란 십자가의 사랑을 믿을 뿐 아니라, 굴곡이 많은 삶의 현장에서 그 사랑이 가져올 놀라운 열매들을 바라고 동시에 믿는 것이다. 20세기 말 뜻밖에 찾아온 독일의 통일은 전혀 정치적으로 기대할 수 없었다. 결국 사람들은 독일통일을 '조용한 개신교 혁명'으로까지 묘사하기에 이르렀다. 왜냐하면 동서독 분단하 서독 교회의 인내하는 사랑, 특별한 유대 관계, 성육신의 사랑의 실천, 실천적 대화, 이념을 초월한 복음적 사랑 구현, 루터 500주년 기념대회를 위시한 빈번한 동서 교회의 교류와 만남, 니콜라이교회의 촛불기도회가 거대한 역할을 하였음을 인식하였기 때문이다.[89]

### 4) 이미의 통일론

분단하에 한국 교회가 감당해야 할 역할은 정치를 뛰어넘고 이념을 초월하여 복음적 확신 속에서 오직 십자가의 사랑으로 배고픔, 추위, 질병, 인권유린으로 인해 죽어가는 2,400만 명의 이웃을 향해 순수한 사랑을 조건 없이 베푸는 일이다. 그럴 때 아직 땅은 분단이지만 그 분열을 넘어 하나 되는 통일을 벌써 맛보게 될 것이다. 적고 작은 통일의 맛보기들이 여기저기 우리 사이 축적될 때 남북의 불신과 반목질시, 싸움과 불화를 넘어 어느 순간 통일이 찾아올 것을 기대한다.

신학적으로 천국을 이야기할 때 이미(already)와 아직(not yet)의 천국으로 설명하듯이, '아직' 분단이지만 진정으로 한국 교회가 성령의 은혜로 예수님의 심정을 가지고 북한 동포를 사랑할 때 '이미'의 통일을 당겨 누리게 되고, 보다 자연스럽게 그 바라던 '아직'의 통일도 현실로 찾아오게 된다는 말이다. 기독교인은 천국시민으로서 이 땅에 살아도 천국을 맛보며 누려야 하듯이, 아직 휴전선이 남북 사이를 그리고 법이 서로를 가로막아도 기독교인은 이미 통일을 누릴 수 있어야 한다. '이미의 통일론'(the already Reunification theory) 또는 '선취통일론'(the theology of already Reunification)이야말로 한국 교회가 붙잡고 따라야 할 성경적 통일론이다.[90] 선취통일론은 남북이 이념적으로 정치적으로 여러 가지 이유 때문에 하나 될 수 없고 만날 수 없고 반목질시할 수밖에 없는 현실 가운데에서도 독일 교회가 가졌던 그 '특별한 유대 관계'를 가능하게 한다.

한국 정부가 교회의 본질을 이해하고 교회의 추구를 신뢰할 때 교회는 정부의 진정한 파트너로서 남북관계에 있어 의미 있는 역할을 감당하게 될 것이다. 엄격하게 말해 국가의 길과 교회의 길은 건강한 긴장 가운데 구별되고 달라야 한다. 정치의 추구는 권력쟁취에 있지만, 교회의 추구는 가난하게 되어 자신을 비우는 예수님 사랑의 구현에 있기 때문이다. 어떤 이유에서든지 한국 정부는 이제까지 남북관계에 있어 해왔던 독점적이며 독선적 태도를 버리고 교회를 소중한 파트너로 인정하는 원리적 사고를 시작해야 한다. 물론 교회가 마치 천상에 존재하는 것처럼 초월적이며 특권적 위치를 선점하려고 하는 것은 결코 아니다.

신학적으로 두 나라의 시민권을 가진 기독교인은 지상 국가의 위정자를 존경하며 국가의 역할을 인정하고 국가의 한 일원으로서 의무를 이해하며 마땅히 국가법을 준수해야 한다. 두 관계가 그렇게 칼로 두부 자르듯이 명료하게 구별되는 것은 아니지만, 분명한 점은 국가가 교회의 특수성을 인정하고 소중한 파트너로서 받아들일 때 성숙한 사회의 모습을 제시하게 된다. 그런 맥락에서 한국 교회는 분단하 주님의 소명을 따라 뜻 있는 역할을 구체적으로 감당해야 한다. 통일 후만을 수동적으로 기다리는 교회는 기회주의이며 주인에게 책망받아야 할 게으른 종이다. 힘든 남북관계에 있어 견지해야 할 한국 교회의 바른 성경적 태도와 실천은 한국 교회의 영적 성숙을 측정할 수 있는 바로미터가 될 것이다.

한국사회가 한국 교회를 존경하게 되는 전환점 내지 출발점이 있다면 민족의 한숨과 눈물인 분단을 극복하는 데 있어 드러나는 한국 교회의 바람직한 역할이라 하겠다. 실추된 한국 교회의 위상이 회복되기 위해선 21세기 하나님이 한국 교회에 부여하신 숙제, 곧 분단을 넘어 통일로 그리고 7,500만 민족이 미움을 넘어 용서와 화목으로 나아가는 데 맡겨주신 일에 순종할 때이다.

　1960년대 이후부터 한국 교회는 세계 교회사에서 유래를 찾아볼 수 없을 정도로 급성장하며 많은 축복을 받았다. 그렇지만 한국 교회는 고난당하는 이웃을 돌보는 일에는 소홀했다. 무엇보다도 민족의 최대 십자가인 남북의 분단을 과업으로 가져오는 일에는 반공을 내세우며 이념적으로 행동하며 성경의 명령에 순종하지 않았다. 이제 한국 교회는 보다 성숙한 교회로서 21세기 하나님의 시간 통일 카이로스가 가까이 옴을 인식하며 그 누구도 쉽게 짊어지지 않으려는 십자가인 분단을 자신을 부인하며 기꺼이 지고 예수님을 따르는 교회로 거듭나야 할 것이다. 기도로, 마음으로, 물질로도, 시간으로도 분단의 십자가를 감당하여 하나님이 한국 교회에 주신 복을 어두운 세상에 돌려주는 사랑의 실천을 구체화해야 하겠다. 그럴 때 한반도는 분단을 넘어서는 하나됨으로 나아가게 될 것이다. 땅의 분단이어도 좋고, 법의 분단이어도 문제될 것이 없는 것은 한국 교회가 휴전선을 넘어, 법을 넘어 그리스도의 초월적 사랑을 구현해 낼 때이다.

　어설프지만 한국 교회가 이렇게 선취통일론을 구현할 때, 하나님은 남북이 하나 되는 통일을 주실 뿐 아니라, 통일 한국에 세계가 놀라고 환호하는 거대한 새 일을 부여하실 것을 기대한다. 그것은 한국 교회에 주어지는 일로 예수님의 최대 지상명령을 성취하는 그 어떤 일일 것임이 틀림없다! 그것은 또한 다시 오실 우리 주님의 재림과도 어떤 점으로도 상관될 것을 기대한다.

## 참고문헌

앨리스터 맥그래스. 『기독교, 그 위험한 사상의 역사』.
　　　(*Christianty's Dangerous Idea*). 서울: 국제제자훈련원, 2010.
존 스토트. 『균형 잡힌 기독교』. 정지영 역. 서울: 새물결플러스, 2011.
주도홍. 『독일 통일에 기여한 독일 교회 이야기』. 서울: CLC, 1999.
_____. 『통일, 그 이후』. 서울: IVP, 2006.
Alister McGrath. *Evangelicalism & the Future of Christianity*.
　　　Inter Varsity Press, 1995.

이미의 통일론

Road of the Korean Church to the National Unification

# 통일로 향하는 교회의 길

새 계명을 너희에게 주노니 서로 사랑하라
이로써 모든 사람이 너희가 내 제자인줄 알리라(요 13:34-35).

7 장

# 선언문으로 본 한국 교회의 통일운동

## 1. 머리말

한국 기독교는 정치적으로 보수적 경향을 보인다. 북한에서 온 분들이 아직 한국 교계에 큰 영향을 끼치고 있다. 그분들은 젊었을 때 북한에서 당한 체험을 극복하지 못하고 있다. 6.25 세대가 여태 이런 분위기에 영향을 끼치고 있다. 최근의 대형 집회에 앞장선 보수적인 분들은 6.25으로 인한 반공이데올로기에 깊이 젖어 있다고 본다. 이해는 하지만 이런 분들은 사회 참여를 조금 늦게 한 것은 아닌가 생각된다. 민주화 운동이 활발하게 전개될 때부터 비판적인 태도를 취했더라면 좋을 뻔했다. 또 아쉬운 것은 그분들의 현실 인식이 좀 잘못되어 있는 것은 아닌지 생각한다. 북한에 대해서 아직까지 과도하게 부정적으로 본다. 북한이 그분들이 두려워할 만큼 두려운 상대는 아니다. 그리고 미국이 더 도덕적인 나라도 아니다. 그런 점에서 그분들의 입장은 비현실적이다. 그리고 기독교와 정치의 관계에 대해서 신학적으로 좀 잘못되어 있다는 느낌이다. 기독교의 입장에서 선지자적인 역할은 정의와 도덕의 문제에 관심을 두어야 한다. 이념 문제에 집중되는 것은 옳지 않다고 본다. 그런 점이 아쉽다.[91]

동족상잔의 6.25의 결과물인 군인 250만 명과 민간인 350만 명의 죽음, 300만 명의 피난민과 1,000만 명의 이산가족의 멍든 가슴을 뒤로 한 채, 21세기 세계 유일한 분단국 대한민국은 여전히 냉전시대 쓰라린 상처를 적나라하게 보여 주고 있다.

한국 교회는 '1907년 어게인'을 구호로 열심히 외치지만, 100년 전 1907년 대부흥운동의 역사적 현장이었던 평양, 북한 땅에 대한 이해는 추상적이고 심지어는 낭만적이기까지 하다. 그때와는 전혀 다른 비참한 상황에 처해 있지만, 마치 그때와 동일한 상황에 평양성이 처해있는 것처럼 착각이 들 정도로 그저 '부흥 어게인'만을 앞뒤 가리지 않는 철부지처럼 외쳐댄다. 100주년이 되었기에 또 다시 부흥을 달라고 억지를 부리는 것 같기에, 이성적이지 않고, 역사의식이 없는 교회로 비쳐지기도 하다.

오늘날, 1907년 부흥운동을 말하려면 최소한 그때와는 전혀 다른 현재의 분단 상황을 그리고 그것을 극복하는 통일에 대한 언급이 있어야 함이 당연할 것이다. 그럴 때 한국 교회는 부흥을 외치기 전 한반도의 분단 상황을 직시하며 미어지는 가슴을 부여잡고 회개의 눈물을 흘리게 될 것이다. '제2의 예루살렘' 평양을 왜 한국 교회는 신앙과는 상관없이 저렇게 무신론주의의 붉은 장막 속에 방치하게 되었는지를 조금만 생각해도 그렇다. 이 장에서 저자는 한국 교회의 이름으로 제시된 통일론에 대해 주목하고자 한다. 무엇보다도 한국 교회의 이름으로 발표된 대표적 통일선언을 중심으로 평가하며 정리할 것이다.[92] 논문의 추구를 몇 가지로 구체화하면 다음과 같다.

먼저 민족의 분단에 대한 이해가 얼마나 진지한지, 이는 기독교적 사랑이라는 맥락에서 분단의 아픔을 어떻게 이해하는지 살펴볼 것이다. 아울러 반공주의가 통일론에 어떤 영향을 미치고 있는지에 대해서 확인하는 일에 긴장을 놓치지 않을 것이다. 또한 한반도의 분단 상황과 그를 극복하고자 하는 의지가 얼마나 성경에 근거를 두고 있는지를 확인하는 작업도 긴밀하게 요청된다 하겠다. 그러니까, 평화의 사도로 부르심 받은 예수의 몸된 교회가 얼마나 그 부르심에 성경적으로 충실하고 있는지를 분단이라는 역사적 상황에서 확인하고자 한다. 즉 과연 텍스트인 성경에 입각한 통일신학을 가지고 있는가 하는 물음을 던지는 것이다. 그런 후에 한국 교회의 현실적 통일인식을 평가하고, 그것을 바탕으로 나름대로의 제안을 시도할 것이다.

저자의 제안은 분단하 독일 교회, 통일 후 독일 교회의 교훈이 우리에게 어느 정도 아이디어를 줄 것을 또한 조심스럽게 기대하며 이루어질 것이다. 분단하 독일 교회가 확립했던 '섬김의 신학'(diakonische Theologie)에 주목하려 한다.[93]

## 2. 한국 교회의 통일운동

　세계 신학계의 조류를 타고 그리고 국내 정치적 상황의 변화에 힘입어, 1980년대 후반에 들어서야 비로소 한국 교회는 한반도의 분단을 직시하며, 통일에 대한 입장을 제시한다. 예외도 있지만, 이전까지 한국 교회는 거의 대부분 역대 정권의 성향에 따라 중심 없이 편향적으로 움직였다. 이승만 정권하에서 교회의 통일론은 친정부의 성향을 보였으며, 특히 한국동란 이후 더욱 강화된 반공정책을 그대로 따랐다. 1960년 이후 박정희 정권하에서 교회의 통일논의는 수동적이었고, 정교분리 원칙을 내세우며 많은 불의를 목격하면서도 침묵과 방관으로 일관했다. 1970년 7.4공동선언은 한국 교회에 북한선교의 가능성을 보여 주었을 뿐 열매는 없었다.

　그러던 중 비로소 1988년 한국기독교교회협의회의 '88선언'은 잠자는 한국 교회를 깨우는 촉매제가 되었다. 진보와 보수를 떠나 한국 교회는 88선언에 뜨거운 반향을, 부정적이든지 긍정적이든지, 각자의 입장에서 보이면서 한반도의 분단과 그를 극복하고자 하는 통일을 논의 주제로 가져오기 시작했다.[94] 1993년 군사정권의 종식과 김영삼 문민정부의 등장은 한국 교회의 통일운동의 역사에서 새로운 희망을 보여 주었는데, 보수와 진보를 뛰어넘어 어려움에 처한 북한을 돕자는 취지로 복음주의권이 주도적이 되어 '남북나눔운동'을 시작하였다.

　1994년은 보다 의미 있는 해로 평가할 수 있는데, 그 이유는 '1994년 한국 기독교인 통일선언'이 나름대로 그 의미가 크기 때문이다. 9개

항목으로 이루어진 조금은 간단한 선언이지만, 그 의미를 과소평가할 수 없는 이유는 오늘에 논의되고 강조되는 중요한 입장들이 포괄적으로 제시되고 있기 때문이다.[95] 그러다 1996년 한기총의 96선언이 등장하였는데, 이는 한국기독교교회협의회의 88선언을 염두에 둔 보수교회의 통일론으로 평가할 수 있을 것이다. 그러다 1998년 김대중 정부의 출현은 2000년 6.15 공동선언을 계기로 비로소 한국 교회는 통일을 향한 열린 입장을 외형적으로 노골화하는 새로운 시대로 진입하게 되었다.

그럼에도 오늘 한국 교회의 통일인식을 다섯 가지로 평가할 수 있다.

① 부끄러운 과거를 묻어두고 가려는 한국 교회의 어정쩡한 태도
② 여전히 소수운동으로 치우쳐 있는 통일운동
③ 한국 교회의 통일론을 정립하기 위한 전문연구의 부족
④ 반공이데올로기에 갇힌 복음능력에 대한 확신의 결여
⑤ 성경적 통일관의 빈약 내지는 결여[96]

## 3. 민족의 통일과 평화에 대한 한국 기독교회 선언(1988년)

한국기독교교회협의회의 이름으로 1988년 2월 29일 발표된 '민족의 통일과 평화에 대한 한국 기독교회 선언'(이하, '88선언')은 '한국 교회의 통일에 관한 첫 번째 공식 입장 표명'으로 그 역사적 의미를 평가할 수 있다.[97] 그렇다면 1945년 분단 이후 43년 동안 한국 교회가 공식적 입장을

내놓지 않았다는 말인데, 참으로 긴 침묵이었다 하겠다. 여러 가지 이유가 있겠지만, 후대에 어떻게 그 긴 침묵을 설명해야 할지 조금은 답답한 심정이 앞선다.

크게 6부로 이루어진 '88선언'은 많은 수고와 노력을 들인 선언임을 한 눈에 알게끔 여러 면에서 치밀하고, 탁월하다. 물론 당시 동병상련의 분단의 아픔을 가지고 있던 독일 교회와의 형제적 교감과 우정어린 권면에 의해, 분단을 넘어서는 통일이 교회의 과제라는 새로운 인식을 갖게 되어 본격적인 통일문제 연구 기관이 1982년부터 등장했지만, 정권의 탄압에 의해 본격적인 연구는 1985년부터 가능하였다. 연인원 350명이 모여 눈물로 기도하면서 민족의 문제를 의논하며, 죄과를 회개하고, 모든 과정이 공개된 가운데 비가맹 교단, 여당 그리고 야당의 전문 인사들, 사회과학자들, 성서학자들의 자문, 청년과 여성들의 의견도 폭넓게 수렴하면서 "민족 역사의 새 장을 열기 위해서 연구와 토론을 쌓아 왔다."[98] 그 결과 시작한 지 7년 만에 결실을 맺어 군사독재 정권의 탄압 하에서 1988년 '88선언'이 빛을 보았다.

이만열은 '88선언'을 '분단 시대에 한국 기독교가 남긴 가장 중요한 문건의 하나로' 기꺼이 그 의미를 부여하는데, 그 이유는 무엇보다도 '88선언'이 갖는 '죄과고백' 때문이다.[99] '88선언'의 3부 "분단과 증오에 대한 죄과고백"은 크게 두 가지로 이루어져 있다.

첫째, 냉전체제의 대립이 빚은 구조적 죄악의 결과인 "분단으로 인하여 우리는 '네 이웃을 네 몸같이 사랑하라'는 하나님의 계명(참조. 마 22:37-40)을 어기는 죄를 범해 왔다"는 것과 "그 죄악을 정치와 이념의 이름으로 오히려 정당화하는 이중의 죄를 범하여 왔다"고 정말 과격하리만큼 솔직히 고백한다.[100] 후자는 죄과고백의 두 번째 부분에서도 반복되고 있다. "특히 남한의 기독교인들은 반공 이데올로기를 종교적인 신념처럼 우상화하여 북한공산 정권을 적개시한 나머지 북한 동포들과 우리와 이념을 달리하는 동포들을 저주하기까지 하는 죄(요 13:14-15; 4:20-21)를 범했음을 고백한다."

둘째, 분단의 역사적 과정에서의 침묵, 자주적 민족통일의 흐름을 외면함, 분단을 정당화 함, 체제가 강요하는 이념을 절대적인 것으로 하고, 하나님의 뜻을 따르지 아니함을 죄악으로 고백한다. 더 나아가 북한 동포들의 고통에 무관심한 죄 그리고 "그들의 아픔을 그리스도의 사랑으로 치유하지 못한 죄"를 철저하게 내어 놓는다(참조. 요 13:17).[101] 그런 맥락에서 '88선언'은 제5부 "분단으로 인한 상처의 치유를 위하여"에서 남북 정부를 향한 구체적 건의를 잊지 않는다.

> 무엇보다도 먼저 지난 40여 년간 분단체제에서 온갖 고생을 겪으면서 희생되어온 이산가족들이 다시 만나서 함께 살 수 있도록 해야 하며, 어느 곳에서든지 당사자들이 살기 원하는 곳으로 자유롭게 옮겨 살 수 있도록 보장하여야 한다.[102]

이러한 건의가 얼마나 실현 가능성이 있다고 예측하였는지는 모르지만, 그만큼 이산가족의 마음의 고통과 한을 이해하려 한 점은 그리스도의 사랑이라는 면에서 그 자체로 의미를 가질 뿐 아니라, 회개와 변화라는 관점에서도 바라볼 수 있겠다. '88선언'은 A4 총 6쪽으로 무려 32회의 성경 인용으로 가득한데, '88선언'이 성경적 근거를 가지고 있음을 제시하기 위해 매우 고심했음을 깨닫게 한다.

특히 반쪽으로 이루어진 '88선언'의 머리말에는 무려 13회의 성경 인용으로 가득할 뿐 아니라, "남북의 정부 책임자들과 우리 민족 모두에게 기도하는 마음으로 이것을 호소"함을 볼 때 옷깃을 여미는 경외감마저 들 정도이다. 왜 통일인가라고 물을 때, '88선언'은 성경적 근거를 대며 대답한다.

> 이제 우리 한국 교회는 기독교인들 모두가 평화를 위하여 일하는 사도로 부르심을 받았음(골 3:15)을 믿으며, 같은 피를 나눈 한 겨레가 남북으로 갈라져 서로 대립하고 있는 오늘의 이 현실을 극복하여 통일과 평화를 이루는 일이 한국 교회에 내리는 하나님의 명령이며, 우리가 감당해야 할 선교적 사명(마 5:23-24)임을 믿는다.[103]

더 나아가서 '88선언'은 분단을 극복하는 통일이 우리의 중요한 신앙의 문제임을 기본원칙으로 인식하고 있다. 아직도 수많은 한국 교회의 지도자들이 통일문제가 정치가들의 독점물로 인식하고, 통일을 이야기할 때 반정부 인사정도로 치부하는 수구적 태도를 보이는 것은 안타까움을 금할 수 없다.

> 정의롭고 평화로운 하나님의 나라가 임하도록 우리 기독교인들은

평화와 화해의 복음(엡 2:14-17)을 실천해야 하며, 동족의 고통스러운 삶에 동참해야 한다. 이 일을 감당하는 것이 곧 민족의 화해와 통일을 이룩하는데 있으므로 우리는 통일에 대한 관심과 노력이 바로 신앙의 문제임을 인식한다.[104]

사회주의 이데올로기와 성경적 관점의 연관을 '88선언'은 역사적 사실을 언급하며 다양하게 보여준다. 먼저, 2부 '분단의 현실'에서 이데올로기를 통한 고통과 실상을 객관적으로 묘사하려 노력한다.

6·25를 전후로 하여 북한공산 정권과 대립했던 북한의 기독교인들은 수난과 죽음을 겪어야 했으며, 수십만의 북한 기독교인들이 납치되었고, 참혹하게 처형되기도 했다. 한편 공산주의 동조자들은 이념 전쟁의 제물이 되었고, '부역자'라는 명목으로 사회에서 매장을 당하지 않으면 안 되었다.…분단이 고착화되는 과정에서 북한공산 정권에 대하여 깊고 오랜 불신과 뼈에 사무치는 적개심을 그대로 지닌 채 반공 이데올로기에 맹목적으로 집착해 왔다.[105]

그러면서도 추상적인 믿음이 제시되기도 하는데, 북한 체제하에서 어떤 모습의 신앙생활이 가능할 수 있는지를 염두에 둘 때, "우리는 예수 그리스도가 '평화의 주'(골 1:20)이심을 믿으며, 하나님의 인간구원과 해방을 위한 선교사역이 우리와 이념과 체제가 다른 사회 속에서도 이루어지고 있음을 믿는다"[106]는 신앙은 현실성과 적중력이 떨어지는 순진한

(naive) 고백이라 하겠다.

또한 '88선언'은 1995년을 '평화와 통일의 희년'으로 선포하면서 한국 교회를 향해 '민족통일의 역사적, 신학적 당위성을 인식하게 하는 통일교육을 촉진'시킬 것과 '기독교 신앙에 대한 신학적 성찰과 결단을 통하여 공산주의 이데올로기에 대한 학문적 이해를 넓히고, 이념적인 대화에 필요한 이데올로기의 연구와 교육을 촉진'시킬 것을 한국 교회의 감정적 반공주의를 기억하며 제시한다.[107]

### 1) 평가

1945년 남북의 분단 이후 한국 교회 최초의 선언인, '88선언'은 양과 질에 있어서도 타의 추종을 불허한다. '88선언'의 작성에 독일 교회의 도움도 큰 역할을 했는데, 특히 죄과고백 부분은 많은 면에서 독일 교회의 아이디어를 가져오지 않았을까를 추측하게 한다. 동서독의 분단을 이야기 할 때, 히틀러 당시 독일 교회(Deutsche Christen)의 무서운 죄과는 사실 상상을 초월했다. 그 중 한 가지만을 말하면, 독일 교회는 히틀러를 향해 "그리스도는 아돌프 히틀러를 통해 우리에게 왔다"고 하면서 히틀러를 독일 구세주(Der Deutsche Christus)로 고백했을 정도였다.[108]

이러한 맥락에서 독일 교회의 죄과고백은 '88선언'에 많은 아이디어를 주었을 것이 분명하다. 그럼에도 '88선언'의 죄과고백에서는 일반적으로 분단의 책임을 과거 한국 교회의 죄책의 결과로 고백하는 식의 회개는 보이지 않음이 특이하다. '88선언'의 성립과정에서 분명 이에 대한 언급이 있었을 법한데 빠져있다.

여기서 분명한 차이를 보이는데, '88선언'은 분단을 '냉전체제의 대립이 빚은 구조악의 결과'로서 이해하는 반면, 한기총을 위시한 복음주의 교회는 일제 시대 한국 교회가 가결한 신사참배의 우상숭배와 불신앙을 분단의 원인으로 고백한다.[109] 그러나 도리어, '88선언'은 한국 교회가 일제하 "민족말살정책에 저항하였고, 국가주의를 종교화한 일제의 신사참배 강요에 항거하여 순교의 피를 흘렸다"라고 한국 교회의 '자랑스러운' 역사를 제시한다.

어떤 의미에서 양쪽 다 맞다 할 수도 있고, 양쪽 다 틀리다 할 수 있을 것이다. 신사참배를 반대하다 순교한 인물들이 한국 교회의 역사에는 분명 존재했기 때문이며, 다르게는 한국 교회가 일제하 신사참배를 정당한 것으로 가결했기 때문이다. 한쪽은 긍정적인 역사를 자랑스럽게 내세우고, 다른 쪽은 그럼에도 불구하고 부끄러운 역사를 들추어내며 하나님의 긍휼을 구하는 회개를 선택한다.

'88선언'의 회개는 남북분단하 "동족을 미워하고 속이고 살인하였고, 그 죄악을 정치와 이념의 이름으로 오히려 정당화하는 이중의 죄"에 초점을 맞추고 있다. 이러한 회개를 한기총을 위시한 복음주의권의 죄과고백에서는 전혀 찾아볼 수 없는 것 또한 특이하다. 결국 서로 다른 죄악을 내어놓고 있다는 사실이다. 이 말은 죄악을 보는 관점이 서로 같지 않다는 말이 된다. 아니면, '우리의 죄'가 아니라, 너희의 죄를 회개하라는 식의 정죄도 은연 중 들어 있지 않은지 하는 의구심까지도 갖게 한다. 풀어 말하면, "공산주의자들을 미워하는 것이 어떻게 죄가 되느냐?"식의 항변에 회개를 요구하고 있으며, "신사참배를 가결한 너희는 회개하라"는 말에 "잘못은 있지만, 그것이 분단을 가져올 만큼 큰 민족적 과오인가?"식의 항변을 하고 있는 듯하다.

## 4. 1994 한국 기독교인 통일선언

1994년 2월 19일 '1994 한국 기독교인 선언'(약칭, 94선언)이 발표되었다. 주로 복음주의권의 학자들로 구성된 '기독교학문연구회'와 '기독교대학설립동역회'가 공동으로 주관한 '민족통일과 한국 기독교'를 주제로 한 학술회의를 2월 18일, 19일 성황리에 개최한 후, 참여 단체들이었던 7개 단체, 곧 기독교학문연구회, 기독교대학설립동역자회, 한국기독교역사연구소, 기독교윤리실천운동, 학원복음화협의회, 아시아미션, 남북나눔운동의 이름으로 발표되었다.

당시 학술회의에서 발표된 글들이 이만열의 머리말과 함께 『민족통일과 한국 기독교』라는 제목으로 발간되었는데, 이 책의 말미에 이 선언이 실려 있다. 책의 목차를 일견하면 제1부는 '민족통일과 기독교적 시각', 제2부는 '통일운동과 기독교', 제3부는 '민족통일의 실제'로 나누어져 있고, 당시 학술대회에서 홍정길 목사가 설교를, 한완상, 조동진, 강영안, 김영한, 허문영, 이흥용, 백종국, 김병로가 발제를 맡았으며, 고왕인, 고세훈, 박균성, 김중석이 토론에 참여하고 있다.[110] 그러니까, '94선언'은 양일간의 학술대회를 마감하면서 발표된 것으로 앞에 언급한 대부분의 복음주의권의 기독교인들의 통일선언으로 제시된 것으로 이해할 수 있겠다. 어떻게 선언 작성과정이 이루어졌는지에 대해서는 언급이 없지만, 앞에 언급한 인사들의 면면을 살펴볼 때 나름대로의 합의과정이 있었을 것으로 생각한다.

'94선언'은 두 단락으로 이루어진 짤막한 들어가는 말이 있은 후, 9항목으로 "한민족의 평화로운 통일이야말로 우리가 앞장서야 할 시대적 소명임을 절감하고 기도하는 마음으로…다짐한다."[111] 이 다짐은 여전히 긴장이 가시지 않은 한반도의 현실인식을 바탕으로 기독교인의 '죄과고백'과 민족의 상처를 향한 치유로의 '소명'을 전제로 하고 있다. '94선언'의 전반부가 보여 주고 있는 긍정적인 점을 일곱 가지로 제시할 수 있다.

① 민족의 평화 통일이야말로 기독교인이 앞장서야 할 시대적 소명으로 인식하고 함께 모인 점이다.
② 한국의 기독교인들이 한반도 분단에 어떤 모습으로든지 동참한 점에 대한 죄과 인식이다.
③ 서구 선진국과 어깨를 나란히 할 정도의 대한민국의 성장에 대한 감사를 잊지 않는 것이다.
④ 대립과 긴장이 가시지 않은 안타까운 한반도의 현실 인식이다.
⑤ 분단으로 인한 민족의 상처치유를 위해 부르심 받은 기독교인이라는 점이다.
⑥ 평화 통일은 기독교인의 시대적 소명으로 인식함이다.
⑦ 겸손하게 하나님의 뜻을 찾는 기도가 동반된 '다짐'으로 동 선언을

채택한 점이다.

'94선언'의 특이성은 앞에 언급한 마지막 여섯째 부분이라 할 수 있는데, 일반적 선언문이 보여 주지 않은 전개방식으로, 곧 "기도하는 마음으로 다음과 같이 다짐한다"는 부분이다. 그냥 지나칠 수도 있지만, 이 부분은 '94선언' 당사자들의 통일관을 보여 주는 부분이다. 그렇다고 그저 경건하고 신앙적 선언을 채택했다고 단언해서도 안 된다. 신앙적이면서도 사실은 현실적인 선언이다. 분열을 극복하는 통일은 분명 우리가 노력해야 하지만, 하나님의 간섭이 있어야 한다는 사실에 대한 고백이 드러나고 있다.

한반도의 분단처럼 독일통일도 그 누구도 예측할 수 없는 일이 벌어진 것이다. 그러기에 선언의 제1항에서 가장 먼저 "한민족의 통일이 하나님의 섭리와 자비로운 손길에 달려 있음을 고백"함을 잊지 않고 있다. 사람들의 노력이 그리고 선하신 하나님의 뜻이 나타날 수 있도록 겸손한 기도를 잃지 않은 자세가 '94선언'에서 나름대로 균형을 갖추어 제시되고 있다. 이러한 면이 기독교인의 선언과 일반인의 선언의 차이가 아닐까 생각한다.

그럼에도 '한반도의 비극적 역사에 동참한 자로서 책임을 인식하고' 이루어진 '죄과고백'이 너무도 두루뭉술하게 간단하게 지나치고 있음은 아쉬움으로 남는다. 한국 교회 내지는 기독교인이 어떻게 한반도의 비극적 역사에 동참했는지에 대해 조금이라도 구체적 언급이 있었어야만 했다. 선언을 향한 성급함 때문에 또는 죄과를 구체화하기에는 쑥스러움이 앞섬 때문인지 그저 체면치레 정도로 그치는 감이 없지 않다. 아니면, '88선언'에서 이미 지적하였듯이 서로 다른 죄과고백을 인식한 후, 그 어떤 죄악을 첨예하게 내어 놓을 수 없는 입장을 반영하고 있는지도 모르겠다.[112] 어쨌든 분명한 역사의식과 현실인식을 바탕으로 할 때만이 미래를 향한 바른 행동과 비전이 가능하다고 볼 때, '94선언'은 미완성의 출발을 보인다. 물론 "서로 다 아는 일을 전제로 하고 있기에 굳이 언급할 필요가 있겠는가?"하는 이의가 가능하겠지만, '94선언'만을 떼어놓고 볼 때 후일 역사가 어떻게 이해할지 자못 조바심이 앞선다.

'94선언'의 마지막 9항에서 "그동안 한국 교회가 민족통일에 소극적이었으며 오히려 분단을 당연시 한 채 안주하려 했던 점을 회개하면서" 한국 교회의 죄과를 언급하고 있지만 여전히 아쉬움을 남긴다.[113] 이러한 맥락에서 '94선언'의 후속편이 체계적인 준비과정을 거쳐 새로운 시대 새로운 모습과 내용으로 나올 수 있기를 기대한다.

'94선언'은 총 9항목으로 제시된다. 1993년 김영삼 문민정권이 출현하였음에도 여전히 어두운 군부독재시절의 기억을 떨치지 못한 채 제시되는 선언임을 3-5항에서 확인한다. 4항의 "남북 정부가 민족통일의 범민족적 성격을 깨달아 통일의 통로를 독점하거나 압제하려는 일체의 태도를 버리고", 5항의 "민주화가 민족의 평화 통일을 위한 필수적인 조건임을 인식"함 이 아직 추운 정치적 겨울을 벗어나지 못한 채 '94선언'이 조금은 용기 있게 제시되고 있음을 확인하게 된다. 이러한 차가운 정치적 현실이 아직 물러나지 않는 상황하에도 '94선언'의 굳은 결의는 나름대로의 평가를 요구한다.

통일의 대의를 이데올로기화하려는 어떤 시도도 반대하며, 평화 통일의 가장 큰 장애인 냉전적 반공주의의 경직성에서 벗어나야 한다고 믿는다(3항).

9항의 "그동안 한국 교회가…오히려 분단을 당연시 한 채 안주하려 했던 점"과도 상관지어 생각해 볼 수 있을 것 같다.[114] 특히 같은 해 1994년 5월 '한국기독교총연합회' 대표회장의 이름으로 발표된 '통일 및 북한선교를 위한 결의문'은 아예 이데올로기에 대한 언급이 없음을 확인할 때,[115] '94선언'은 분명 이 점에서 앞서가고 있다 하겠다. 어쨌든 여기서 하나의 의문을 가질 수 있는데, 그럼 통일이 이념도 초월한 채 최우선순위라는 말인가 하는 점이다.

"민족통일이 자유와 복지와 인권의 증진을 가져와야 한다고 믿으며 이에 배치되는 어떤 형태의 통일 시도도 바람직하지 않음을 확인한다"는 2항과 8항의 "성경이 우리에게 현실적 행동규범을 제공한다는 원칙을 확인하며…구체적 성경적 통일사회상을 제시하기 위한 노력한다"가 '94선언'의 이념적 배경을 보여준다.

6항 "통일을 위한…기독교인의 희생적 사랑"이 9항의 "검소와 절제에 기초한 남북나눔을 통하여 민족의 아픔을 줄여나가는 일에 앞장서고자" 함과 짝을 이루어 서로를 보완하고 있다. 그럼에도 '기독교인의 희생적 사랑'이 조금은 경제적이고 물질적인 부분에 치우친 점이 있는 듯하다. 보다 포괄적인 이해에 근거를 둔 성경적 사랑 그로 인한 남북통일에 있어서 기독교인의 희생적 사랑이 제시되었어야 하지 않은지….

1) 평가

'94선언'을 통해 이데올로기를 초월한 기독교인의 통일론이 기도하듯 겸손하게 제시되어 옷깃을 여미는 숙연함을 느낀다. 통일에 있어 하나님의 섭리를 믿으며, 기독교인의 노력도 균형 있게 요구한다. 냉전적 반공주의의 경직성을 직시하고, 성경을 기독교인의 행동규범으로 제시한다. 통일을 위한 기독교인의 희생적 사랑을 검소와 절제를 통해 구체화하기를 요청한다.

사반세기 가까운 23년이 지난 지금도 '94선언'은 여전히 상당 부분 그 의미를 갖는다. 그럼에도 아쉬운 점은 21세기에 들어 더욱 냉전적 이데올로기에 갇혀 있는 상당수 한국 교회의 현실은 '94선언'의 역사적 의미를 퇴색시키고 있다. 과연 그 이데올로기를 뛰어넘는 성경적 통일론이 무엇인지 '94선언'이 더욱 분명하게 제시하였더라면 하는 아쉬움이 남는다. '94선언'의 후속 판이 복음주의권에서 알찬 결실을 맺기를 기대한다.

## 5. 한국 교회의 통일정책 선언문(1996년)

1996년 12월 17일 한기총 49개 가맹교단 교단장과 13개 기관단체장 및 한기총 통일정책위원회 임원 전문위원 및 '한국 교회의 통일정책 선언' 공포를 위한 공개정책회의 참석자 의 이름으로 발표된 '한국 교회의 통일정책 선언문'(약칭, '96선언')은,[116] 1994년 5월 한기총 70개 교단장의 이름으로 '한반도 통일에 관한 우리의 입장'(약칭, '94입장')의 연장선에서 이해될 수 있다.[117]

먼저 '94입장'을 보면, 10항목으로 이루어진 입장을 제시하기 전, 간단하게 머리말이 제시되는데, 몇 가지로 감사와 더불어 회개를 전제로 한다. 특히 "우리는 같은 땅에 살면서도…전혀 다른 사상과 이념에 얽매어서 한 핏줄 한 형제의 가슴에 총부리를 겨누며 살아온 것을 회개"한다는 부분이 눈에 띈다.

4항의 "우리는 분단하에서 피차 적대적으로 인식되었던 형제에 대한 편견을 불식하고 그리스도 안에서 같은 믿음을 가지고 살아갈 것을 다짐한다"는 같은 연장선에서 이해할 수 있을 것이다.

'94입장'의 회개는 상당 부분 '88선언'과 중복되는 부분이 없지 않다. 그럼 '94입장'이 제시하는 이념에 얽매이지 않은 통일관은 무엇인지를 확인하게 되는데, 2항의 "우리의 통일은 민족 대단결의 정신에 기초하여 자주적이고 평화적으로 해결되어야 함" 이상 다른 무엇이 보이지 않는다. '민족 대단결의 정신'에 입각한 통일이 구체적으로 무엇을 의미하며, 성경과는 어떤 관계에 있는지 '개신교 70개 교단의 대표와 1,200만 성도'의 이름으로 발표된 '94입장'은 말이 없다.[118]

'96선언'은 통일을 "하나님으로부터 오는 은혜요, 우리가 이루어 가야 할 과제"로서 이해한다. '96선언' 역시 회개를 잃지 않는데, 조금은 다른 뉘앙스를 보여 주고 있다.

> 하나님과 민족 앞에서의 책임, 특히 통일을 위한 기독교인으로서의

사명을 다하지 못했음을 솔직히 고백하고 회개한다.[119]

과연 '솔직히 고백하고 회개'해야 할 죄과가 이것일까를 생각하게 되는 대목이다. 차라리 공산 치하에서 고생하는 북한 동포들을 이념에 얽매어서 어떻게라도 그리스도의 심정으로 사랑하지 못한 점, 1,000만 이산가족의 아픔을 한국 교회가 적극적으로 참여하지 못하고, 외면한 점도 '솔직히 고백하고 회개'해야 되지 않을까 묻게 된다.

'94입장'과 '96선언'을 함께 묶어 생각할 수 있겠으나, 과거의 잘못을 어정쩡하게 대충 넘기려는 태도를 지적하지 않을 수 없다. 그래도 감사한 것은 '96선언'이 1,000만 이산가족의 아픔에 동참하며 어려움에 처한 북한 동포를 돕기 위해, "인도적 차원에서 남북 이산가족의 문제를 최우선적으로 해결해야 하며"(9항), "북한 기독교인들과 교회를 돕는 사업뿐 아니라, 북한 동포 돕기 운동이나 탈북동포 지원 사업"을(16항) 적극적으로 참여하기로 결의한 점이다. 분단 50년이 지나서야 공산주의에 당한 쓰라린 아픔과 기억을 조금씩 뒤로하며, 이제 이념을 초월하여 그리스도의 사랑으로 북한을 바라보게 되었다. 이는 50년의 치유의 기간을 뒤로한 새로운 출발을 보여준다고 평가할 수 있을 것이다.

'96선언'의 통일관의 근간은 1항의 "하나님의 공의와 사랑이 지배하는 민족공동체"로서의 통일 한국과 7항의 "하나님의 뜻과 방법에 부합하는 통일"을 제시하는데, 보다 성경적으로 제시할 수 있었을 것인데 하는 아쉬움이 남는다. '88선언'과 비교할 때, '96선언'은 양과[120] 질에 있어서 많이 부족한 생각이 든다. 성경 인용 구절이 전무한 '96선언'은 32

회의 수많은 신구약 성경구절을 제시하는 '88선언'에 비해 무성의하고 초라하기까지 하다.

'96선언' 스스로가 말하는바 "우리 기독교계의 통일에 대한 열정을 재확인하고, 1,200만 성도를 대변하는 한국 교회의 통일정책 선언"의 수준에는 훨씬 미치지 못함이 금방 눈에 드러난다. 마치 구호는 있으나 내용은 없는 식이 되어서는 안 되겠다. '96선언'이 말하는바 "맹목적 통일 지상주의를 거부하고, 하나님의 뜻과 방법에 부합하는 통일을 추구"(7항)하기 위해 더욱 성경적이고, 전문적인 치밀한 복음주의권의 통일론이 제시되어야 할 것이다.

그럼에도 확실하게 '96선언'에서 '88선언'과 차별화되는 내용은 통일 후 또는 통일 한국에 대한 언급이 절대적인 부분을 차지하고 있는 점이다. 그러니까, 통일이 "하나님의 은혜로 우리에게 주어지고 있으므로 우리의 믿음의 화답이 필요하다"(머리말)는 관점이 두드러지고 있는 점이다. 한기총 '96선언'의 이러한 모습은 1995년 설립된 '북한 교회 재건위원회'와 함께 당시 머지 않은 북한의 붕괴 시나리오를 반영하고 있었던 것으로 생각한다.[121]

1) 평가

'96선언'은 통일을 준비하기 위한 선언이라기보다는 하나님의 은혜로 주어진 통일 후 통일 한국을 준비하기 위한 선언으로 보아도 무방하다. 물론 '96선언'이 통일을 "하나님의 은혜요, 우리가 이루어가야 할 과제"로 인식함에도, "통일과 평화를 이루는 일이 한국 교회에 내리는 하나님의 명령이며, 우리가 감당해야 할 선교적 사명"으로 보는 '88선언'의 인식과는 확실한 차이를 보인다. 감사한 것은 '96선언'이 지난 시절 한국 교회가 어쩔 수 없이 지녔던 북한을 향한 감정적 반공주의를 경계하며, 북한 동족을 향한 그리스도적 사랑의 표현을 공개화하고 있는 점이다.

'통일을 위한 기독교인의 사명'을 인식하며, 실천과제로서 기독교인들이 "통일운동에 선도적 책임을 다하며, 통일을 위한 교회교육 강화"를 다짐함은 '96선언'의 이 보여 주고 있는 통일을 향한 비전 제시로 소망스럽다. 그렇지만, '96선언'이 성경에 입각한 그 나름대로의 통일신학 내지는 통일론을 제시하지 않음은 후일 한국 복음주의 교회의 숙제로 남겨놓는다 치더라도, '88선언'과 비교하여 '96선언'이 한 구절의 성경도 인용하고 있지 않음을 어떻게 설명해야 할지 조금은 난감하다.

## 6. 한국기독교교회협의회 88선언 10주년 기념 선언문(1998년)

1998년 11월 9일 한국기독교교회협의회는 '88선언'의 10주년을 맞이하여 '한국기독교교회협의회 88선언 10주년 기념 선언문'(이후 약칭, '88기념선언')을 발표하였다.[122] '88기념선언'이 '88선언'의 수준에는 여러 가지 면에서 미치지 못하지만, 작성과정에 나름대로 수고를 들인 것을 보게 된다. '88선언'은 예수님의 첫 설교(눅 4:18-19)로 시작되었지만, '88기념선언'은 사랑과 나눔과 십자가의 길을 통한 '그리스도의 평화'(Pax

Christi)로 전환되는 사도행전으로 시작하고 있다.

"사도행전은 그리스도교의 세계화의 과정을 보여준다."[123] 동구권의 붕괴, 한국 '민주화의 새 역사' 등을 확인하며 새로운 시대를 향한 꿈틀거리는 비전이 '88기념선언'에 새롭게 제시되는 것을 느낀다. 통일에 대한 새로운 발전된 정의도 보게 된다.

> 우리는 분단된 국토와 정치 체제의 통합을 통일의 완성으로 보지 않는다. 그것은 통일의 한 과정, 곧 분단에서 온 왜곡된 현상의 극복이자 치유과정일 뿐이다.…증오와 대결이 아니라 상호존중과 공생으로 정복주의와 승리주의에서 공존과 공영으로 나아가는 공동체의 실현과정이 우리가 바라는 통일이다.[124]

게다가 '메시아적 공동체'를 추구하며 분단하 한국 교회는 이미의 통일세계를 열어나갈 것을 힘 있게 제안한다.

> 교회는 '메시아적 공동체'이다.…메시아적 공동체'는 아직 오지 않은 하나님의 나라를 미리 맛보며 사는 공동체, 미래를 현재로 사는 공동체이다. 아직 통일이 오지 않았지만, 이미 통일의 새 세계를 열어가며 사는 공동체이다. 그렇게 함으로써 남북교회는 남북의 모든 민중에게 소망을 줄 수 있어야 한다.[125]

'88기념선언'도 10년 전 '88선언'의 죄과고백을 떠올리며, 이제는

"한국 교회가 걸어 온 성장제일주의와 교파 우선주의를 통하여 잘못 걸어온 것을 깊이 고백"하며 회개하고, 유다 민족을 향한 예레미야의 외침을 부각시키면서 "과감하게 과거의 틀을 깨고 새로운 믿음과 지성으로 새 역사를 열어가야 할 것"을 요청한다. '88기념선언'은 회개에 대한 미래적이며 적극적 정의를 분단 상황 속에서 제시한다.

> 새로운 출발은 참된 회개에서 가능하다.…참된 회개는 분단의 현실과 분단구조 아래에서 발생하는 모든 문제를 근본에서부터 새로 볼 수 있는 시각과 가치를 발견하는 것이다. 이런 회개운동의 철저화가 전제되지 않고서 우리는 북한을 진정한 대화의 상대나 통일의 대상으로 볼 수 없을 것이다.[126]

회개를 통한 새로운 삶의 변화를 요청하고 있다. '88기념선언'은 보수와 진보를 떠나 이데올로기를 극복한 통일운동을 자신감 있게 추구한다. 물론 한국 교회가 진보와 보수를 뛰어넘어 북한의 수재피해를 함께 도왔던 경험이 자신감을 더하고 있는 듯하다.[127]

> 통일운동은 진보와 보수를 어우르는 대중적 연대운동이어야 한다.…우리의 의식과 현실을 오랫동안 지배해 온 '레드 콤플렉스'를 근본적으로 극복하며 버려야 한다. 그렇게 함으로써 우리는 훨씬 자유롭게 분단 체제를 예언자적으로 비판하며 새로운 통일의 역사를 열어갈 수 있을 것이다.[128]

새로운 새 천년을 향한 '그리스도의 평화'를 꿈꾸며 '88기념선언'은 사도행전의 초대 교회 소망을 불러일으키며 수사학적으로 대단원의 막을 내린다.

> 예수 그리스도의 오심으로 시작된 세계의 평화는 역사의 변두리에서, 소수의 기독교인들에 의해서, 나눔을 통해서 시작되었다. 우리는 지금 새천년을 바라보면서 아직도 분단된… 한반도에서 새 시대를 밝힐 평화의 작은 촛불을 켠다. 그러나 이 작은 불꽃이 마침내 횃불이 되어 어둠 속에 있는 사람들을 비추는 날이 올 때까지 희년의 노래를 부르며 예수 그리스도의 처음 제자들이 걸었던 길을 함께 갈 것이다.[129]

'88기념선언'은 사도행전 2:43-47의 말씀과 함께 새로운 통일 한국의 꿈을 제시하며 한 편의 설교처럼 선언을 마감한다.

1) 평가

'88 기념선언'은 '88선언'에 힘입은 바 크다. 여러 면에서 자신감으로 넘쳐날 뿐 아니라, 새로운 시대, 새로운 비전으로 충만하다. 진보와 보수를 어우르며, '레드 콤플렉스'에서 벗어나는 대중적 연대운동을 바람직한 통일운동으로 확신과 더불어 제시한다. 이러한 자신감은 한국 교회의 통일운동이 그 사이 어느 정도 서로 간 유대감과 성숙을 가져왔음을 보여 주는 긍정적 대목이기도 하다. 그 한 예가 '남북나눔운동'이라 하겠다. 통일에 대한 새로운 개념제시도 힘차고 확신에 넘친다. 마치 한 편의 통일설교를 보고 듣는 것 같은 착각을 들게 한다. 그만큼 '88기념선언'은 설교적이며, 역동적이고 수사적이다.

'88선언'만큼 수많은 성경구절의 제시는 없지만, 예레미야의 외침, '메시아적 공동체', 예수의 몸으로서의 화해자로서의 교회 사명, 사도행전의 초대 교회 공동체에 대한 서술이 한 편의 그림처럼 손에 잡히듯 생동감 넘치게 수사학적으로 그려지고 있다.

아쉬운 점은 가난과 어려움에 처한 북한 동포를 돕기 위한 구체적인 제안이 성의 있게 제시되지 못한 점인데, 경제적인 면에서 여러 가지로 어려운 한국기독교교회협의회에게 나름대로의 사정이 있을 것으로 생각한다.[130] 기념선언문으로서 '88기념선언'은 나름대로 그 의미를 가지지만, 이제 20주년을 1년 앞둔 시점에 현실에 입각하여 한국 교회를 움직일 수 있는 보편적 가치를 지닌 선언을 기대하게 한다.

## 7. 독일 교회의 통일신학

이제 조금은 무대를 바꿔 분단하 독일 교회의 통일신학을 부분적으로나마 살펴보며, 오늘 우리 한국 교회에 그 무언가 아이디어를 주지 않을까 기대한다. 독일통일을 '조용한 개신교 혁명'으로 까지 묘사함은 통일에 있어서 독일 교회의 역할이 얼마나 막중했는가를 잘 보여 주는데,

무엇보다도 분단화 이데올로기를 뛰어넘는 독일 교회의 '섬김의 신학'(diakonische Theologie)이 동족을 향해서 있었기 때문이었다.

'섬김의 신학'을 통해 서독 교회와 '사회주의 속의 교회'였던 동독 교회는 동서의 분단에서도 '특별한 유대 관계'(die besondere Gemeinschaft)를 유지하였는데, 동독에 상주하는 '디아코니아 재단'(diakonische Werk)의 인내 어린 봉사활동을 통해서 예수 그리스도의 성육신을 통한 섬김의 신학을 구체화하였다. 고통당하는 동족을 향한 그리스도의 사랑을 분단의 이데올로기를 뛰어넘어 실천하였던 것이다.

서독 교회가 동독을 도울 땐 늘 몇 가지 원칙을 기억해야 했다.

첫째, 명목 있는 재정적 지원을 했다. 이는 도움을 받는 상대의 자존심을 지켜주는 도움을 주었다는 뜻이다. 그럼에도 특이한 부분은 그 재정적 지원이 용도에 맞게 사용되었는지를 확인하지 않았다는 사실이다. 물론 서로 간의 신뢰가 어느 정도 전제되었다고도 이해할 수 있을 것이다.

둘째, 확고한 철학과 순수한 지원 원칙을 지켰다. 동족을 도울 때 서독 교회는 상대방을 향해서 그리스도의 사랑에 입각한 관용과 다양성에 대한 남다른 이해를 가져야 했고, 돕는 자신들을 향해서는 언제나 예리한 비판의식을 소유해야만 했다. 한 마디로 교만한 사랑은 오래 가지 못하거나 실패할 수 있기 때문이었다.

셋째, 지원의 다양성과 대담성을 잊지 않았다. 서독 교회의 도움은 금전, 물자, 봉사활동을 제공함으로써 행해졌다. 예를 들어 동독이 원자재를 필요로 할 때, 서독 교회는 원자재를 구입하여 제공하였다.

넷째, 서독 정부의 지원을 받았다. 서독 교회의 동독을 위한 지원은 합법적으로 투명하게 이루어졌을 뿐 아니라, 서독 정부의 많은 도움이 있었다. 예를 들어 서독 교회가 동독에 제공한 원자재 지원은 약 28억 마르크에 달했는데, 이 금액의 50%는 서독 정부의 '내독관계 예산'을 통한 지원으로 이루어졌다.[131]

독일 교회가 가졌던 '섬김의 신학'은 구체적으로 무엇을 의미하는 것일까? 사회주의하 많은 어려움을 당했던 헝가리 교회의 감독 졸탄 칼디(Zoltan Kaldy)의 증언은 '섬김의 신학'에 대한 정의를 제시한다.[132]

칼디는 먼저 '섬김의 신학'에 대한 오해를 다섯 가지로 차단한다.

① 수직적 차원이 없는 단순한 사회윤리가 아니다.
② 사회주의 속에서 적응하기 위한 하나의 수단이 아니다.
③ 일반적인 신학의 형태가 아니다.
④ 마르크스주의의 이데올로기를 옹호하는 신학이 아니다.
⑤ 마르크스주의와 기독교 신학의 혼합이 아니다.

'섬김의 신학'이야말로 그리스도의 십자가와 부활, 그리고 섬김의 삶에 근거를 둔 그리스도 중심적임을 밝힌다. '섬김의 신학'은 교회가 진정한 사랑의 공동체이어야 함을 요청한다.

> 우리 주님께서는 섬김을 받으러 오신 것이 아니라, 섬기러 오신 예수님 스스로가 자신을 '섬기는 자'(Diakonos)라고 일컬으셨습니다.…
> 이것을 요약하면, 영광을 얻으신 그리스도께서는 자신의 통치를 이

러한 섬김을 통하여 구체화하셨던 것입니다.… 섬김의 신학이야말로 그리스도 중심적(christozentrisch)입니다. 왜냐하면 이는 예수님의 행하신 일에 초점을 맞추고 있기 때문입니다. 예수님의 가장 큰 섬김이야말로 바로 십자가 사건이었으며, 교회의 섬김은 이 그리스도의 십자가로부터 출발하는 것입니다.… 우리는 부활의 주께서 모든 사람을 섬기셨다고 믿습니다. 우리도 이처럼 이러한 섬김의 행위를 가지고 이 사회 속에서 존재하기를 바랄 뿐입니다. 교회의 삶의 스타일은 사랑이라는 의미입니다.[133]

'사회주의 속의 교회'에서 추구했던 헝가리 교회가 견지했던 '섬김의 신학'은 결국 가시적인 '실천적 대화'(praktischer Dialog)로 이끌었다. 우리 한국의 기독교인들은 동족상잔의 한국동란을 통해 사실 많은 부정적 생각들을 공산주의자들을 향해 가지고 있다. 역으로 공산주의자들 역시 교회를 향해 많은 좋지 않은 편견을 가지고 있음을 부정할 수 없다. 한마디로 건널 수 없는 깊은 불신의 강이 서로 사이에 흐르고 있다.

여기서 우리는 '실천적 대화'를 북한을 향해 한국 교회의 하나의 대안으로 가져올 수 있을 것이다. 특히 아직도 감정적 반공주의 내지는 맹목적 반공주의에서 벗어나지 못하고 상당수 한국 교회를 생각할 때 더욱 그러하다. 칼디 목사는 말한다.

오랜 시간이 흐른 후에야 단지 실질적 대화만(nur praktischer Dialog)이 가능했습니다. 사람들은 마르크스주의자들과 기독교인들이 자기들이 속한 사회의 번영을 위해서 그 무언가 함께 일할 수 있는 영역을 찾았습니다. 우리는 비로소 찾았는데, 그것은 예를 들어 시민의 번영을 위해서 문화영역에서, 평화를 위한 일들 가운데에서 그리고 인간의 생활수준을 높이는 일일 때 함께 보조를 맞추었습니다. 이것이야말로 소위 말하는 실질적 대화였습니다.…이러한 실질적 대화가 진행되는 도중 확실히 양편은 서로를 향해 자신들이 지금까지 가졌던 생각들을 수정해야만 했습니다. 이 말은 신학에 대한 수정을 또는 마르크스주의적 사상에 대한 수정을 말하는 것이 아닙니다. 마르크스주의자들은 신학에 의해서 자신들의 이데올로기를 바꾸지도 돌아서지도 않았습니다. 그러나 무슨 일이 일어났는지 아십니까? 기독교인들과 교회를 향해 자신들이 가졌던 생각을 대폭적으로 다른 각도에서 볼 수밖에 없는 그런 입장이 되어야만 했던 것입니다.[134]

놀라운 사실은 결국 헝가리 공산주의 정부는 세계 루터교회 연맹 국제집회를 수도 부다페스트에서 개최할 수 있도록 허락하였다는 것이다.[135] 물론 요사이 북한 평양에서의 대형 집회개최 소식이 언론에 대두되는 것을 보는데, 개최가능성 여부를 떠나서 바람직한 일이 아닐 수 없다. 한국 교회의 그간의 노력이 나름대로 결실을 맺고 있는 것은 아닌지 기도하며 기대하지 않을 수 없다.

한국 교회가 추구하는 '1907년 어게인'도 사실 이러한 맥락에서 마땅히 추구되어야 할 것으로 생각한다.[136] 그렇지 않을 경우 거창한 구호로 끝날 수 있기 때문이다.

## 8. 이미의 통일론

칼빈(John Calvin, 1509-1564)은 "하나님과 인간의 하나됨이야말로 인간이 추구해야 할 최고의 선"으로 인식한다.[137] 죄와 썩어짐의 종노릇의 탄식에서 해방되어 하나님의 자녀들의 영광에 이르기를 고대하는 사람들에게, 택하시고 의롭다 부르신 하나님의 구원은 최고의 선이 되는 하나님과의 연합으로 인도하여 하나님의 사랑 가운데 살게 한다(롬 8장)는 말이다.

우리는 말할 수 없는 기근과 고난과 탄식 가운데 살아가는 북한을 바라볼 때, 과연 통일이 무엇을 의미할 것인지를 쉽게 생각할 수 있다. 그렇다고 인간의 모든 문제를 통일이 해결해주는 것이 아님도 물론 기억한다. 그렇지만, 불신과 정죄와 분열과 미움은 하나됨과 평화와 사랑에 우리를 부르신 하나님의 뜻에 일치하지 않는다. 악을 악으로 갚지 말고, 선으로 악을 이기라는 주의 명령 그리고 화평케 하는 자가 하나님의 아들이라는 산상수훈의 복은 오늘 남북분단의 시대, 한국 교회에 시사하는 바가 크다.

기독교인의 통일론은 '이미의 통일론'이라 말하고 싶다. 분단하 냉전 시대 차가움이 여전히 우리 사이를 가로 막고 있는 것은 사실이지만, 분단을 넘어 하나됨의 사랑을 오늘 맛볼 수 있기 때문이다.

북한의 실상을, 곧 무신론주의, 인권유린, 배고픔 등등의 현실을 우리는 잘 안다. 그럼에도 우리 기독교인들은 그들을 위해 기도하고, 주님의 사랑의 명령을 꾸준히 실천해 오고 있다.

1988년 이래 적극적으로 한국 교회는 분단을 넘어 하나됨의 통일을 위해 기도하며 노력하고 있다. 한국 교회의 진보와 보수의 입장 차이가 분명 있지만, 시간이 지나면서 많은 부분에서 생각이 겹치고 있음을 확인하게 된다.

그렇다고 굳이 100% 일치하는 통일론을 요구할 필요도 그럴 수도 없음을 우리는 안다. 한국동란에서 얻은 쉬 아물지 않은 상처 때문에 가졌던 감정적 반공주의도 반세기가 지나면서 부활의 복음으로 극복해야 할 일임을 한국 교회는 점차 인식하고 있다. 그리고 많은 점에서 한국 교회는 그 어떤 종파보다도 북한의 동족을 힘 있게 돕고 있는 것도 사실이다. 이제 더욱 체계적이고, 더욱 성숙한 신앙과 교회로서 북한을 상대할 것으로 기대한다. 진보와 보수 교회 간 차이점을 인정하되, 정죄와 교만을 버리고 서로 채워 줄 점은 채워주고 받아들이면서 예수님의 모습으로 나아가야 할 것이다. 죄과고백의 대상이 상이한 점, 통일론에 대한 입장이 차이가 나는 점도 확인할 수 있었다.

통일론에 있어 한쪽은 보다 체계적이며, 치밀하지만, 다른 한쪽은 하나님의 은혜의 선물이라는 관점에서 통일에 접근하고 있음을 확인하게 된다. 이는 서로의 차이점이지 무엇이 맞고 틀림의 문제는 아닌 것 같다. 어쩌면 서로를 보충해 주고 있다는 생각을 긍정적으로 하게 된다. 통일이 이때 올 것이다 저때 올 것이다 할 것이 아니라, 이미 한국 교회의 성숙된 믿음과 사랑 안에서 통일을 맛 볼 수 있을 것을 믿는다. 곧 분단의 휴전선을 초월하여 그리스도의 사랑으로 통일을 앞당겨 맛보는 '이미의 통일론'이다.

가장 무서운 죽음마저도 이긴 부활신앙을 소유한 기독교인들이 궁극적으로 승리할 것을 믿을 때, 북한을 대하는 한국 교회의 태도는 성숙한 모습으로 마땅히 넉넉하고 여유로워야 할 것이다. 혹시 지금까지 북한을 향해 주의 명령 따라 대하지 못한 잘못한 일이 생각나거든 솔직하게 회개하고 변화된 자세로 대할 수 있어야 하겠다. 아울러 현실에 입각한 보다 성경적인 통일론을 한국 교회는 전문적으로 준비할 수 있길 바란다.

독일 교회는 이데올로기가 그리스도의 사랑의 명령을 가로막을 수 없음을 바로 인식하고 분단하 인내로써 하나님이 자신들에게 부여하신 어려운 시대 역사적 사명을 감당하는데 소홀히 하지 않았다. 사회주의가 제시하는 무신론주의의 이념을 '섬김의 신학' 그리고 '실천적 대화'로써 적극적으로 파고들었다. 죽음을 이기신 부활의 능력이 그리스도 예수님이 친히 본을 보이신 '섬김'을 통해서 구체화할 수 있음을 확신했다.

친히 죄인의 모습으로 죄인들의 친구로 함께하신 임마누엘의 성육신의 사랑을 사회주의 정권 속에서 구체화 하려 노력했다. 분명 복음의 능력을 확신했고, 아가페 사랑의 이적을 신뢰하며 성숙한 믿음을 실천하였다. 열매를 성급히 원하지 않았고, 성령의 도우심으로 고난당하는 형제들의 아픔을 함께 울고 아파하는 주의 명령을 순종했다. 무신론주의의 사회주의를 용인하지도, 받아들이지도 않았다. 그들이 완벽한 기독교 말살정책을 쓰는 것도 분단하 동독 교회의 아픔과 어려움을 통해서 철저하게 인식하고 있었다.

그렇다고, 독일 교회는 조건적 사랑의 실천을 행하지 않았다. 어떤 의미에서 사랑의 실천과 무신론주의의 기독교 박해를 상관 지으려 하지 않았다. 왜냐하면 원수까지를 사랑하라는 사랑의 명령은 모든 것을 초월한 명령이며, 그들은 그리스도 사랑의 위대성을 바로 깨달았기 때문이었다. 결국 독일통일은 '조용한 개신교 혁명'으로 뜻밖에 다가왔다. 분단의 시대, 과연 성숙한 신앙인의 모습이란 무엇일까를 이 대목에서 곰곰 생각하게 된다. 독일 교회가 동독과 가졌던 그 '특별한 유대 관계'를 한국 교회가 가지게 될 것을 기대하며 기도한다. "너희는 세상의 빛이라"(마 5:14)는 예수님의 말씀이 떠오른다!

이미의
통일론

Road of the Korean Church to the National Unification

# 통일로 향하는
# 교회의 길

새 계명을 너희에게 주노니 서로 사랑하라
이로써 모든 사람이 너희가 내 제자인줄 알리라 (요 13:34-35).

8장

# 한국 장로교와 통일 비전

## 1. 새로운 결단의 요구

> 어느 민족 누구에게나 결단할 때 있나니 참과 거짓 싸울 때에 어느 편에 설건가 주가 주신 새 목표가 우리 앞에 보이니 빛과 어둠 사이에서 선택하며 살리라.[138]

저자는 장로교 총회 100주년을 맞으며 한국 교회에 새로운 결단이 있길 소망하며, 아울러 21세기 한국 교회, 특히 장로교회가 어디로 향하여야 할 것인지를 찾으려한다. 한국 교회의 미래를 향한 전망을 제시하는 것으로 쉽게 말해 꿈꾸는 자(dreamer) 한국 교회를 서술하는 일이 저자의 몫이다. 더 구체적으로는 남북분단하 한국 교회가 암울한 역사 가운데에서 어떻게 통일 한국을 꿈꾸며, 하나님이 원하시는 선한 역할을 감당할 수 있을 지를 함께 고민하고 궁리해 보는 것이다. 그럼에도 엄연한 사실은, 성경이 말하는 꿈과 비전은 그 종착점이 예수 그리스도의 재림과 닿아 있다는 점이다.

그러기에 한국 장로교가 마땅히 가져야 할 꿈은 주님의 재림 앞에서 드러나고 제시될 그 종말론적이며, 성경적이어야 한다. 2012년 한국 장로교 총회가 100주년을 맞았다. 2,000년 세계 교회사에 비할 때 1/20에 해당되는 짧은 세월이었지만, 한국 장로교회는 100여 년 동안 세계 교회사에서 유래를 찾아볼 수 없을 정도로 하나님의 크신 은혜를 누렸다. 세계 교회도 부러워하며 호기심어린 눈으로 한국 교회를 주목하게 되었으니 참으로 감사하지 않을 수 없다. 21세기 한국 교회가 감당해야 할 막중한 책무도 동시에 생각하게 된다. 한국 장로교회의 성숙을 위해 역사의식과 사명감을 성실히 이행하는 것으로, 이 모든 일에 먼저 하나님께 영광과 찬송을 돌리며, 보다 성숙한 모습으로 한국 장로교회가 21세기 모델교회로 드러나길 소망한다.[139]

그렇다고 한국 교회에는 마냥 감사할 일만 있지 않았음을 인정한다. 세상과 세계 교회를 향해 부끄럽고 불미스러운 일도 많았는데, 이는 급성장한 한국 교회를 낮추시며 겸손하게 하시는 하나님의 크신 뜻으로, 자칫 교만과 자만에 빠질 수 있는 한국 교회를 사랑과 훈계로 인도하시는 살아계신 하나님의 역사로 인정한다. 결코 길지 않은 세월 속에서도 한국 장로교회는 수많은 분열을 거듭하였으니 얼굴을 제대로 들 수 없을 정도이다.

한국 장로교회는 서로 이해하지도, 사랑하지도, 관용하지도 못 한 채 상대방의 작은 티를 들보로 확대해 보며 정죄하며, 부질없는 세상 욕심 때문에 수많은 싸움과 분열을 거듭해 왔다.[140] 한국 교회의 분열에는 대중 7가지의 원인이 있음을 본다. 곧 본국의 교단을 심으려 했던 선교사들 때문에, 그 선교사들과 한국인 사이의 갈등 때문에, 일제하 신사참배 문제로, 신학적 견해 차이로, 공산주의를 향한 입장 차로, 지역 갈등으로, 기성 교단에 대한 불신으로 인한 독립교단의 출현 때문에 한국 교회는 분열을 거듭한 것으로 보인다.[141]

거기다 빼놓을 수 없는 중요한 사실은 잘못된 세속적 가치관을 지닌 교단 지도자들의 교권싸움이 분열의 이유이기도 했다. 결국 세계 교회사에서 유래를 찾아볼 수 없을 정도의 분열기록을 한국 장로교회가 남겼으니 참으로 회개해야 할 일이 아닐 수 없다.

2012년 현재 300여 개가 넘는 한국 장로교단은 기네스북에라도 올릴 수 있을 만큼 무분별한 분열의 프로, 아니 분열의 포로가 되어 있다. 그러다 보니 수를 헤아리기 어려울 정도가 된 군소 장로교단들이 존재하게 되었고, 그들에게서 배출되는 무자격 목회자들은 이제 한국의 적지 않은 사회적 문제점들로 부각되고 있을 뿐 아니라, 오늘날 기독교의 퇴락의 한 이유가 되어 가고 있음도 부정할 수 없을 것이다. 물론 작은 교단이기에 문제가 많다는 말을 하려고 하는 것은 결코 아니다. 어쩌면 세속화와 물량주의에 빠진 대형교단일 경우 역으로 더욱 심각한 사회적 문제를 배태해 낼 수밖에 없다. 사실 속이 꽉 찬 작은 교단과 교회들이 훨씬 성경적일 수 있다는 생각도 빠뜨리고 싶지 않다.

특히 1,000만 이산가족을 낳았던 한반도의 분단과 이로 인해 동반되는 수많은 폐해는 다르지 않게 한국 교회의 분열과 일란성 쌍둥이처럼 닮아 있다. '제2의 예루살렘'이라 불리던 평양성이 어둠에 잠긴 지 이제 반세기를 훨씬 넘어 바벨론 포로생활 70년을 바로 눈앞에 두고 있다. 분단의 커다란 상처를 기도의 제목으로 붙들었던 간절한 한국 교회 성도들의 기도소리도 힘을 잃고 잠잠해진 지도 벌써 오래되었다. 단지 그 일에 뛰어든 몇몇 종사자들의 미약한 기도소리만이 명맥을 유지하고 있을 뿐이다.

분명한 사실은 다수인 한국 장로교회가 한반도의 남북분단과 그로 인해 파생되는 엄청난 정신적 영적 국가적 재정적 문제를 간과한다거나 소홀히 해서는 안 될 뿐 아니라, 이 문제가 한국 교회에게 무엇을 뜻하며, 어떤 영향을 미치고 있는 지를 심각하게 생각하며 바로 인식해야 한다. 한국 교회가 아무리 세계선교를 거창하게 외치고 열정적 이웃 사랑을 내세운다 할지라도 가장 가까운 이웃인 북한에 살아가는 동족 2,400만 명을 향한 마땅한 사랑과 한국 교회를 향하신 하나님의 그 특별한 소명을 방기해서는 그 어떠한 이유에서라도 변명의 여지가 없다. 무엇보다도 이는 유대 동족의 구원을 위한 바울의 간절한 외침을 들을 때 비성경적이라는 점이다.

> 내가 그리스도 안에서 참말을 하고 거짓말을 아니 하노라 나에게 큰 근심이 있는 것과 마음에 그치지 않는 고통이 있는 것을 내 양심이 성령 안에서 나와 더불어 증언하노니 나의 형제 곧 골육의 친척을 위하여 내 자신이 저주를 받아 그리스도에게서 끊어질지라도 원하는 바로라(롬 9:1-3).

한국은 세계 유일의 암울한 분단국이다. 21세기 한반도의 분단은 지난하며 철저하며 처절하기까지 하다. 이토록 나누어 사는 민족이 과연 세계 역사에 또 어디에 존재했었는지 묻지 않을 수 없다. 독한 미움과 갈등 속에 살아가는 사람들이 우리들이다. 남북관계만이 아니고, 남남관계에서도 그 미움과 갈등은 일란성 쌍둥이처럼 닮았다. 곧 이념의 종노릇하며 살아간다는 뜻이다. 여기에 한국 교회가 어떻게 살아야 할지를 인식할 수 있을 것이다.

한 마디로 한국 교회는 복음의 종으로 살아야 한다. 복음에 이념을 덧칠해서는 안 된다. 순수한 복음으로만 하나님의 능력이 나타난다. 인간의 아이디어인 이념은 하나님의 지혜인 복음에 무릎을 꿇어야 하고 꿇려야 한다. 이념을 추종하며 그것이 유토피아를 가져다줄 줄 기대했던 사람들은 어리석음을 자인하며 복음에로 나와야 한다. 오직 예수 부활의 복음에 진정한 생명이 있고, 그 복음에 인간의 참 행복이 있음을 깨달아야 한다. 공산주의자도 자본주의자도 자신들의 한계를 깨닫고, 주의 생명의 진리인 복음의 가르침을 먼저 순종해야 한다. 진리이신 예수님 앞에 나와야 한다. 복음을 이념과 싸우는 인간적 수단으로 전락시킴은 하나님의 지혜를 욕되게 한다. 하나님의 복음은 인간의 잘못된 가치관을 정정하고 치유하는 유일한 길이며 생명이 되어야 한다.

아무리 한국 교회가 세계선교를 외치고, 이웃 사랑을 목 놓아 외치더라도 가장 가까운 우리의 이웃 북한의 2,400만 명의 영육을 사경에 헤매게 방치하고 있다면 한국 교회는 위선자이며, 회칠한 무덤이다. 하나님은 한국 교회가 바로 성숙하기를 원하시며, 보다 업그레이드되길 기다리신다. 그것은 남북분단의 거대한 과제를 한국 교회가 주의 진리를 따라 감당하는 것이다. 한국 교회는 이 중요한 숙제를 망각한 지가 오래되었다. 아니 그것이 숙제가 아니라고 생각하기에 이르렀다. 기도소리도, 설교도 끊인 지 오래되었다. 이제 한국 교회는 화려한 초막 셋을 자신들의 안위를 위해 지으려 할 뿐이다.

그렇지만 예수님은 다시 산 아래로 내려가 문제의 현장 속에서 주의 제자로 살기를 명령하신다. 가장 거대한 죄악의 실체 남북의 분단으로 인해 파생되는 수없이 많은 죄악과 싸우기를 원하신다. 사랑으로, 복음으로, 인내로, 관용으로, 생명의 지혜로, 악을 선으로, 원수 사랑으로 이기기를 원하신다. 우리 주님이 세상을 이기신 것처럼 우리도 이기기를 기다리신다.

왜 독일통일을 '조용한 개신교 혁명'으로 일컫는지 나누어진 분단의 한국 교회가 깊게 묵상하며 길을 찾아야 할 것이다. 그런 후 비로소 한국 교회에 내리신 하나님의 숙제를 감당할 수 있길 갈망한다. 그럴 때 한국 교회에게 하나님은 그토록 기다렸던 또 다른 숙제를 내리실 것이다. 그 숙제는 세계복음화의 마지막 스테이션과 관계되며, 그렇다면 마지막 약속 우리 주님의 다시 오심과 긴밀히 상관된 과제일 것이리라!

이런 맥락에서 한반도 분단의 극복은 한국 장로교회에 주어진 막중한 21세기 과업임이 분명하다. 어떤 식으로든지 한국 장로교회는 하나님의 섭리와 그 뜻을 이해하기 위해서라도 어렵고 힘들지만 의지적으로 한국 교회에 주어진 그 과제를 성령을 힘입어 실천해야 할 것이다. 이 역사적 과제는 어떤 식으로든지 한국 장로교회의 성숙과 개혁에도 긴밀한 관계가 있고, 한국 장로교회가 마땅히 지니고 성취해야 할 21세기의 비전, 세계복음화와도 깊은 상관성이 있을 것을 확신한다. 사실 한국 교회의 수많은 문제와 쇠퇴의 배경에는 하나님이 부여한 과업을 소홀히 여기고 다른 엉뚱한 곳에 정력과 관심을 쏟는 데서도 그 원인을 찾을 수 있어야 할 것이다.

## 2. 성경적 통일론

### 1) 원수를 사랑하라

한국 교회가 한반도의 분단 그로 인한 민족의 분단에 근 반세기 동안 침묵으로 일관할 수밖에 없었던 이유는 사실 이데올로기 때문이었다. 한국 교회는 동족상잔의 6.25을 통해 가졌던 공산주의를 향해 품었던 미움과 그들에게 당했던 과거의 아픈 상처를 북한을 대해 쉽게 풀어낼 수 없었다. 한국 교회는 반공을 북한을 대하는 중요한 기준점으로 삼을 수밖에 없었는데, 그러다 보니 여기에서 앞으로 나아가는 데는 쉽지 않았다. 두 이념의 대결은 양자택일, 양육강식, 권력투쟁으로 나아갈 수밖에 없는 악의 순환으로 이끌어졌다.

그렇지만 한국 교회는 공산주의자들이 주었던 깊은 상처를 이제는 다른 방법이 아닌 오직 십자가의 위대한 복음으로 풀어내야만 하고 치유 받아야 한다. 죄로 인해 하나님과 원수 되었던 십자가에서 자신의 몸을 친히 내어 주어 우리를 용서하고 구원해 주셨던 그 십자가의 부활신앙으로 그들을 용서하고 지금까지 맺힌 것을 풀고 사랑하는 하나님의 역사를 한국 교회는 구현해 내는 것이다. 이념의 문제를 결코 이념으로는 풀 수 없다는 것이 역사의 교훈이기이기에, 오직 십자가의 복음으로만 그들을 긍휼히 여기며 용서하고 끌어안아야 할 것이다. 그들이 이념으로 인해 헛되이 꿈꾸었고 그로 인해 입었던 깊은 상처를 오직 복음으로 치유하는 것이 유일한 해결책이다. 더 없이 크고 놀라운 하나님의 사랑으로 그들을 품어, 하나님의 사랑으로 그들을 감동을 시켜야 한다. 사실 두 이념은 분명 차이는 있었으나 동일하게 많은 문제점을 가질 수밖에 없다. 왜냐하면 그것들은 인간의 착상이기 때문이다.

그렇지만 십자가의 부활복음은 다른 차원, 곧 신적인 것으로 하나님의 지혜이며 하나님의 사랑이다. 복음을 통해 이념에 물든 사람들이 치유함을 받아야 한다. 그러기에 십자가의 복음은 제한되어서도 그 누구에게도 차별이 있어서는 안 된다.

이제 한국 교회가 북한을 향해 가져가야 할 것은 오직 십자가의 복음, 그 부활 생명의 복음이 절실히 요구하는 사랑으로 나아가야 한다. 그리스도 십자가의 복음의 능력을 덧입어 미움도, 아픔도 버리고 건강한 모습으로, 오직 예수님의 모습으로 그들을 향해, 아니 그들을 위해 가는 것이다. 예수님의 사랑은 궁극적으로 원수 사랑에서 그 절정을 제시한다. 왜냐하면 죄로 인해 하나님과 원수되었던 사람들을 사랑하셔서 친히 십자가를 자심으로 생명의 길로 구원하셨기 때문이다.

아무에게도 악을 악으로 갚지 말고 모든 사람 앞에서 선한 일을 도모하라. 할 수 있거든 너희로서는 모든 사람과 더불어 화목하라. 내 사랑하는 자들아 너희가 친히 원수를 갚지 말고 하나님의 진노하심에 맡기라 기록 되었으되 원수 갚는 것이 내게 있으니 내가 갚으리라고 주께서 말씀하시니라. 네 원수가 주리거든 먹이고 목마르거든 마시게 하라 그리함으로 네가 숯불을 그 머리에 쌓아 놓으리라 악에게 지지 말고 선으로 악을 이기라(롬 12:17-21).

### 2) 사마리아로 가라

교회의 역사에서 볼 때, 문제는 주님의 몸된 교회가 주의 길을 막을 때가 적지 않았다는 사실이다. 이는 주의 몸된 교회라는 이름과는 맞지 않게 주님의 뜻을 저버리고 자신들의 뜻을 관철하기를 원한다는 의미이다. '21세기 사마리아 북한'을 앞에 두고 한국 교회는 하나의 중요한 물음을 던질 수 있어야 한다. "예수님을 따를 것인가, 제자들을 따를 것인가?" 좀 엉뚱한 물음 같지만, 오늘의 한국 교회가 심각하고 진지하게 던져야 하는 물음이다. 남북분단의 문제를 접근하려 할 때 한국 교회는 이데올로기에 대한 분명한 입장을 가져야 한다. 곧 복음과 이념의 상관성을 분명히 해야 한다.

인간의 생각이며 인간의 한 아이디어인 이념이 하나님의 지혜이며 우리의 생명인 복음의 발목을 잡아서도, 예수님의 길을 막아서는 결코 안 된다. 그 이념이 예수님의 길에 걸림돌이 되어서는 안 된다. 다르게는 우리의 생각, 인간적 가치관으로 예수님의 생각을 뜯어고치려 해서는 결코 안 될 것이다. 예수님은 유대를 떠나 갈릴리로 가실 때, 사마리아인과의 상종을 꺼렸던 유대인들이 일반적으로 택하는 그 길을 따르지 않았다. 굳이 예수님은 새롭게 "사마리아를 통과하여야 하겠는지라"(Now he had to go through Samaria! 요 4:4)라고 '고집'하셔야만 했는데, 그 이유는 제자들이 완강하게 예수님의 길을 반대했기 때문이다.

유대인들은 사마리아인들을 터부시하여 그들을 멀리한 것에는 나름대로 이유가 있었다. 그럼에도 그로 인해 그러한 세상적 이유를 들이대며 진리이신 주님을 설득하려는 오류를 범하게 된다. 제자들도 자신들의 생각, 논리를 펼치며 진리 그 자체이신 예수님의 길을 막으려 했으며, 거꾸로 자신들의 선생이 자신들의 길을 따르기를 강요하였다. 그러나 예수님은 꼭 사마리아로 들어가야만 하겠다고 자신의 의지를 굽히지 않으셨다. 참으로 특이하게도 제자들은 자신의 스승으로 삼은 예수님을 도리어 가르치려 하였다. 12제자가 부르심 받은 사도들이었음에도 불구하고 순순히 예수님의 말씀을 듣고 순종하여 변화된 삶을 구현한 것은 아니었다는 점이 여기서 드러난다.

오늘에도 주를 따른다는 수많은 기독교인이 자신의 주님을 도리어 가르치려 하며 여전히 자신들의 세계관, 가치관을 그 주님께 강요하는 오류를 범하는 모습을 보여주고 있지는 않는지 생각해본다. 성경을 읽고 가르친다고 하면서 진리이신 주님을 도리어 설득하며 자신의 세계관으로 덧칠하여 참 진리를 보지 못하는 경우는 참으로 안타까운 현실이다. 혹시 이러한 일들이 한국 교회에서 일어나고 있지 않은지 냉철하게 돌아와야 할 것이다.

북한을 21세기 사마리아로 일컫는 이유는 말할 수 없는 어려움에 처해 생존위기에서 세계를 향해 늘 도움의 손길을 내밀지만, 미국을 위시한 많은 나라가 북한을 상식적으로 이해하기가 어려운 나라, 종교적 집단(cult)일 뿐 아니라, 가까이 하기에 주저되고 망설이게 되는 이해하기가 쉽지 않은 불편한 나라, 유래를 찾기 어려운 비인권적 공산주의 독재국가, '테러 집단'으로까지 일컬어지기 때문이다. 참으로 가까이 하기에는 어려운 나라, 뭔가 정상적이지 못한 나라로 피하고 싶은 나라라는 것이 현실이다.

그럼에도 그 북한을 바라보며 한국 교회는 우리 주님이라면 어떻게 하실 지 먼저 물어야 한다. 그런 후 그 주님의 음성을 순종하여야 함이 마땅하다. 부정할 수 없는 것은 북한을 향한 한국 교회의 지금까지의 모습이 사마리아로 들어가지 말라는 제자들의 모습을 많이 닮아 있다는 점이다. 사실 우리는 공산주의를 향해 반공을 내세우며 또는 적그리스도라 칭하며 북한을 향한 한국 교회의 소명을 귀담아 듣지 않았다. 소홀히 여기고 핑계를 대며 지금까지의 나태와 게으름을 합리화하였다. 그렇지만 예수님은 21세기 사마리아 북한을 두려워한다거나 미워한다거나 고립시키려 하지 않으시고 친히 들어가실 것이라고 충분히 미루어 짐작할 수 있다. 그리하여 어두운 그 땅에서 예수님과 더불어 전개될 놀라운 일들을 우리는 넉넉히 상상할 수 있어야 한다.

사마리아에서 예수님이 만난 수가성 여인을 통해 생명의 복음이 전파되고, 수많은 사마리아인이 예수를 믿고 구주께 나아와 천국의 삶을 맛보았듯이 북한 역시 그 기쁨과 은총을 누릴 것을 얼마든지 대망할 수 있다. 자신들을 행복의 나라, 유토피아로 이끌어줄 것이라 믿었던 이념의 노예로 전락한 사람들이 스스로가 얼마나 어리석었던 지를 주께 나아와 회개하며 새로운 삶의 진리로 나올 것을 기대한다. 한국 교회는 잘못된 사상과 이념의 노예가 된 그들을 터부시하며 미움과 타도의 대상이 아니라, 긍휼의 대상이며 선교의 대상, 예수님의 사랑의 대상으로 삼아야 한다. 여기서 한국 교회는 21세기 사마리아 북한의 문제 앞에서 과감하게 예수님을 따라야 할 것이다.

### 3) 그 비유의 재고

한국 교회는 종종 북한 돕기를 내세우며 선한 사마리아인의 비유를 가져와 성경적으로 설득한다. 강도를 만나 사경을 헤매는 자를 위한 선한 사마리아인의 태도는 오늘 한국 교회가 예수 따르미로서 순종하며 전적으로 실천해야 할 예수님의 명령임이 틀림없다.[142]

물론 한국 교회가 인도주의적 북한 돕기를 주장하며 선한 사마리아인의 비유 제시는 어느 정도 설득력 있는 것으로 이해를 할 수 있으나, 간과하지 말아야 할 사실이 있는데 이 비유는 북한 정권을 강도로, 강도 만난 자를 북한 주민으로 전제해야 하는 나름대로의 불편함, 곤란함이 있다는 점이다. 강도가 떠난 이후에 전혀 강도와는 상관없이 선한 사마리아 사람은 도운 것으로, 이 비유의 핵심은 강도를 정죄하려는 데 있는 것이 아니라, 말할 수 없는 곤경에 처한 사람을 도울 것을 예수님은 강조하신 것이다.

만약 이 본문에서 예수님이 꼭 그 누구를 비판하려 했다면 죽을 지경에 빠져 사경을 헤매는 그 사람을 그냥 지나쳤던 제사장과 레위인이었을 것이다. 그렇다면 무관심과 무정함에 빠진 한국의 교회를 비판하고 있는 말씀으로 가져올 수는 있을 것이다. 다시 말해 본문은 그 어떤 강도를 향한 정죄, 미움을 말하는 것은 예화가 의도하는 바가 아니다.

그렇지만 북한 주민을 향해 이 비유를 가져올 때 한국 교회는 북한 정권에 대한 비판 내지는 판단을 먼저 내림에도 무게를 두고 있다는 점은 이 비유의 본질적 의도와는 다른 점을 말하고 있기에 해석에 있어 적절하지 않다. 예수님의 비유는 죽기까지 어려움에 처한 사람을 향한 순수한 사랑을 요청할 뿐임을 잊지 않아야 하겠다.

그럼에도 한국 교회는 과거 공산당에게 당한 상처를 은근슬쩍 어루만져 주는 양면성을 갖는다는 사실이다. 한쪽으로는 북한을 향한 정죄를 하며, 다른 한쪽으로는 북한 돕기를 설득하는 양면 효과를 거둘 수는 있지 몰라도 엄격하게 볼 때 성경해석에 있어 타당하지 않을 뿐 아니라, 북한 당국을 자극하여 역효과를 가져올 수 있음도 기억해야 할 것이다.

한국 교회의 북한 돕기는 순수한 그리스도의 사랑을 실천함으로써 북한을 감동시켜야 하지, 그 어느 한 쪽은 정죄하고 소외시키면서 다른 한 쪽을 위하는 식의 일방적 긍휼 또는 좀 심하게 말해 이간질하려는 꼼수를 부려서는 안 된다. 한국 교회의 북한 돕기는 어려움에 빠진 북한 전체를 예수님의 눈으로 바라보며 긍휼히 여기고 도울 뿐 아니라, 그들이 더 나은 미래로 나아갈 수 있도록 배려해야 할 것이다. 이런 넓고 깊은 사랑에 의해서만이 한국 교회의 북한 사랑은 주의 뜻을 순전히 순종하는 것이 되며, 남북의 분단을 넘어 서는 데 힘이 될 것임을 확신한다.

사실 엄격하게 볼 때, 사마리아로 들어가신 예수님(요 4장)과 선한 사마리아 사람의 비유(막 4장)를 굳이 상관 시킬 이유는 없다. 그럼에도 한국 교회에서 두 본문을 들어 한국 교회의 북한을 향한 자세를 교훈하려 함에 있어서는 분명하게 그 이해의 순서를 바로 해야 할 것이다.

먼저 사마리아로 들어가셔야만 했던 그 주님을 바로 이해하고 따를 때만이 한국 교회는 비로소 선한 사마리아 사람의 비유에서 그 주님이 말하고자 하셨던 그 사랑의 요청을 바로 인식하게 될 것인데, 그것은 다름 아닌 정죄와 편가르기 없는 순수한 큰 사랑이다.

예수님의 순수한 사랑의 요청을 남을 정죄하는데 결코 오용해서는 안 될 것이다. 예수님은 범죄한 강도를 정죄하고자 선한 사마리아 사람의 비유를 들고 있는 것은 아니다. 예수님께 강도는 십자가 위에서 행하셨던 것처럼 구원의 대상이며 사랑의 대상이다. 십자가 위에서 만난 강도에게 구원이 선포되는 장면은 오늘 한국 교회가 마음에 담아야 할 소중한 장면이다.

이런 맥락에서 십자가의 복음은 강도와 같은 죄인들을 감동시키는 복음이어야 한다. 그들을 정죄하며 기독교적 삶의 영역에서 쫓아내어 소외시키는 우를 범해서는 안 된다. 이럴 경우 다시 바리새인적 우를 범하게 되며, 사람의 하나됨을 근원적으로 추구해야 할 통일의 아름다움을 한국 교회가 앞서 부서뜨리게 될 것이다.

제자들의 강력한 만류를 뿌리치고 사마리아로 들어가셔서 사마리아의 복음화를 이룩하신 놀라운 예수님처럼 한국 교회는 북한을 품에 안고 기도한 후 그가 누구이든지간에 우리가 가진 정죄와 판단의 칼을 내려놓은 후 선한 사마리아 사람이 행했던 그 순전한 사랑을 비로소 실천할 수 있게 될 것을 기억해야 할 것이다.

4) 교회의 슬림화

예수님은 제자들을 부르실 때, 다른 조건을 제시하지 않았다. "나를 따르라!"는 명령에 제자들은 순종하며 따랐을 뿐이었다. 양자 간 다른 협약도 그 어떤 조건도 묻지 않았고 있지 않았다. 제자들은 그물을 버렸고, 집과 전답을 버렸으며, 심지어 가정을 버리고 그들 인생의 새로운 주인이신 예수님만 따랐다. 다르게는 예수님은 그들의 입장을 전혀 고려하지 않았다. 하나님께서 믿음의 조상 아브라함을 부를 때도 다르지 않았는데, 아브라함은 한 마디로 모든 것을 버리고 '나그네와 외국인'으로 갈대아 우르를 훨훨 떠나야만 했다.

믿음의 조상 아브라함이 가져야만 했던 나그네와 외국인으로서의 그 삶의 방식은 오늘 여러 가지로 문제 많은 한국 장로교회가 주님의 소명을 따를 때 지녀야 할 삶의 모습임이 틀림없다. 2,000년 교회사에서도 진정으로 주를 따르는 자들의 자세는, 교회의 갱신을 위해서도 하나같이 강조되었는데 그것은 한 마디로 청빈이었다. 곧 가난한 자로 주를 따랐다는 말인데, 여기서 말하는 가난이란 주를 따를 때 영적으로 가장 홀가분한 상태, 주의 일을 할 때 걸릴 것이 없는 상태, 영적 자유를 향유할 수 있는 몸가짐을 의미한다 하겠다.

21세기 한국 교회는 세상으로부터 많은 질타를 받고 있는데, 물질, 명예, 쾌락 그리고 권력에로의 유혹에서 자유롭지 못하기 때문이다. 하나님은 자신이 거룩하신 것처럼 그의 사람들도 거룩하기를 원하시는 데(레 11:44-45; 벧전 1:16), 한국 교회는 하나님의 음성에 순종하여 구별된 삶을 살기보다는, 속물 권하는 세상에서 그 세상의 유혹을 견디지 못한 채 속물이 되어 가고 있다.

  한국 교회가 진정으로 하나님이 원하시는 교회로서 바른 길을 가려면 자신을 바로 지켜 먼저 세속으로부터 자유로워야 할 뿐 아니라, 진정한 제자도가 무엇인지를 제대로 인식하고 그대로 따라야 할 것이다. 그렇지 않고선 한국 교회는 제대로 주님이 원하시는 길을 갈 수 없는데, 그 이유는 무엇보다도 자신들이 가진 너무 많은 것이 가야 할 길을 막고 있기 때문이다. 이런 맥락에서 교회의 슬림화는 영적 갱신의 전제라 하겠다. 교회의 슬림화란 바로 교회가 청빈의 자리로 나아가는 것으로 영적 갱신을 위해 요구되는 전제라 할 수 있을 것이다.

  예수님은 공생애를 시작하기 전 40일 주야로 금식하며 성령에 이끌려 사막에서 금식하며 기도에 전념하셨다(마 4:1-11; 막 1:12-13; 눅 4:1-13). 마귀는 예수님을 물질, 명예, 권력을 가지고 시험했으나, 예수님은 간교한 마귀의 시험을 물리치셨다.

  예수님은 세상 유혹으로부터 자신을 지켰으며, 시험과 유혹으로부터 벗어난 상태, 가장 홀가분한 상태, 사역을 위한 최상의 상태, 가장 가난한 상태로 비로소 공생애를 시작하였다. 그러한 예수님께서 천국복음을 비로소 입을 열어 전파하셨으니, "회개하라, 천국이 가까 왔느니라"(마 4:17)

였으며, 산상수훈 8복 중 첫 번째 복으로 예수님은 "가난한 자는 복이 있나니 하나님의 나라가 너희 것"(눅 6:20)임을 선포했다.

사실 한국 교회의 초창기 역사를 보면 한국 교회가 어느 정도 초대 교회적 순수성을 가진 모습으로 시작하였고, 사회적으로도 상당한 열매를 거둘 수 있었다. 그렇지만, 한국 교회는 1960년대 이후 급작스런 경제부흥과 함께 양적 교회성장을 누리면서 순수성을 잃어버리게 되었고, 세상을 좇는 모습은 도를 넘어 급기야 존경은 커녕 세상의 비난을 받기에 이르렀다. 이제 순수하고 홀쭉한 초대 교회의 모습으로의 복귀가 21세기 한국 교회를 바람직한 상태로 이끌어 줄 것이다. 보다 가난해지고, 작아지고, 순수하고, 몸집을 줄여갈 때 한국 장로교회는 우리 주님이 원하시는 길을 기꺼이 갈 수 있을 것이다.

유혹의 사탄을 대적한 예수님의 음성은 오늘 한국 교회에게 중요한 지침이 된다. "사탄아 물러가라. 기록되었으되, 주 너의 하나님께 경배하고 다만 그를 섬기라 하였느니라"(마 4:10-11). 오직 하나님만 섬기는 교회로 한국 교회가 거듭날 때 비로소 하나님의 나라의 진정한 일꾼이 될 것이다. 무엇보다도 한국 교회가 남북의 분단을 극복하는 일에는 보통 어려운 난관들이 도사리고 있는 것은 아니기에 통일을 향하여, 아니 통일 시대 한국 교회에게 부여되는 과제를 감당하기 위해서는 먼저 전쟁터에 임하는 군인처럼 하나님이 원하시는 바람직한 모습에로의 몸가짐과 자세가 전적으로 요구된다는 점을 기억해야 한다. 한국 교회가 영적 재무장의 굳은 자세로 하나님이 원하시는 일을 이루어가야 한다.

## 3. 독일통일의 교훈

여기서는 독일통일에서 독일 교회가 어떤 역할을 감당했는지를 살펴보며 교훈을 얻고자 한다. 그럼에도 저자의 여러 앞선 글 가운데에서 수차 언급했기에 간단하게만 언급하고자 한다. 사람들은 독일통일을 '조용한 개신교 혁명'으로까지 일컫는다. 이는 독일 교회가 독일의 분단을 극복하는 일에 그 어떤 정치, 경제적 노력을 넘어 그만큼 중요한 역할을 교회로서 했다는 뜻이다.[143]

독일 교회는 정치적 분단을 대면할 때 나름대로 성경적 통일신학을 가지고 있었다. 독일 교회가 동독을 대할 때 '그 특별한 유대 관계'를 유지했는데, 정치와 이념을 넘어서서 독일 교회는 복음에 입각한 관계를 잊지 않았다. 아무리 동·서독 간 냉전이 찾아와도 독일 교회의 동독을 향한 입장에는 흐트러짐이 없었고, 이 '특별한 유대 관계'는 영향을 받지 않았을 뿐 아니라, 한 번도 중단되지 않고 계속되었다.

물론 교회를 향한 정치인의 성숙, 역으로 정치를 향한 교회의 성숙이 함께 해야겠지만, 이 '특별한 유대 관계'를 향한 독일 교회의 견고한 마음이 중요한 역할을 했던 것으로 생각한다. 어쨌든 교회는 교회의 길이 있어야만 하는 데, 성숙하지 못한 교회는 정치와 이념의 영향을 쉬 받아 자기의 길을 가지 못하는 것을 보곤 한다.

교회가 부화뇌동하며 세상의 소금과 빛의 역할을 감당하기 보다는 도리어 세상의 조종을 받고 그 세상의 영향을 받는 집단으로 전락할 수 있다. 정치가 교회의 독자성을 인정하지 못한 채 자신의 수하에 두어 꼭

두각시로 전락시키려 할 수 있을 것이다.

그렇지만 독일 교회는 여기서 확실하게 동독과의 특별한 관계를, 공동체 의식을 어려움에 처한 동족과의 형제의식을 잃지 않았는데, 그것이 바로 '그 특별한 유대 관계'였다.

동독 교회(BEK)의 헌법에도 명시되었던 '그 특별한 유대 관계'는 1990년 통일의 순간까지 중지되지 않고 계속되었던 역사였다. 사실 동독 정권이 교회의 태도를 무시하며 가로막을 수도 있었지만, 그렇지 않았던 이유는 서독 교회의 지원이 동독경제에 실질적으로 공헌을 했다는 배경이 있기 때문이다. 어려운 동독을 향한 서독 교회의 실천적 사랑은 독일 교회 연합(EKD)에 의해 유지되었던 '디아코니아 재단'을 통해서 집중적으로 이루어질 수 있었다. 서독 교회의 디아코니아 재단을 통한 동독을 위한 재정적 지원은 본서에서도 여러 번 언급했을 뿐더러, 이미 많이 알려진 사실이다.

몇 가지를 구체적으로 언급하면 독일 교회는 '사회주의 속의 교회'의 현실과 아픔을 직시하며, '그 특별한 유대 관계'를 위해서 '섬김의 신학', '성육신의 사랑'을 성경에 입각하여 실천하기를 분명히 했다. '사회주의 속의 교회'였던 헝가리 교회도 견지했던 '섬김의 신학'이란 이 땅에 '섬기는 자'(diakonos)로 우리에게 오셨던 예수님께서는 섬김을 받으러 오신 것이 아니라, 죄인들을 섬기시고 친히 자기 목숨을 대속물로 내어주셨으며, 자신의 통치를 이러한 섬김을 통하여 구체화하셨다는 것이다.

그 사랑을 독일 교회는 동독을 향하여 실천하였는데, 거기에는 그 어떤 조건이나 이유가 있을 수 없었다. 물론 서독 교회의 철저한 헌신과 희생이 동독을 향한 '그 특별한 유대 관계'를 유지시킬 수 있었다. 동독을 위한 재정적 지원을 위해 독일 교회는 원칙을 가지고 있었다.

첫째, 명목 있는 지원을 하였다. 무엇보다도 도움을 받는 상대방의 자존심을 생각하였는데, 이는 동독 교회가 서독 교회에게 조금이라도 속박되는 것을 사전에 차단하는 의도가 있었을 뿐 아니라, 성경이 말하는 바른 사랑을 실천하기를 원해서였다.

둘째, 확고한 철학과 순수한 지원을 하였다. 무엇보다도 주는 자의 편에서 이 정신은 절실히 요청되었다. 관용과 다양성에 대해서는 남다른 이해를 가지면서도 자신들을 향해서는 언제나 예리한 비판의식을 잃지 않았다.

셋째, 지원의 다양성과 대담성을 가졌다. 지원은 금전 또는 물자로 이루어졌는데, 수요자 중심의 지원을 잊지 않았다.

넷째, 서독 정부도 참여한 재정지원이 이루어졌다. 재정적, 법적, 그리고 관세에서 교회가 동독을 잘 도울 수 있도록 돕고 배려했다. 서독 정부의 독일 교회를 위한 재정보조는 '내독관계 예산'에서 지원하였다.

이러한 서독 교회의 동독지원에 대한 역사적 평가는 통일 후에 이루어졌는데, 일곱 가지로 제시되었다.

① 동독경제에 도움을 주었다.
② 동독의 외화획득에 도움을 주었다.
③ 어려운 동독의 물자조달에 도움을 주었다.
④ 정치적, 법적 장애가 극복되어 교회의 유대 관계가 향상되었다.

⑤ 동독 교회기관, 양로원, 병원 등 실무기관을 도울 수 있어 동족의 고통을 완화하였다.
⑥ 어려운 동독 교회에게 힘을 주어 복음을 통한 중요한 삶의 원리를 사회주의에 제시하였다.
⑦ 결국 동독 공산 정권의 붕괴를 재촉했다.

독일통일이 되었을 때 어떻게 '그 특별한 유대 관계'가 계속될 수 있었는지에 대해 "단지 특별한 인내와 겸손 안에서, 형제자매를 도울 만반의 준비와 능력 안에서 그리고 자신을 완전히 부인하는 과정 가운데에서 어찌하든지 또한 계속 돕고자 할 때 이루어질 수 있었다"고 독일 교회는 말했다. 독일통일 후 디아코니아 재단의 책임자였던 노이캄 목사도 자신의 경험을 살려 자신들의 분단하 동독을 향한 섬김과 봉사를 성령의 역사로 묘사했다.[144]

## 4. 한국 교회의 통일 준비

### 1) 탈북주민의 교회적응

한국 교회의 탈북주민들의 사회적응을 말하기 전에 교회적응은 과연 바람직했는지 묻는다면 이에 대한 답은 부정적이다. 실질적으로 한국의 대형교회가 앞장서서 이 일에 관여했지만 실적이 매우 저조함을 자인한다. 한 마디로 말해 어려웠고 실패했다는 의미이다.

한국 교회가 탈북주민을 제대로 받아들이지 못하고 하나 되지 못한다면, 하물며 한국 사회에서의 그들의 적응이 어찌 성공적이라 평할 수 있을 것인지 묻지 않을 수 없다. 탈북주민의 한국생활로의 적응여부는 통일 한국에서의 사람의 하나됨에 중요한 원리와 지혜를 부여한다. 탈북주민들의 신분의 불연속성으로 인한 사회적 자산(social capital)과 인간관계(relationship)의 상실에서 오는 사회적 박탈감, 경제적 어려움, 문화적 충격, 정서적 불안으로 오는 한국에서의 적응의 어려움을 어떻게 극복할 것인지에 대해서 한국 교회는 많은 전문적 숙고가 요구된다.

한국 교회가 20년 가까이 나름대로 탈북주민들의 보다 바람직한 한국 적응에 노력을 기울였음에도 성공적이지 못했던 이유는 무엇이었을까? 여러 가지 이유를 들 수 있겠지만, 교회가 우선적으로 관심을 기우려야 할 분야에 힘을 쓰지 못한 것이라 생각한다.

교회의 관심은 탈북주민의 정신적이며 영적인 부분에 보다 긴밀한 관심을 가졌어야 하는데, 교회는 먼저 그들을 물질적 도움의 대상으로 보지 않았는지 반성하게 된다. 물론 그들이 물질적으로 어려운 것은 사실이지만, 과연 이 부분을 교회가 얼마나 감당할 수 있을 것인지에 대해 생각한다면 답은 간단하다. 경제적, 물질적 어려움은 국가가 책임지고 감당해야 할 부분이다.

한국 교회도 힘닿는 대로 도와야 하는 것은 틀림없지만, 교회가 최우선적으로 힘써야 할 부분은 그들의 마음을 어루만져 주는 것이다. 상처 입은 그들을 그리스도의 사랑으로 치유하는 일에 최선을 다해야 했을 뿐 아니라, 이 부분에 대한 철저한 사전 연구와 준비로 이 일을 교회가 감당할 수 있어야 했던 것인데, 교회는 그렇지 못했다. 그 이유는 한국 교회가 이 일에 사전 준비가 미약했을 뿐 아니라, 물신주의 사상이 한국 교회 내에 팽배해 있었기 때문이다.

한국 교회는 북한 사람을 물질적인 측면에서만 생각하였다. 또한 그들을 동일한 인간으로 생각하기 보다는 가난하기 그지없는 고로 뭔가 실패한 인간으로 바라보는 비성경적 인간관에 근거를 하였다고 생각할 수 있다. 가난하기에, 또한 잘못된 이념의 희생자이기에 저급한 인간으로 간주한 거대한 오류를 범하지 않았는지 자성해야 한다.

어쩔 수 없이 그들이 중국에서의 신앙생활 때문에 한국 교회에 발을 딛게 되었지만, 시간이 지나 한국사회에 어느 정도 문화적으로 물질적으로 정착하게 되면서 그들은 뭔가를 인식하는 순간 더 이상 한국 교회의 일원이 될 수 없음을 알게 된 것이다. 이는 결과적으로 한국 교회가 탈북주민을 정당한 교회의 구성원으로 받아들이지 못한 채 그들을 국외자(outsider)로 만들어 정착을 어렵게 한 결과 그들은 어쩌면 당연하게 교회를 떠나야만 했던 것이다.

15년 이상 탈북자 사역을 하고 있는 조요셉[145] 박사는 탈북주민에게 가장 요구되는 것은 그들 곁에 있어주는 사람이라고 강조하며, 탈북주민을 향한 한국 교회의 제대로 된 사역 없이 북한선교는 기대하기 어렵다고 말한다. 거기다 탈북주민들의 바람직한 한국 정착여부는 다가오는 통일 한국에서 어떻게 남과 북의 사람들의 하나 될 것인 지를 앞서 가르쳐 주는 리트머스 지와 같다 말할 수 있을 것이다.

## 2) 사람의 통일을 준비해야

법과 땅이 하나된 통일 한국은 사람의 하나됨을 위해 영역별로 많은 과제를 치밀하게 감당해야 할 것이다. 그 중 한국 교회는 통일 한국에서 자신들이 해야 할 분야를 알아야 하는데, 무엇보다도 사람의 하나됨에 우선순위를 두어야 한다.[146]

남과 북은 하나의 민족이기에 통일 후 쉽게 하나로 나아갈 것이라는 생각은 나이브하고 근거가 불안하다. 물론 뭔가를 민족동질성 위에서 추구할 수는 있을 것은 기대할 수 있다. 그럼에도 바로 이러한 안일한 기대가 통일 후 사람의 하나됨을 어렵게 할 수 있다는 점이다.

R. 그린커는 이러한 사고가 비현실적 통일론을 형성하게 되어, 실제적이며 역사적인 남북 이해를 바로 하지 못하게 되어 결국 진정한 통일의 최대의 걸림돌로 작용하게 되었다고 인식하며, 이를 한민족 동질성의 신화라고 강하게 비판한다.[147]

현재 한국 교회에게 시급히 요구되는 것은 이러한 낭만적인 민족주의를 버리고 북한 주민을 객관적으로 이해하는 것이다. 남과 북은 70년 가까이 다른 이념과 문화를 갖고고 나뉘어 살면서 다른 사람들이 되어 있다는 사실을 그대로 인정해야 할 것이다. 곧 서로 다른 정체성이 재생산되어 버렸다는 현실을 인정해야 한다.

남쪽은 자본주의 이념과 더불어 미국을 위시한 서구문화에 길들여져 있으며, 북쪽은 공산주의 이념을 가진 채 중국과 러시아의 문화에 익숙해 있다는 사실이다. 게다가 더욱 큰 문제점은 다른 둘 사이에 처절하고 철저하게 나누어져 더욱 큰 단절과 차이를 형성해 왔다는 사실이다. 민족성은 서로 교류를 통해 시간과 함께 형성되는데, 남과 북은 전혀 그렇지 못한 채 이질감을 키웠다.

무엇보다도 의도적으로 서로가 다름을 연습해 왔는지도 생각해 볼 일인데, 그것은 서로를 적대적으로 비판함으로서 의도적으로 형성시킨 다름이 추가되었을 가능성이 크다 하겠다.[148] 그러기에 언뜻 보기에는 남과 북이 같은 언어, 식습관을 가진 민족이기에 처음에는 선뜻 가까이 다가갈 수 있을지 모르지만 시간이 지날수록 서로는 예상 밖의 차이점을 발견하게 될 것이기에, 하나 되기 위해 치밀하게 이질감을 극복해야만 한다.

이를 위해 한국 교회는 통일 한국에서의 새로운 민족 공동체의 정서적 통합을 위해 전문적인 사전 준비를 성경에 근거하여 해야 할 것이다. 여기서 조심해야 할 것은 조금이라도 잘못된 세속적 가치관이 성경적 요청을 물리치고 앞서 가지 않도록 해야 하는 일이다. 그것은 다름 아닌 성령의 도우심으로 세 관계의 회복을 전제로 할 때 가능하다.

하나님과 인간, 인간과 인간, 인간과 자연과의 관계가 다시 회복됨에 역점을 우선적으로 두어야 한다. 그런 후 철저하게 기독교 세계관에 근거하여 통일 한국에서 사람의 하나됨에 겸허하게 섬기는 한국 교회가 되어야 한다. 이름도 없이 빛도 섬기는 훈련이 없을 때 한국 교회는 또 다시 위기를 맞을 수도 있다.

사실 독일 교회도 통일 후 교회로의 복귀의 붐이 일어날 줄로 기대했었다. 그렇지만 그러한 기대는 전혀 충족되지 않았다. 독일 교회는 돈과 잘 교육된 목회자들만 있으면 분단 전 기독교 국가 상태로의 복귀는 쉽게 이루어질 줄로 예상했으나 이는 일장춘몽과 같았다. 무엇보다도 그 이유는 반세기 가까운 기간 공산주의의 철저한 반기독교에로의 세뇌교육이 통일 후에도 여전히 큰 힘을 발휘했기 때문이었다. 이러한 예는 한국 통일에서도 유사하게 나타날 수 있을 것이라 예측한다. '제2의 예루살렘' 평양을 꿈꾸며 북한에서 교회에로의 복귀가 금방 행해질 것이라는 기대를 할 수 있겠지만 독일통일에서의 경우를 볼 때, 그렇게 되리라는 보장은 쉽게 할 수 없다는 점이다.

그럼에도 한국 교회는 그러한 기대와 환상을 버리지 않고 있음은 사실이다. 한 예로 '북한 교회 재건운동'은 그러한 기대 위에 행해지고 있다 해도 과언은 아닐 것이다.[149] 그러기에 더욱 중요한 것은 한국 교회가 통일 후에 어떻게 할 것이라는 철저한 계획도 중요하지만, 현재 분단하에서 여러 가지로 어려움을 당하는 북한을 향해 주님이 원하시는 마땅한 할 일을 그리스도의 사랑으로 실천하는 일이다. 어쩔 수 없을 때는 할 수 있는 일을 최선을 다해 해야 하는 것으로 그것은 북한이 감동을 받을 수 있도록 순수하게 그들을 사랑하는 일이다. 사실 북한선교라는 말 보다는 현재의 상황에서 한국 교회가 할 수 있는 일은 북한 사랑이 더 타당하다.

한 예로 사랑의교회(담임목사 오정현)는 이 일을 하는 부서의 명칭을 '북한 사랑선교회'(약자-북사랑)로 일컫는데 바람직하다 하겠다. 성경적으로 볼 때도 먼저 어려움에 처한 자들을 진정으로 사랑할 수 있을 때에야, 복음을 전파하는 자세를 가져야 할 것이다. 예수님의 경우도 배고픈 자, 병든 자를 조건 없이 먼저 사랑하셨던 것을 확인할 수 있다. 물론 그들이

육신의 떡만을 찾아 올 때 생명의 떡을 주고 싶었던 예수님도 그 점을 지적하신 것은 사실이지만, 한국 교회는 복음전파를 전제로 도와주는 일도 조심스럽게 삼가야 할 것이다. 한국 교회는 순수하게 먼저 이웃을 섬기며 돕고, 그들에게 별도로 복음을 전하는 자세가 성경적이다.

### 3) 한국 신앙고백을 만들어야

언젠가 21세기 세계사의 최대의 사건이 될 남북의 통일이 이루어졌을 때 분명 한국 교회가 할 일이 있다. 그것은 하나님과 세계 교회 앞에 '한국 신앙고백'(The Confessio Coreana)을 '제2의 예루살렘'으로 불렸던 평양성에서 선포하는 것이다. 이토록 지난하게 처절하고 철저하게 나누어져 서로를 원수로 미워하고 적대시하던 남과 북이 특별하신 하나님의 뜻 가운데에서 하나 되었을 때, 한국 교회는 감사, 회개, 비전을 담아 한국 신앙고백을 내어 놓을 수 있어야만 한다.

한국 교회는 북한을 위해 많은 일을 긍정적으로 하였음에도 불구하고, 다른 한 편으로는 부정할 수 없는 많은 죄악도 저질렀음을 인정해야 할 것이다. 역사적으로 볼 때도 거의 반세기 동안 공산당에게 당한 상처를 안고 한국 교회는 남북분단에 대해 침묵을 해왔으며, 또는 분단을 넘어 하나 되는 통일운동에 대해서도 바른 생각을 하지 못한 채 위정자들의 정치놀음에 편승한 적이 적지 않았다. 곧 성경적 길을 보다 적극적으로 찾기보다는, 그 성경적 길을 어두운 세상에 제시하며 앞서 가기보다는 잘못된 시대정신을 따라가는 자의 비겁함과 나약함을 보였음을 부정할 수 없다.

사실 분단 70년이 다 되어감에도 공교회적으로 한국 교회가 성경적 통일론을 제시하지 못하고 있다는 사실은 누가 뭐라 해도 입을 열어 변명해서는 안 될 것이다. 그런 맥락에서라도 한국 장로교회의 신앙고백은 더욱 요구된다 할 것이다. 한국 교회는 한국 교회사에서 볼 때도 세계 교회가 주목할 수 있는 그럴 듯한 신앙고백을 내놓지 못하고 있다. 개혁교회 전통에서 볼 때도 개혁교회는 자신들이 처한 상황에서 시대와 장소에 따라 성경에 입각한 자신들의 생생한 신앙을 고백해 왔다는 사실이다.

개혁교회사를 보면, 그 어떤 다른 교회보다도 개혁교회에 수없이 다양하고 많은 신앙고백이 시대와 장소를 따라 나타났고, 개혁교회는 고유한 그것을 유산으로 소중히 여기고 있다. 개혁교회가 세계적으로 받아들이는 3대 신앙고백으로는 '벨기에 신앙고백'(The Belgic Confession, 1561), '하이델베르크 교리문답'(The Heidelberg Confession, 1563), '도르트 신경'(The Dordt Canons, 1619)이다. 장로교는 여기에 '웨스트민스터 신앙고백'(The Westminster Confession, 1647)을 추가하고 있다.

최근 한 예로 20세기 들어 남아프리카공화국이 비극 그 자체였던 인종차별제도를 어렵게 종식시키며 흑백 인종 간 화해를 이루어내는 데 공헌했는데, 남아공의 화란 개혁선교교회 총회는 1986년 '벨하 신앙고백'(The Belhar Confession)을 채택하기에 이르렀고, 새롭게 결성된 남아공 연합개혁교회(United Reformed Church of Southern Africa[URCSA])의 '교회 일치를 위한 표준문서들' 가운데 하나가 되었다.

'벨하 신앙고백'은 남아공의 지난한 인종차별에 대항하여 투쟁하던 그 어려움 속에서 자라기 시작하였다. 1982년에 알란 보삭(Allan Boesak)의 리더십하에서 화란개혁선교교회(Dutch Reformed Mission Church [DRMC])에 의해 처음으로 그 모습을 보였는데, 내용적으로는 '신앙에로의 부르짖음'과 '신실성과 회개로의 요청'이 근간을 이루었다. 한 마디로 인종차별정책은 복음진리를 위협하는 무서운 죄악으로 '신앙고백적 결단'(status confessionis)을 요청했었다. 즉 이 신앙고백은 인종차별의 죄악을 분명히 인식하며 민족적 결단을 새롭게 하는데 큰 역할을 하였다.[150]

총 5항목으로 이루어진 '벨하 신앙고백'은 세 가지 중요한 이슈들을 다루고 있다.

① 교회의 하나됨과 모든 민족과 나라들 사이의 하나됨(Unity)
② 교회와 사회의 화해(Reconciliation)
③ 하나님의 정의(Justice)

'벨하 신앙고백'의 머리말은 "우리는 모든 개혁교회들을 위해 이 고백을 하는 것이지 단지 우리들만의 것으로 고백하는 것은 아니다"라고 말하며 세계 개혁교회에게 뭔가를 행동하기를 요청한다. 이런 맥락에서 미국의 개혁교단인 CRC, RCA, PCUSA가 이 '벨하 신앙고백'을 개혁교회의 4번째 세계 신앙고백으로 채택하려는 움직임이 전개되고 있다.

이러한 사실은 오늘 한국의 교회가 세계 유일의 분단국으로 통일을 맞이했을 때, 아니 오늘의 복음진리가 도전받고 있는 분단의 극한 상황에서 마땅히 우리의 신앙을 고백하는 일은 너무도 지당한 일이 아닐 수 없음을 보여준다. 그렇다면 오늘 한국 교회가 남북통일을 간절히 기도하며 지금부터서라도 통일 한국에서 하나님과 세계 교회 앞에 회개하며, 감사하며 그리고 우리의 비전을 담아 고백할 '한국 신앙고백'을 마땅히 준비해야 할 것이다.

4) '한국 신앙고백'을 위한 TF 팀을 구성해야

이를 위해 총회 100주년을 맞이하면서 공교회적으로 '한국 신앙고백'을 위한 TF(Task Force) 팀을 구성할 것을 간곡히 제안하는 바이다. TF 팀은 그 분명한 하나의 목적을 위하는 일일 뿐 아니라, 한국 교회가 비로소 마땅히 자신들이 해야 할 숙제를 감당하기 위해 일을 시작하는 첫걸음이 될 것이라 생각한다.

우리의 중요한 신앙의 유산인 '웨스트민스터 신앙고백'이 수백 명의 사람에 의해 거의 5년에 걸쳐 완성되었던 것처럼 우리 한국 교회도 가슴 벅찬 남과 북의 하나됨에로의 비전을 안고 뜨거운 기도 가운데 거룩하고 신중하게 성경적으로 우리의 부끄러운 분열의 과거를 회개하고 청산하면서 모이고 또 모이면서 이 사명을 감당할 수 있어야 할 것이다.

이 TF의 결성은 결국은 한국 교회를 새롭게 하는 불씨, 새로운 한국(New Korea)을 만드는 불씨, 통일 한국(United Korea)을 하나님의 공의 위에 바로 세우는 계기가 될 수 있음을 확신한다. 비로소 한국 교회가 남북의 분단이 오늘 한국 교회에게 무엇을 의미하며, 이 분단하 한국 교회를 향한 하나님의 소명이 무엇인지를 바로 인식하는 계기가 될 수 있을 것이다. 한국 교회사의 역동적 분수령이 될 뿐 아니라, 세계 교회사에 비로소 성숙한 교회로서 한국 교회가 인정되는 결정적 계기가 되길 기도한다. 거기다 통일 한국에서 선언된 '한국 신앙고백'이 개혁교회가 기뻐하는 세계 신앙고백에도 채택되는 교회사의 쾌거를 이루기를 소망한다.

## 5. 교회의 남북교류를 위한 5원칙

### 1) 성경적 원리를 확립하라

교회는 성경의 음성을 듣고 살며, 행동한다. 교회의 존재, 삶의 원리가 하나님의 말씀 성경이라는 말이다. 그런데, 교회가 이 원리를 상실하면 교회됨을 상실하게 된다. 그러기에 교회의 주인이신 예수님이라면 어떻게 하실 지를 깊게 묵상하고 나름대로 결론이 도출되면 그대로 순종하는 원리적 교회가 되어야 한다. 특히 이데올로기와 복음의 관계 정립이 분단하에 있는 한국 교회에 우선적으로 요구된다.

복음은 하나님의 음성이며, 이데올로기는 사람의 소리이다. 사회주의이든, 자본주의이든 하나님의 복음에 귀를 기울일 때 소망이 있고, 생명이 있다. 곧, 한국 교회는 이념을 치유하는 복음임을 먼저 확신해야 한다. 복음의 수월성, 초월성, 영원성을 성숙된 신앙에 서서 확고히 할 필요가 있다. 물론 사람에 따라서 이념을 보는 관점이 다를 수도 있을 것이다. 어느 쪽이 상대적으로 더 성경적인지 따져볼 수도 있을 것이다.

그렇지만 분명한 사실은 진정한 기독교인이라면 무신론주의의 유물론주의를 따를 수는 없다는 점이다. 특히 하나님의 자리에 김일성을 두는 또 다른 종교를 신봉하는 일은 있을 수 없음이 상식에 속한다.[151]

지난 시절 동구권에 "사회주의 속의 교회"가 존재했지만, 연구해 보면 본질적으로 상존하기가 어렵다는 결론에 이른다. 공산 정권 당사자들이 겉으로는 그럴듯하게 선전도 했고, 그런 헌법도 가진 적이 없진 않았지만, 궁극적으로는 자연 도태되는 방향으로 정책을 만들었고, 많은 어려움을 주어 도저히 살아남기가 어렵게 만들었다. 그래도 가장 나은 사회주의 국가라던 동독의 경우도 이 부분에서 전혀 예외는 아니었다.

### 2) 존경받는 교회여야

교회가 세상의 존경을 받을 때, 교회는 비로소 우리 주의 일을 감당하게 된다. 훨씬 효과적으로 그 무언가를 감당할 수 있다. 교회의 사회적 역할을 극대화할 수 있다. 교회가 교회다움을 잃지 않을 때 사람들은 교회의 말과 행동을 신뢰하고 따르며 존경하게 된다. 그렇지만, 교회됨의 상실은, 소금이 그 맛을 잃었을 때, 밖에 던져 행인의 짓밟힘을 받듯, 능멸과 멸시, 조롱의 대상이 된다.

예수님의 몸된 교회는 거룩한 곳, 성결한 곳, 청빈한 삶을 사는 곳, 곧 '예수님을 생각나게 하는 사람들'의 모임, '예수 따르미'의 공동체이어야 한다. 세속주의, 물질주의, 명예주의, 귀족화, 정치화, 교만이 교회의 주인이신 예수님의 모습과 어떠한 관계에 있는지 늘 확인하고, 돌이켜 회개하는 삶을 추구해야 한다. 산상수훈의 8복 중 첫 번째 오는 복 "가난한 자가 복이 있나니, 하나님의 나라가 너희 것임이요"(눅 6:20)의 의미를 되새김하는 교회가 될 때, 맘몬주의라는 바이러스 때문에 진정한 삶과 행복을 잃고 표류하는 한국사회에 생명의 빛을 비출 수 있게 될 것이다.

### 3) 보답하는 사랑을 해야

신학적으로 교회가 사랑함은 하나님의 사랑에 보답하기 위한 것이지, 더 이상 뭔가를 바라는 사랑은 아니다. 이는 종교개혁적이지도, 성경적이지도 않다. 이미 십자가를 통해서 우리를 구원하신 하나님의 사랑 때문에 교회는 사랑하는 자로 나서는 것이다. 이것은 이미 받은 사랑에 보답하는 빚을 되갚는 행위일 뿐이다. 그러한 맥락에서 교회의 사랑은 다른 사랑, 거룩한 사랑, 세상이 말하는 사랑과는 차별된 사랑이다. 대가를 바라는 선행은 '업적주의', '행위구원에 입각한 신앙', 종교개혁이 청산한 '졸렬한 사랑'(M. Luther), 선후가 바뀐 비성경적 윤리이다.

교회의 사랑은 이미 받은 하나님의 독생자를 통해 주신 십자가의 사랑에 보답하는 사랑, 감사의 행위일 뿐이다. 결코 'GIVE AND TAKE' 또는 'Win-Win 전략'도 교회가 내세울 사랑일 수 없다. "우리가 사랑함은 그가 먼저 우리를 사랑하였음이라"(요일 4:19)는 말씀에 응하는 사랑이어야 한다. 굳이 대가를 찾는다면, 배고픈 자가 더 이상 배고파하지 않을 때, 아픈 자가 건강을 되찾았을 때 그것이 대가라면 대가이다.

> 우리는 이웃에 대한 사랑을 베풀 수 있는 기회가 주어질 때 그 기회를 결코 소홀히 하지 않는 습관을 길러야 한다. 중요한 것은 사랑을 행할 때 진정한 사랑에 의한 것인지 아니면 다른 의도가 함께하고 있는지를 양심에 비추어 늘 점검하는 일이다(슈페너).[152]

### 4) '상처 입은 치유자'로 나서야

한국 교회는 6.25에서 공산당으로부터 많은 어려움과 상처를 받았다. 남북분단이 이제 60년이 넘게 세월이 흘렀다. 피해 당사자들 대부분이 세상을 떠났다. 굳이 당한 피해를 따지자면 남측이든 북측이든 엄청난 불행을 서로 간에 당했다. 아니 훨씬 더 많은 피해를 북측이 입은 것으로 통계되고 있다. 한국 교회가 통일을 본격적으로 다루기 시작한 시점은 얼마 되지 않았다. 거의 반세기를 한국 교회는 침묵하였다. 정치적 상황, 이데올로기 등 여러 가지 이유가 있었지만, 무엇보다도 치유되지 않은 아픔과 상처 때문이었다고 생각한다.

그렇지만, 최근 들어 한국 교회는 북한을 돕는 일에 그리고 통일을 위해 그 어떤 종파보다도 적극적으로 앞장서서 힘쓰고 있다. 감격스럽고 감사한 일이 아닐 수 없다. 분명한 사실은 한국 교회가 십자가를 이기신 예수 그리스도를 본받아 '상처 입은 치유자', 화해자, 승리자의 모습으로 나서야 한다. 원수 사랑의 모범을 보이는 한국 교회여야 할 것이다. 이는 남북통일의 전제이다. 교회가 용서하지 못하고, 하나 되지 못한다면, 통일 후 통합화과정에 있어서 교회의 역기능은 불 보듯하기 때문이다.

### 5) 정치를 이끄는 교회여야

문화변혁 사명에서 볼 때, 정치를 바꾸는 교회여야 한다. 정치를 이끈다는 말은, 정치를 초월한다거나 또는 무시한다거나, 정치적 교회여야 한다는 말이 아니다. 정치를 따라다니는 파당적 교회도 아니어야 한다. 정치가 벽에 부딪혀 남북관계가 앞으로 나아가지 못할 때 교회가 길을 열어주는 역할을 추구해야 한다. 정치가 길을 잃었을 때, 또는 정치가 너무 정략적일 때 보다 바른 길을 제시할 수 있어야 한다.

예를 들어, 얼마 전 북핵문제로 남북관계가 꽁꽁 얼어붙었을 때도, 교회는 성경에 입각할 때 얼마든지 자기의 길을 당당히 갈 수 있어야 한다는 말이다. "악을 악으로 갚게 하지 말고 선으로 악을 이기는" 교회이기 때문이다.

교회의 길은 예수님의 길이다. 그 길은 다른 길이고, 본질적으로 '고난의 길'(Via Dolorosa)임을 부정하지 않지만, 궁극적으로 그 길은 부활의 평화로 나아가는 길이다. 사실 기독교인 정치가들은 이러한 교회의 역할을 인식하고, 함께 주의 뜻을 이루려는 동역자 의식을 가져야 할 것이다. '조용한 개신교 혁명'으로 일컬어지는 독일통일은 이러한 맥락에서 이해될 수 있을 것이다.

## 6. 맺는 말

　남북의 분단이 한국 교회에게 전화위복의 기회가 되길 소망한다. 한국 교회에게 시험을 주셨던 하나님은 양과 더불어 이제는 한국 교회의 성숙을 요구하신다. 일제하 3.1운동에도 나름대로 중요한 역할을 감당했던 한국 교회는 21세기 세계사에서 가장 의미 있는 사건으로 평가될 통일 한국에 무임승차하는 몰역사적이고 비성경적인 나태하고 게으른 교회로 비판받지 않기를 기도한다. 아무 준비 없이 통일 한국에서 세속적 가치관으로 무작정 뛰어드는 일을 한다면 한국 교회는 제2의 위기를 맞게 될 것을 경고한다.

　21세기 한국 교회의 가장 큰 기도의 제목이며 한국 교회의 가장 무거운 십자가인 남북의 분단 극복에 함께 기도하고 함께 사랑하며 함께 짐을 지는 진정한 교회로 드러나야 할 것이다. 독일통일이 '조용한 개신교 혁명'으로 평가받을 수 있었듯이 남북분단도 한국 교회를 향한 하나님의 시험대라 생각한다. 한국 교회가 이 시험을 통과할 때 보다 성숙한 단계로 나아가게 될 것을 기대한다.

　현실적으로 남북의 허리를 잡고 힘을 못 쓰게 하는 녹슨 휴전선은 한국 교회가 감당해야 할 세계선교의 가장 큰 장애물이기도 하다. 어떤 면에서 한국 교회는 복음이 이념에 발목 잡혀 있는 부끄러운 형국이 되기도 함을 부정할 수 없다. 사마리아를 향했던 예수님처럼 이제 과감히 그리스도의 십자가의 복음으로 막힌 담을 헐어버리고 그들을 찾아가 새로운 피조물로 변화시켜 천국을 누리는 새 생명의 축제가 북한 땅에도 이루어지게 하는 데 소중한 역할을 하는 한국 교회가 되어야 할 것이다.

하나님은 21세기 한국 교회가 이제 성숙한 교회로 세계 교회 앞에 사명을 감당하며 헌신하기를 기다리고 계신다. 그럼에도 한국 교회는 초막 셋을 짓고 적당히 안주하며 호의호식하는 교회로 전락해서는 결코 안 될 것이다. 무엇보다도 2,500만 인구를 가진 북한의 말할 수 없는 아픔과 억압을 모른 채 하며 한국 교회가 몰역사적이고 무정한 태도를 계속 가진다면 하나님은 촛대를 옮겨 세계사적 과업을 한국 교회가 아닌 다른 일꾼들을 불러들여 사용하실 수도 있음을 깨달아야 할 것이다.

이제 한국 교회는 하나님의 인내를 깨닫고 '내가 너희를 사랑한 것처럼 너희도 서로 사랑하라' 하신 지상 최대의 명령에 우선 순종하여 적극적으로 우리의 한 쪽을 사랑하여야 하겠다. 하나님이 오늘 한국 교회에게 요구하신 사랑은 본질적으로 다름 아닌 원수 사랑이라는 사실도 기억해야 하겠다. 보다 담대하고 다양하게 한국 교회의 북한을 향한 복음적 사랑을 독일 교회가 역사적으로 교훈하듯이 펼칠 수 있어야 하겠다. 그러는 중 한국 교회는 작은 통일을 미리 맛보는 중 자연스럽게 큰 통일을 이루는 주역이 될 것을 기대한다.

게다가 통일 한국에서 가져야 할 꿈으로서, 한국 교회는 교회사적 꿈도 가져야 할 것인데, 그것은 세계 개혁교회를 향한 '한국 신앙고백'을 준비하여 발표하는 것이다. 17세기 영국교회가 웨스트민스터(Westminster) 총회에서 약 5년 동안 기도로 준비하고 발표한 '웨스트민스터 신앙고백'이 세계 교회의 신앙고백으로 인정되었듯이, 21세기 세계사의 최대 사건이 될 한국 통일을 맞아 한국 장로교회는 넘치는 감사와 감격어린 마음으로 비로소 '한국 신앙고백'을 발표하는 것이다.

이를 위해 다시 한 번 제안하는 바는 그 '한국 신앙고백'을 위한 TF팀을 구성하여 수없이 나눠진 한국 장로교회가 한 마음으로 준비할 수 있기를 소망한다. 한국 통일을 향한 한국 장로교회가 지녀야 할 이 꿈이야말로 세계 교회사적이며, 개혁신학적 꿈이라 하겠다.

*Soli Deo Gloria*!

## 참고문헌

김영재.『한국 교회사』. 서울: 이레서원, 2004.
박명수. "한국 교회 분열의 원인과 연합의 방안."
  한국복음주의협의회, 2012년 2월 주제발표문.
박정수.『성서로 본 통일신학』. 서울: 한국성서연구소, 2010.
전우택.『사람의 통일을 위하여』. 서울: 오름, 2000.
조용관, 김병로.『북한 한 걸음 다가가기』. 서울: 예수전도단, 2002.
주도홍.『독일 통일에 기여한 독일 교회 이야기』. 서울: CLC, 1999.
\_\_\_\_\_.『통일, 그 이후』. 서울: IVP, 2006)
한국찬송가공회.『찬송가』. 서울: 예장출판사, 2008.
Roy Richard Grinker. *Korea and Its futures: Unification and the Unfinished War*. New York: St. Martin's Press, 1998, 47-48.

이미의
통일론

Road of the Korean Church to the National Unification

# 통일로 향하는

# 교회의 길

새 계명을 너희에게 주노니 서로 사랑하라
이로써 모든 사람이 너희가 내 제자인줄 알리라(요 13:34-35).

**9장**

# 북한 교회 회복

### 1. 조심스러운 제안

통일 후 북한 교회가 어떠한 모습으로 회복되어야 할 것인지, 아니면 어떤 모습이어야 할지를 연구하여 보다 바람직한 통일 한국의 북한 교회의 미래상을 제시하고자 한다. 북한 기독교의 현재를 정확히 진단하여야 할 것이며, 다음으로는 남한 교회의 북한 교회 재건을 위한 다양한 입장을 이해해야 할 것이다. 게다가 통일을 맞이한 독일 교회의 통합 내지는 동독 교회의 재건을 타산지석 삼아 역사적으로 조망하게 될 것이다. 그런 후 결론으로 미래 북한 교회의 바람직한 상, 아니 북한 교회 재건을 위한 준비를 조심스럽게 제안하고자 한다.

북한 교회 회복을 소망하며 분명하게 기억해야 할 것은 바로 성경적 관점이다. 오늘 한국 교회는 우리의 경험이나 상식을 그리고 아픈 상처를 버리고 오직 하나님의 말씀에 귀를 기울이며 북한 교회 회복을 준비하는 자세를 견지해야 하겠다. 곧 개혁신학의 관점에 서는 일이 우선적이다. 하나님의 말씀 호세아 6:1-3은 분단의 상처로 아파하는 한국 교회에게 중요한 가르침을 준다. 물론 당시 북쪽 이스라엘과 남쪽 유다는 분열로 괴로워했으며, 하나됨을 기도하였다. 이러한 상황 가운데에서 하나님께서는 호세아 선지자를 통하여 그분의 뜻을 이스라엘에게 밝히 전달하였다.

> 오라 우리가 여호와께로 돌아가자 여호와께서 우리를 찢으셨으나 도로 낫게 하실 것이요 우리를 치셨으나 싸매어 주실 것임이라 여호와께서 이틀 후에 우리를 살리시며 셋째 날에 우리를 일으키시리니 우리가 그의 앞에서 살리라. 그러므로 우리가 여호와를 알자 힘써 여호와를 알자 그의 나타나심은 새벽 빛 같이 어김없나니 비와 같이, 땅을 적시는 늦은 비와 같이 우리에게 임하시리라 하니라(호 6:1-3).

첫째, 하나님의 주권이다. 우리를 찢으신 이도 하나님이시며, 우리를 하나 되게 하실 분도 하나님이라는 사실이다.

둘째, 하나님 앞에서(*Coram Deo*)만이 살 길이다. 사람이 아무리 노력하고 애쓸지라도 하나님 앞에 나아가고 바로 설 때만이 하나님이 살려 주실 것이다.

셋째, 무엇보다도 먼저 해야 할 일은 힘써 여호와를 알아야 한다는 점이다. 그분의 뜻과 계획이 오늘 한반도에서 무엇인지를 한국 교회가 인식하는 일은 너무도 긴급히 요구된다.

넷째, 남북통일은 하나님의 때에 새벽빛 같이, 땅을 적시는 늦은 비같이 찾아 올 것이다. 곧 하나님의 카이로스에 도래할 통일을 바라며 한국 교회는 조심스럽게 성령의 인도를 받으며 기도로써 준비해야 할 것이다.

## 2. 어떻게 북한은 종교를 이해하나?

> 우리 공화국에서는 이미 종교문제를 기본적으로 해결하였다고 볼 수 있습니다. 그러나 남조선에서는 종교를 믿는 사람이 적지 않습니다. 그러므로 앞으로 조국이 통일된 다음에 우리 사람들이 남반부에 나가서 종교와의 투쟁을 잘 하도록 하려면 학생들에게 종교의 본질과 그 해독성이 무엇인가를 똑똑히 알려주어야 합니다(김일성).

김일성의 종교에 대한 극단적인 입장을 보여 주는 말이다. 그럼에도 1990년대 후반부터 기독교에 대한 북한의 입장은 변화를 보이고 있다. 특히 2000년 북한에서 나온 『조선대백과사전』에서 소개된 기독교는 1981년에 나온 『현대 조선말사전』과는 큰 차이를 보인다.

『현대 조선말사전』은 "낡은 사회의 사회적 불평등과 착취를 가리우고 합리화하며 허황한 천당을 미끼로 하여 지배계급에게 순종할 것을 설교"하는 것이 기독교이며, "종교의 탈을 쓰고 인민들을 착취하도록 반동적 사상 독소를 퍼뜨리는 거점의 하나"가 교회이며, 성경을 "예수교의 허위적인 교리를 적은 책"으로 악의적으로 설명한다.

그렇지만 19년 후 2000년에 출간된 『조선대백과사전』은 기독교를 "신의 아들이라는 예수를 크리스트로 내세우고 그에 의한 인류의 구제를 설교하는 종교"로, 교회를 "종교를 믿는 신자들이 예배, 세례, 성찬과 같은 예식을 진행하는 집합장소"로 소개하며, 성경에 대해서는 언급이 없다. 이러한 변화는 이전에는 종교단체들과 대남 및 대외 교류가 주로 정치적 목적이었다면, 1990년대 후반부터 북한의 종교교류의 실질적 목적을 어려운 경제난관 타파에 두는 실리적 관점이 크게 작용하기 시작한 것과 무관하지 않은 것으로 보인다.

근원적으로 북한의 신종교정책은 1980년대부터 제시되는데, 몇 가지 이유를 제시할 수 있다.

첫째, 압박과 착취, 예속과 불평등에서 벗어나려는 인간의 욕구가 반영되어 종교가 발생했다고 설명하면서, 지금까지의 마르크스주의가 내세우는 지배계급의 조작 내지는 피지배계급의 현실에 대한 무지 또는 환상적 도피라는 종교이해가 완화되었다.

둘째, 종교의 사회적 기능이 부정적 측면보다는 긍정적 측면이 확대되어 인식되고 있다.

셋째, 종교의 기원에 대한 재해석이 이루어지면서 '종교집단과의 통일전선 구축문제'가 당면과제로서 부각되고 있다.

넷째, 주체사상과 종교사상간 '세계관 차원의 접근가능성'이 모색되고 있는 것으로 본다.

그렇다고 북한의 종교에 대한 새로운 이해가 북한인 사이에서 보편화되고, 실생활에서 드러나기까지는 아직 이르다 하겠다. 김정일은 신앙, 곧 교회에 대한 본인의 이해를 밝히고 있는데, 아버지 김일성의 이해와 맥락을 같이 하고 있음을 본다. 분명한 것은 일반적 이해와는 동떨어진 전혀 상이한 종교에 대한 입장을 북한이 견지하고 있다는 점인데, 근원적으로는 변화가 없다고 볼 수 있을 것이다.

> 지금까지 우리나라에서는 종교를 반대한 적이 없습니다. 수령님께서는… 우리나라에서 종교 세력이 약화된 것은 지난 조국 해방전쟁 시기에 미제국주의자들이 례배당을 폭격하고 종교인들을 살육하였기 때문이라고 교시하시었습니다. 우리나라에서는 헌법에 밝혀져 있는 대로 사람들이 신앙의 자유를 보장받고 있기 때문에 누구나 교회당에 마음대로 갈 수 있지만 아무런 근심 걱정이 없고 속죄할 것도 없으니 교회당에 찾아가지 않습니다(김정일).

### 3. 북한의 기독교는?

'조선기독교연맹'은 1999년 2월 '조선그리스도연맹'으로 개칭되었는데, 중앙조직과 지방조직으로 구성되어 있다. 산하에는 1972년 3년제로 문을 연 평양신학원이 2000년 9월부터 5년 학제로 개편되어 운영되고 있으며, 졸업생은 가정 예배소의 전도사, 곧 책임지도원으로 일정기간 봉사해야 하며, 목사 안수를 받으면 '조선그리스도연맹' 소속 교직자로서 연맹 사무부에서, 봉수교회, 칠골교회, 가정예배소 등에서 일한다.

북한에는 해방 전까지 2,850여개의 교회가 있었으나, 현재 공식교회는 2개로 평양의 봉수교회와 칠골교회이다. 봉수교회 주일 출석인원은 당국이 허가한 300여명이며, 그 중 60%가 여성인 것으로 집계되고 있다. 1989년에 김일성의 어머니 강반석 권사를 기념하여 평양시 만경대구역 칠골동에 세워진 칠골교회는 출석 교인수가 100명 정도 되는 것으로 알려져 있다.

북한 교회의 예배 형식은 일반적이나 설교 도중 중간중간 수령의 은혜를 언급하며 강조함이 특이하다. 이 부분도 조금씩 변화를 보이고 있다고 한다. 당국의 허가 없이 두 교회에서 이루어지는 예배는 불가능하며, 인근 일반 주민들의 교회출입은 엄격히 통제되고 있다. 지하교회와는 다르게 공개된 가정교회는 10-15명 단위로 가정에서 모이며 북한 전역에 800여 곳이 되며, 평양에만 33곳이 있는데, 주로 대도시를 중심으로 산재하고 있는 것으로, 가정교회에 소속한 사람들은 지하교회와는 다르게 사회주의 체제의 우월성을 확신하는 사람들이어야 하고, 역시 공개적으로 드려지는 자유예배는 허용되지 않는 것으로 알려져 있다.

그럼에도 가정교회의 실체에 대해서는 여전히 베일에 쌓여 있다 하겠다. 지하교회는 은밀한 장소에서 숨어서 예배를 드리는 비밀 신앙공동체를 일컫는다. 지하교회 속성상 8명을 넘지 못하는데, 1997년 통계에 의하면 북한에는 14만 명의 지하교회 신자들이 있으며, 2008년 현재 더 많은 지하교인이, 정치범수용소 수감이나 사형 등의 혹독한 처벌에 떨면서도, 신앙공동체를 유지하고 있는 것으로 알려지고 있다.

북한 기독교는 어려운 여건하에서 생존하면서 남한의 기독교와는 구별되는 특성, 일종의 이전 사회주의 동구권에 존재했던 '사회주의 속의 기독교'와는 구별된 '다른 기독교'의 모습을 보이는데, '사회주의에 적응한 기독교'로 일컬을 수 있으며 다음과 같은 특징들을 지니고 있다.

첫째, 철저한 북한 정권의 통제력 하에서 자생력이나 자율성이 극히 적은 교회이다.

둘째, 북한의 기독교인들은 생존을 위해 유물론주의인 사회주의를 주어진 현실로 수용하고 있다.

셋째, 북한 기독교는 개개인의 영적 성장 보다는 교회의 정치사회적 기능을 중시하고 있다.

넷째, 북한 기독교는 교파주의로부터 완전히 벗어났다. 그럼에도 대체로 이전에 우세였던 장로교의 전례를 따르고 있는 것으로 보인다.

다섯째, 주체사상으로 인해 교회조직뿐 아니라, 교리에서도 외국교회의 영향 및 간섭에 극도로 부정적이며, 비판적이다.

여섯째, 목회자와 건물이 극히 부족한 상황에서 가정교회라는 독자적인 교회형태가 등장했다.

일곱째, 전문 종교인들이 허용되지 않은 상황에서 교회지도자들은 직접 노동을 통해 자신들의 생계를 해결해야 했다. 1980년대부터 봉수교회가 건립되면서 '전임' 목회자가 등장하기 시작했다.

여덟째, 북한 기독교는 독특한 영성을 발전시켰다. 신앙에 있어서는 보수이며, 사회참여에 있어서는 진보가 함께 결합된 '근본주의적 자유주의' 형태이다.

> 종교에 관해서 입에 담아본 적도 없어, 북한 사는 동안 성경도 읽어본 적도 없고. 그런데 저는 천주교, 기독교, 개신교라는 걸 몰랐어요. 중국에 와서부터 알았어요. 여기 와서 까지도 정확히 갈라선 건 몰랐어요. 왜 몰랐냐면 북한에선 수녀를 다 붙잡아갔어요. 그래서 수녀는 없는거고. 그래서 난 봉수교회 그거는 외국 관광용이고 세계 여론에 의해서…(2003년 탈북자).

북한 당국의 정권 차원에서 행해지는 대외적 신종교정책과는 다르게, 이렇듯 북한인들의 기독교에 대한 일반적인 인식은 아직도 전혀 기대할 수 없는 상황이다. 북한에서의 기독교에 대한 인식은 한 마디로 매우 부정적이고 회의적이며, 적대적이기까지 하다.

북한 주민들은 평양에 살면서도 교회와 성당이 있는지, 교회와 천도교의 차이가 무엇인지, 목사, 신부, 승려를 구별하지도, 무엇을 하는 사람들인지도 알지 못하는 사람들이 대부분이다.

저자가 평양에서 만난 김일성대학교 출신 북한 최고의 엘리트 참사들도 이 점에서 다르지 않았다. 그 이유로는 첫째, 기독교에 대해 인식이 전무하며, 둘째, 북한의 주체사상 자체가 종교를 대체하고 있기 때문이다. 북한 사람들은 김일성을 위대한 지도자로 생각할 뿐 아니라, 영원히 살아계신 하나님과 같은 존재로 생각하고 있다. 특히 김일성 부자에 충성하는 '주체형 인간'은 어릴 적부터 북한의 철저한 학교교육을 통해서 형성된다.

> 사람이 모든 것의 주인이며 모든 것을 결정합니다. 혁명과 건설의 주인은 인민대중이며 혁명과 건설을 추동하는 힘도 인민대중에게 있는 것만큼 새 사회 건설에서는 마땅히 인민대중의 힘을 믿고 그에 의거하여야 합니다. 자주적인 새 사회를 '하느님'이 건설하여 줄 수는 없습니다. 사람들의 생활에 필요한 물질적 부도 사람만이 창조할 수 있습니다(김일성).

그럼에도 긍정적인 소식이 없지 않은데, 현재 개성공단에서 함께 일하는 북한인들은 반기독교교육을 받은 사람들로서 선교를 하려는 사람들을 북파공작원보다도 더 위험한 사람으로 생각하고 있는 것이 현실이지만, 기독교를 표방하는 기업이 다른 일반기업보다 북한인 노동자들에게 진심어린 사랑으로 대해주는 것을 피부로 느끼면서 기독교기업을 보다 긍정적으로 이해하고 있다는 소식이다. 이와같은 그리스도의 사랑이 남북관계 회복에 놀라운 힘이 될 것을 기대한다. 중요한 것은 무엇보다도 인간 사이에, 남북관계에 신뢰가 먼저 쌓이는 일일 것이다.

### 4. 어떻게 북한 교회 회복을 생각하나?

통일 한국의 북한 교회 재건에 대해서는 북한 정권의 위기와 맞물려 통일이 다가왔다는 수동적 환경에 의해 관심 있는 연구자들의 주제로 다루어졌다. 각 연구자들이 진보와 보수에 따라 조금씩 입장차를 보이지만,

대부분 이해 가능한 결론에 이르고 있다. 그러한 맥락에서 몇몇 연구자들의 북한선교 내지는 북한 교회 재건에 대한 제안에 주목하고자 한다.

### 1) 김중석

김중석은 북한 교회 재건의 이유를 몇 가지로 제시한다.
첫째, "땅 끝까지 이르러 내 증인이 되리라"는 말씀의 완성
둘째, 한국 교회의 기도응답으로서 교회사적 의미
셋째, 미래 지향적인 민족통합은 한국 교회에게 내리신 시대적 사명

### 2) 한화룡

한화룡은 통일 전후로 한 시점에서 어떻게 북한인들에게 복음을 전할 것인지를 6가지로 제안한다. 물론 직접적으로는 통일 후 교회의 모습과는 아직 거리가 있지만, 통일 후 형성될 북한 교회의 모습과 상관성이 있는 점을 전제로 할 때 간과할 수는 없다. 이런 맥락에서 조금은 일반적인 것 같지만 한화룡의 제안에 주목하고자 한다.

첫째, 북한인들이 긴 세뇌교육에 의해 어쩔 수 없이 지닐 수밖에 없는 기독교에 대한 편견을 깰 수 있도록, 그들과 지속적인 관계를 맺으면서 순수하고 희생적인 사랑을 실천하여 보다 인간적인 관계를 형성하라.

둘째, 신의 존재와 창조를 유물론적이고, 인본주의적인 교육을 철저하게 받은 북한인들의 입장에 서서 접촉점을 찾아 논리적으로 설득하라.

셋째, 북한인들을 전도할 때 복음과 이념을 혼동하지 말며, 상대방의 마음을 닫게 할 수 있는 특정 정치체제를 전파하려는 유혹에 빠지지 마라.

넷째, 북한인들이 처한 현실을 제대로 파악하여 그들의 상황에 적절한 메시지를 전하라.

다섯째, 하나님의 사랑과 능력을 개개인이 체험적으로 인식할 수 있도록 하되, 북한식 종교체험과는 구별된 진정한 경건과 평안을 누리는 성령의 충만을 맛보도록 하라.

여섯째, 북한인들의 생활에 실질적으로 도움이 되는 방향에서 교회는 봉사를 하여, 생활고로 인해 신앙이 흔들리지 않도록 하라.

### 3) 한기총

1993년 8월 30일 한기총 남북교회 협력위원회가 발표한 북한 교회 재건을 위한 7가지 강령 중 눈에 띄는 부분에 주목한다. 북한 교회 재건의 리더십을 북한 교회의 '남은 자'들에게 준다는 것은 눈여겨 볼 부분이라 하겠다.

첫째, 남북통일과 북한 교회 재건이 하나님의 뜻임을 깨달아 최선의 노력을 다한다.

둘째, 한국 교회가 "범 교단적인 '북한 교회 재건위원회'를 구성하여" 창구를 일원화하여 공동의 과업으로 북한 교회 재건을 준비한다.

셋째, "경쟁적 및 물량주의적 선교를 지양하기 위해 북한에 단일 기독교단 교회를 세운다."

넷째, "북한 교회의 재건을 위해 가능한 한 현존하는 북한 교회를 강화하고…황폐화된 북한 교회의 남은 자들을 찾아…그들로 하여금 북한 교회 재건을 주도하도록 한다."

다섯째, 북한 교회 재건에 필요한 재정 모금운동을 적극적으로 전개한다.

4) 북한 교회 재건위원회

북한 교회 재건위원회가 북한 교회의 단일교단을 꿈꾸며 내놓은 북한 교회 재건 강령은 3대 원칙에 근거하고 있다.

첫째, 한국 교회가 하나 되어 창구를 일원화하여 북한 교회를 세워야만 하는 연합의 원칙이다.

둘째, 한국 교회의 지나친 분열을 하나의 실패로 고백하며 북한에서는 새로운 기회로 여겨 단일 기독교단에 의한 교회를 세우는 단일의 원칙이다.

셋째, 북한 교회의 그루터기로 신앙을 지킨 '살아있는 순교자'인 지하교회 교인들이 남한 교회와는 독립적으로 북한 교회 재건의 주축이 되어야 하는 독립의 원칙이다.

특히 김중석은 "누가 북한 교회를 재건할 것인가?"를 질문하며, 한기총과는 다르게 탈북자들이 가장 적절한 북한 교회 재건을 위한 인물들이 될 수 있음에 대해 그 이유를 밝힌다.

탈북자들은 북한을 잘 알며 현지인들에게 복음을 적절하게 설명할 수도 있을 것이다. 특히 남한 사람이 남한 사람에게 전도하는 방법으로 북한인들에게 전도하였을 때 북한인이 전혀 이해하지 못한다는 임상보고서를 보면 탈북자의 북한전도는 효과가 크다 하겠다.

무엇보다도 탈북자들이 매우 어려운 여건에서 기독교인이 되었기에 그들이 진실한 기독교인으로서 북한의 복음화에 역할을 할 수 있다는 기대에 근거할 때이다.

여기서 하나의 물음은 북한 교회 지하교인들이 북한 교회 재건을 위해 해야 할 역할인데, 김중석은 이에 대해 회의적인 입장을 보인다. 물론 그들이 북한 교회 재건에 있어 존경을 받고, 중추적 역할을 해야 할 것이지만, 그 이유는 먼저 너무 오랫동안 숨어온 그들이기에 한 동안 자신들의 정체를 쉽게 들추어내지 않을 것이며, 그 다음으로는 공산당 치하에서 극도로 어려운 상황하에서 잘못된 신앙, 곧 신비주의나 미신적 요소를 지닐 수 있다는 것이다.

### 5) 조동진

조동진은 통일 한국 교회를 위한 한국 교회 준비를 5가지로 제시한다. 첫째, 민족분열과 북한 교회 소멸에 대한 교회의 책임확인과 회개운동 둘째, 북한 자류 교회 지도자들과 신도들의 행방에 대한 조사 연구

셋째, 북한의 풀뿌리 신도들의 소생을 위한 생활 지원 전략 수립

넷째, 북한 각 지역의 그루터기교회 뿌리 찾기와 육성전략 수립

다섯째, 대표적 통일 한국의 민족적, 신앙적 지도자 표본: 주기철 목사, 손양원 목사, 조만식 장로, 김구 주석

### 6) 한국 교회 초기의 민족교회 정신 회복

특히 조동진은 통일 한국의 민족적 신앙적 지도자로서 네 사람을 제시하고 있는데, 그 의미는 크다 하겠다. 남북 양측에 교훈을 주는 인물로서 주기철은 반일제에 대항한 인물로서, 손양원은 두 아들을 죽인 공산당을, 그 사람을 이념을 초월하여 아들로 삼아 호적에 올린 탁월한 사랑의 사도이며, 조만식 장로와 김구 주석은 남북 모두가 민족의 지도자로서 존경하는 인물이기 때문이다.

### 7) 신효숙, 오일환, 정지웅

신효숙, 오일환, 정지웅은 공동연구에서 공산주의에 세뇌된 북한인들을 향한 기독교에 대한 편견을 어떻게 해명할 것인가를 물으며, 8가지 착상을 북한인들과 접촉점을 염두에 두며 제시한다.

첫째, 기독교는 인간의 의식과 역사를 전진적 방향으로 발전시켰다.

둘째, 기독교는 양심개조, 인간개조, 사회개조 등을 역설하며 한국 근대화에 산파역할을 감당했다.

셋째, 한국 기독교는 일제 강점기 독립운동과 계몽운동에 중추적 역할을 감당했다.

넷째, 의료 사업과 교육 사업을 통해 북한 근대화에 기독교는 지대한 공헌을 하였다.

다섯째, 기독교는 남한의 경제발전과 민주화에 공헌하였다.

여섯째, 기독교는 세계적인 종교이며, 미국의 지배를 받지 않는다.

일곱째, 기독교인 운명적이거나 숙명적인 종교가 아니라, 무력한 인간과 한계를 뛰어넘으려는 개혁적 정신으로 가득하다.

여덟째, 공산주의가 지배한 나라와 기독교 국가를 개관적으로 비교하라.

### 8) 김동선

통일을 전후로 한 북한선교 내지는 북한 교회 재건을 바라보는 입장이 북한의 '조선그리스도연맹'을 어떻게 생각하느냐에 따라 남한 교회의 입장이 진보와 보수로 갈리는데, 그럼에도 불구하고 서로 공통점을 찾아 마음을 합쳐 북한 교회 재건을 향하여 보다 다른 차원의 한 길을 가야 할 것으로 기대한다. 김동선의 제안은 주목을 요한다.

> 현재로서는 한국 기독교협의회로 대표되는 진보교회와 한국 기독교총연합회로 대표되는 보수교회의 화합은 어려워 보이나, 진보교회는 복음화문제에, 보수교회는 평화 통일의 과정에 보다 관심을 기울일

필요가 있다.… 남한 교회의 하나됨은 북한선교 정책을 하나로 통합하는 신학적 접근을 넘어, 남한 사회를 개혁하는 지역교회의 참여를 유도할 수 있는 구체적인 실천을 통하는 것이 더 바람직하다. 왜냐하면 현재의 남한 사회의 모습은 북한선교에 참여할 수 있는 준비가 전혀 되지 않은 상태라고 평가할 수 있기 때문이다.

기독교통일학회 '제1회 기독교 대북 NGO대회'에서 행한 기조연설 중 손봉호의 지적은 통일 후 북한 교회를 위해 기도하는 사람들이 귀담아 들어야 할 것이다. 과연 한국 교회가 통일 후 북한에 선한 영향을 줄 수 있느냐 하는 문제이다.

통일이 이루어졌을 때 부작용이 많이 일어나지 않도록 준비하며 특히 정신적으로 북한인들에게 도움이 되도록 우리의 신앙과 도덕성을 함양해야 할 것이다. 지금 한국 교회가 가지고 있는 질과 도덕성으로는 북한 주민들에게 긍정적인 도움을 줄 수가 없다. 북한 주민들에게 실제적으로 도움이 되지 않는 통일은 성경적으로 아무 의미가 없다(손봉호).

## 5. 북한 교회 재건을 위한 모델: 독일

이제 통일 독일이 교회재건을 위해 어떤 지혜를 동원했는지를 살펴볼 것이다. 물론 동독에는 어렴풋이 교회가 존재했지만, 분단 45년 후 동독 교회는 말 그대로 거의 고갈상태에 와 있었다. 이는 동독 정권의 교회 말살정책의 결과였다. 동독 정권은 겉으로는 신앙의 자유를 외쳤지만, 반기독교적 유물론 세뇌교육을 어린 학생들에게 시켰으며 세례식 대신 성인식으로 대처하여 교인이 되는 것을 방해하였다. 게다가 모든 면에서 교인들은 사회적 혜택을 박탈당했으며, 아울러 공적 활동에 제약을 받았기에 순교자적 각오가 없이 동독에서 교인이 된다는 것은 거의 불가능했다.

그렇지만 이러한 어려움에 처한 동독 교회를 향한 서독 교회의 사랑은 중단되지 않았다. 동서 분단하 독일 교회는 섬김의 신학과 성육신의 사랑을 가지고 어려움에 처한 동족을 조건 없이 인내로 도왔고, 1990년 독일은 통일을 은혜로 누리게 되었다. 그렇지만, 독일 교회의 재건은 그렇게 만만하지 않았고, 많은 문제를 극복해야만 하는 노력을 기울여야 했다. 물론 아직도 독일 교회가 넘어야 할 산들이 있는 것은 부정할 수 없지만, 한국 교회와 비교할 때 서독 교회는 보다 성숙된 교회의 모습을 여러 면에서 보이고 있으며, 많은 점에서 분단하 한국 교회에게 유익한 경험을 제시하고 있다.

분단하 독일 교회의 모습 역시 분단 교회인 한국 교회에게 교훈하는 바가 적지 않을 뿐 아니라, 통일 독일 교회가 당한 경험 역시 통일 한국에 있어서 북한 교회의 상을 그리는데 지혜를 준다. 먼저는 원리적인 면에서 그런 후 실질적인 면에서 북한 교회 재건에 대해 나누어 생각할 수 있다.

### 1) 새로운 전도법

통일 독일 교회가 우선적으로 풀어야 하는 원리적인 문제는 교회 속에 제도적으로 들어와 있는 공산주의 잔재를 어떻게 제거해야 할지였다. 그 한 예로 사회주의 정권하 기독교를 말살하기 위한 의도에서 실시한 반기독교 교육이 통일 후에도 거대한 영향을 미치고 있기 때문이다. 따라서 기독교는 미신이며, 미 제국주의의 꼭두각시라는 인식이 동독에 확산되어 있다.

분단하 동독 정권의 반기독교 교육은 동독에서의 기독교를 초토화하기에 이르렀고, 통일 당시 동독 교회는 거의 탈진상태에서 회생하기 어려운 상태였으며, 통일 후 현재에 이르러서 까지도 독일 교회가 갈망했던 교회에로의 '복귀의 붐'은 일어나지 않고 있다. 청소년들과 그의 부모들은 공산 정권의 반기독교 학교교육의 열매로 교회를 여전히 불신의 눈초리로 바라보며 멀리하고 있을 뿐이다. 전혀 복음을 듣지 못했던 지역에서의 지금까지의 전도와는 다른 새로운 전도법의 개발을 요청하고 있는데, 무엇보다도 그들이 갖고 있는 기독교에 대한 오도된 선입견을 먼저 바로 할 때에만 다음 단계의 전도가 가능하기 때문이다.

많은 재정이 투자되었음에도 기대했던 교회에로의 '복귀의 붐'이 하나의 허상으로 경험된 동부 독일지역에서는 시간이 지나면서 조금은 당황스럽기도 한 입장에 서서 새로운 각오를 다졌다.

독일통일 10년이 되었을 때, 독일 교회 협의회 회장 만프레드 코크(M. Koch)는 기념사에서 큰 호흡과 계속적인 인내를 요청했다.

10년 전 우리에게는 하나의 기대가 있었습니다. 그것은 통일이 되면 우리나라에는 개신교가 좀 더 융성할 것이라는 생각이었습니다. 그럼에도 오늘에 와서 곰곰이 생각해 보면, 동서독에서 오래전부터 내려오던 자타가 인정하는 신앙전수의 단절은 여전히 계속되고 있습니다.[153]

이러한 현상은 서독 교회가 다른 한 쪽인 동독 교회를 경제적으로 책임져야 하는 이중고를 안게 되었다. 물론 서독 출신 기독교 엘리트들이 직장과 여러 가지 이유로 동독으로 이주하여 동독 교회의 구성원이 되는 경우가 있어 그래도 다행이지만, '무관심'으로 묘사할 수 있는 동부지역의 교회는 여전히 어려움을 호소하고 있을 뿐이다.

2) 찾아가는 교회

동부독일의 사람들에게 그럼 실제적으로 어떻게 복음을 전할 것인가 하는 질문을 던져야만 했다. 한 예로, 동부 독일에 위치한 브란덴부르크 지역 소속 목사 한스 요아힘 마르덴스(Hans-Joachim Martens)는 특별한 경험을 전제로 도전적인 전도론을 제시한다.

① 더 이상 기다리는 교회가 아니라 찾아가는 교회여야 한다.
② 불신자와의 동질성을 통해 인격적 관계를 가져 집으로 초대한다.
③ 사랑공동체를 구체화하여 그리스도를 만나는 신앙에로 초대한다.

유물론 사상에 젖어든 공산주의를 경험한 사람들에게 복음을 전할 때 효과적인 방법은 교회의 사회적 과업, 곧 디아코니아의 실행이다. 독일 교회는 다양한 노력을 기울이며, 독일 교회는 소망을 잃지 않으면서 예수님 사랑의 섬김 공동체를 구체화하려 노력하고 있다. 사람들에게 말씀과 삶의 증거자의 삶을 보여 그들을 교회공동체로 나아오게 한다는 것이다. 그렇다고 그들의 봉사가 전도만을 목적으로 하는 것은 아니다. 분명한 것은 봉사 그 자체로서 충분히 의미가 있는데, 이는 예수님의 사랑의 명령에 순종하는 것이기 때문이다. 사회봉사가 복음전파를 위한 조건이 되어서는 안 되지만, 균형 잡힌 복음전파를 위해서는 중요한 축으로 인식하고 있다.

독일 교회는 교회의 사회봉사를 창구를 일원화하여 실시하고 있는데, 독일 디아코니아 재단을 통해서 하고 있다. 그런데 오늘 독일 교회의 문제는 일방적으로 치우친 감이 없지 않은데, 너무 봉사 또는 일종의 사업 그 자체로서만 끝나고 있는 점이다. 이러한 문제의식에서 "교회의 디아코니아 업무는 예수 그리스도의 사역에로의 위임 안에서 행해진다"는 사실을 강조하게 되었다.

그 결과, 독일 디아코니아는 그리스도의 이웃 사랑의 원리를 분명히 인식하는 자들서 전문 지식과 인격을 갖춘 자를 찾기에 이르렀고, 헌신된 마음으로 찾아오는 봉사자들이 절대적 인력으로 구성되어 있다. 이렇게 하여, 독일 교회는 봉사야말로 '사회 가운데로 내민 교회의 손'의 역할이기를 원한다.

> 디아코니아의 과업은 일종의 생명의 힘(Macht des Lebens)입니다. 결코 사회 윤리가 아닙니다(keine Sozialethik). 종교적인 외투를 걸친 사회업무도 아닙니다(keine religioes bemaentelte Sozialarbeit). 분명 디아코니아는 부활의 증거, 죽음을 대적한 저항이며, 생명을 업신여기는 모든 힘에 대한 거부(Protest)입니다. 관료주의, 전횡주의, 무사안일에 대항하는 힘입니다. 디아코니아는 공공의 삶 속에서 제시되는 기독교인의 현존입니다. 디아코니아는 하나님의 말씀에서 근거를 찾아야만 합니다(muss). 디아코니아는 하나님 나라의 관점(die Perspektive des Reiches Gottes)에서 추구되어야 합니다. 그렇지 않을 경우, 비전의 근거를 잃어버리며, 구성력을 잃어버립니다.

이러한 독일 교회의 경험은 한국 교회에 시사하는 바가 많다. 한국 교회는 봉사를 전도 조건적으로만 알고 있는 점이 문제다. 이러한 경우 봉사다운 봉사를 하지 못하게 되고, 보다 차원 높은 그리스도 사랑에도 이르지 못한다. 그러므로 봉사를 통해 복음을 전파할 수 있는 기회를 포착한다면 효과적이라 생각한다. 어쨌든 통일 독일에서의 교회재건은 공산 치하를 통과한 북한 교회 재건에 생각할 여지와 지혜를 준다 하겠다.

## 6. 북한 교회 회복을 구체화할 수 있나?

한국 교회는 먼저 통일 후 북한 교회 재건에 대한 잘못된 환상을 버려야 한다. 통일 후 많은 돈을 들여 멋있는 예배당을 북한 땅에 짓고, 잘 교육된 목회자들을 파송하면, 북한 교회 재건이 쉽게 되리라고 생각한다면 큰 오산이다. 통일 독일 교회는 이러한 환상이 얼마나 잘못인지를 가르치며 교훈하고 있다. 그러기에 북한 교회 재건은 이미 분단하에서 침착하게 보다 슬기롭게 준비되어야 한다. 분단하 한국 교회가 어떻게 하느냐에 따라 통일 후 북한 교회 재건의 성패는 달려 있다. 북한선교를 통일 후 전리품 정도로 생각한다면 한국 교회는 다시 뜻밖의 위기를 맞을 것이다. '준비하는 통일이 아름답다' 할 뿐 아니라, '준비하는 북한 교회 재건이 아름답다' 하겠다.

한국 교회는 기도로 준비해야 할 뿐 아니라, 실질적으로도 다각도로 예상하고 전문적으로 준비해야 하고, 탈북자 교회를 통해 '이미의 북한 교회'를 재건하는데 노력해야 한다. 사실 탈북자들의 결신율은 전혀 높지 않은데, 이는 북한 교회 재건이 얼마나 어려울지를 보여준다. 이런 맥락에서 독일 교회는 우리에게 생생한 경험을 선사한다. 그렇게 꿈꿨던 '복귀의 붐'이 독일 교회에서는 뜻밖에도 무산되었다. 반세기에 걸친 집요한 동독 공산 정권의 반기독교 교육이 통일 후에도 여전히 힘을 발하고 있기 때문이다.

한국 교회가 꿈꾸는 북한 교회가 단독 교단에 속한 교회로 형성될 지는 의문이다. 무엇보다도 남한 교회의 미성숙이 문제이다. 한국 교회의 분열은 교회사에서 그 유래를 찾아보기가 힘들 정도로 수준 이하이다. 단독 교단을 헌법으로 명문화할 수도 없는 현실에서 아름다운 추구이지만 실현불가능하다고 까지 말할 수 있다. 그렇다면 북한 교회 재건을 위해 실현성 있는 준비를 하는 게 훨씬 중요하다. 북한공산 정권이 철저하고 처절하게 기독교 말살정책을 펴면서 세뇌 교육한 반기독교 선전을 그리고 그에 의해 형성된 무신론적 인본주의적 삶을 어떻게 남한 교회가 인식하고 대처하느냐 하는 것이다.

또한 신앙에서는 매우 보수적이지만, 또한 매우 정치참여적인 독특한 신앙형태를 보이는 북한 교회를 어떻게 균형 있는 바른 교회로 이끄느냐를 연구해야 할 것이다. 아울러 북한인들이 가지고 있는 공산주의 내지는 김일성 주체사상을 하루아침에 버릴 수 없는 현실에서, 한국 교회가 북한 복음화단계에서 어떻게 이들을 상대하고 복음으로 인도해야 할지를 보다 전문적으로 준비해야 하겠다. 통일 후 반신적, 반기독교적 훈련을 받은 북한에서 어떠한 전도방법이 효과적일 지를 고민하며 고전적 전도전략을 수정하여 새로운 전도전략을 수립하는 일도 북한 교회 재건을 위해 요구된다.

통일 후 몰려올 경제적 어려움을 예상하며 교회가 실천할 봉사의 구체화와 여러 가지 다양한 준비를 긴 안목을 갖고 전문적으로 해야 할 것인데, 확고한 복음에 선 교회의 사랑의 봉사를 통해 왜곡되고 잘못된 교회에 대한 북한인들의 선입견을 먼저 극복해야 하겠다. 무엇보다 한국 교회는 사람의 하나됨을 위해 영적으로 정신적으로 준비를 해야 하겠다. 국가는 법적, 정치적, 경제적 통일을 준비할 것이지만, 교회는 그러는 중 통화 과정에서 소외로 괴로워할 북한인들을 어떻게 통일 한국의 일원으로 받아들이며 하나 될 것인지를 하나님의 용서, 하나님의 화해와 예수님의 사랑의 명령을 순종하며 철저하게 준비할 수 있어야 할 것이다.

한국 교회는 무엇보다 사람의 통일을 위해 통일 한국 건설에 주어진 몫을 다하는 동역자들이 되어야 하겠다. 혹시나 통일 한국에서 한국 교회가 여전히 이데올로기에 갇혀 복음의 능력을 망각한 채 트러블메이커로 드러나지 않아야 하겠다. 바라기는 한국 교회가 이제는 공산주의에 대한 체험적 아픔과 상처, 증오를 청산하고 공산주의와 기독교의 관계를 객관적으로 정립하고 이해할 필요가 있다 하겠다. 무엇보다도 이데올로기로 인해 실패한 사람들, 상처 입은 그들을 그리스도의 크신 사랑으로 받아들이고 그들이 복음 안에서 새로워질 수 있도록 이끄는 예수님의 십자가의 사랑을 가져야 하겠다.

이를 위해 한국 교회는 북한 교회 재건을 위해 우선적으로 자기성찰을 통한 회개운동을 펼쳐나가야 하겠다. 신앙적으로나 윤리적으로도 근원에서부터 다시 시작하는 교회갱신운동이 확실하게 정착되어야 하겠다. 과연 한국 교회가 통일을 맞아 새로운 시대, 새로운 과제를 제대로 감당할 것인지를 조심스럽게 묻고 확실히 개혁되고 새로워져야 하겠다. 과연 남한 교회가 통일시대 북한 교회를 바른 길로 이끌어갈 수 있을지를 하나님 앞에서 정직하고 진솔하게 우선 질문해야 하겠다.

한국 교회가 통일 후 요구되는 물질을 생각하며 통일헌금을 제안하기도 하는데, 그것보다는 무엇보다도 한국 교회는 민족의 분단을 넘어 하나 되는 평화 통일을 위해 힘써 기도하는 일이 우선되어야 한다. 남북 분단이 과연 무엇을 뜻하는지, 왜 이대로는 안 되는 것인지를 하나님의 말씀에 입각하여 인식하여야 하겠다. 하나님이 세계 유일의 분단국가 한국을 어떻게 바라보고 계실지를 심각하게 생각해야 하겠다. 분단 400년이라는 세월 가운데 굳어졌던 이스라엘과 사마리아의 견고한 단절을 깨뜨리시며 사마리아로 들어가야만 했던 예수님이라면 남북의 분단을 어떻게 생각하고 계시며, 어떻게 하시기를 원하실 지를 기억해야 하겠다. 피난 떠나는 사람들이 다급한 마음에 돈을 챙기는 식으로 해서는 안 되고, 한국 교회는 우선적으로 몸과 마음과 정성을 다해 하나님 앞에서 자신을 성찰하고 회개하며 새로워져야 하겠다. 과연 한국 교회가 분단하 가졌던 많은 원한을 통일 한국이 어떻게 바르고 지혜롭게 청산하며 풀어낼지를 그리고 한국 교회가 이 때 어떤 몫을 감당해야 할지를 준비해야 하겠다.

통일 후 요구되는 물질은 한국 교회가 십시일반으로 모아 북한에 교회를 개척하며 오순도순 함께 살면 될 것이다. 물질은 부족하면 부족한 대로, 남으면 남는 대로 하나님의 은혜 안에 살면서 힘을 합쳐 북한 교회 재건을 하면 결코 어렵지 않을 것이다. 조금 부족한 듯해야 어떤 면에서 쉽게 하나 될 수도 있을 것이다. 문제는 준비되어야 할 마음이다.

어떻게 한국 교회가 70년간 이방인으로 살았던 북한 사람들을 한국 교회의 품으로 받아들이며, 어떻게 그들과 함께 교회를 이루며, 어떻게 북한 지하교인들을 이해하며, 어떻게 북한 가정교회, 관제교회들과 하나의 교회를 이루어야 할지를 먼저 전문적으로 준비해야 한다는 것이다. 과연 한국 교회는 통일 후 북한 교회의 리더십을 누구에게 주어야 할지도 잘 생각해 보아야 하겠다. 힘센 남한 교회인지 부족하고 연약해도 북한 교회여야 할 것인지를 기도하며 결정해야 할 것이다.

통일 한국을 꿈꾸며 한국 교회가 시급히 준비해야 할 것은 예루살렘 성전도 그리심 산 성전도 결코 아니라는 사실이다. 통일 한국 북한 교회 재건을 위해 우선되어야 할 것은 영과 진리로 하나님 앞에 예배드릴 수 있는 그 구별됨, 거룩함의 사람, 사람들이다.

> 예수께서 이르시되 여자여 내 말을 믿으라 이 산에서도 말고 예루살렘에서도 말고 너희가 아버지께 예배할 때가 이르리라. 너희는 알지 못하는 것을 예배하고 우리는 아는 것을 예배하노니 이는 구원이 유대인에게서 남이라 아버지께 예배하는 자들은 영과 진리로 예배할 때가 오나니 곧 이 때라 아버지께서는 자기에게 이렇게 예배하는 자들을 찾으시느니라. 하나님은 영이시니 예배하는 자가 영과 진리로 예배할지니라(요 4:21-24).

## 10장

# 김준곤의 통일신학

### 1. 제3의 길을 가다

    남북통일을 위해 김준곤이 제시한 길은 제3의 길이었다. 한반도의 캄캄한 어둠이 아직 걷히지 않은 때 서둘러 길을 나선 그만의 길, 김준곤의 공공신학이었다. 그 길을 찾기 위해 저자는 모처럼 많은 시간 유성(遊星) 김준곤(1925-2009)의 글을 대하는 시간을 가졌다. 유익한 시간이었고, 설익은 나를 돌아보는 영적 가을이었다.

    유성 김준곤은 탁월한 신앙인, 문학가, 시인, 사상가, 스토리텔러, 꿈쟁이 그리고 설교자였다. 그의 모습은 많은 기도, 묵상, 독서 게다가 세상을 바라보는 예리한 통찰력이 낳은 열매라 생각한다. 남북통일에 대한 그의 꿈과 의지를 찾아 나는 그의 글의 산을 오르내렸다. 그러는 중 그 광맥을 찾을 수 있었다. 그를 향한 역사적 평가가 다소 엇갈리는 것은 부정할 수 없지만, 한 마디로 유성의 통일신학은 한결같고 분명했으며, 복음적이었다.[154]

그는 암담한 시절 절제된 언어로 통일을 꿈꾸며, 그가 만난 꿈을 잃어버린 한국의 청년들에게 자기만의 강렬하고 노골화된 언어와 방식으로 애절하고 강력하게 호소했다. 시간이 지나면서 정치적 상황이 바뀜과 함께 점점 적극적 언어로 그의 통일에의 비전이 보다 구체적으로 분명하게 드러났다.

그는 정치적, 이데올로기적, 냉전적 남북분단을 영적인 차원으로 바라보며 따뜻한 민족 복음화에서 그 해결책을 찾았다. 얼른 보기에 그가 다른 이야기를 하는 것 같지만, '무명의 복음전파자'로 자처한 그는 그만의 언어로 남북분단의 질곡을 넘어 사랑으로 하나 되는 통일로 나아가려 애를 썼다. 한국 교회는 6.25동란을 지나면서 거대한 상처를 가진 채 공산당 북한을 향해서는 할 말을 잃고 거의 반세기를 침묵의 시간으로 흘러 보내고 있었다.

그렇지만 김준곤은 조국통일을 쉬지 않고 민족 복음화로 부르짖었다. 사람들은 그의 조국애와 통일 한국을 향한 애절한 외침을 비현실적이라 오해할 수도 있었겠지만, 그의 피 속에는 통일에의 분명한 환상을 에스겔 37장을 통해서 생생히 목격하며 제시하였다. 군부독재하 통일은 몇몇 세력 있는 자들에게 독점되고 통일에의 꿈마저도 전혀 허용되지 암담한 시절에 난수표를 해독해야 하는 암호 같은 그만의 통일언어를 들으며 저자는 뛰는 가슴을 억누를 수 없었다.

그런 맥락에서 혁명주의자, 반공주의자, 박애주의자, 복음화 통일론자로서의 김준곤의 통일신학을 이론과 실천으로 나누어 조명할 것이다. 이를 통해 1960년대 초부터 2009년 유성 김준곤이 세상을 떠나기까지 한국 CCC가 한국 교회와 사회에 미친 영향을 살펴볼 수 있을 것으로 기대한다. 곧 김준곤의 통일신학을 역사적으로 살펴보고자 한다.[155]

## 2. 김준곤의 통일 비전

유성 김준곤의 통일에의 비전은 민족 복음화를 위한 한국 CCC의 출발과 그 궤를 같이한다. 1958년 시작된 한국 CCC의 김준곤에게 남북 분단은 그냥 지나칠 수 없는 민족의 복음화를 가로막는 장벽이었다. 민족 복음화를 목적으로 시작된 한국 CCC에게 공산화된 북한에게 복음을 전할 수 없다는 사실은 너무도 가슴 아픈 현실이었다.

여기서 김준곤의 분단을 넘어서는 통일에로의 열정은 엄연한 이유와 그 출발점을 갖는다. 당시 1960년 4.19 혁명이 일어나고, 1961년 5.16 쿠데타가 일어나 한국 사회는 정치적으로나 경제적으로나 전혀 앞을 내다볼 수 없는 힘든 혼돈의 상황이었다. 그렇지만 김준곤은 1962년 2월 중순 영하 20도가 넘는 강추위 움막 속에서 시대에 굴복하지 않은 비전으로 뜨거워지고 있었다. 그때 그가 드린 기도시를 보면 조국애 및 통일에의 열망을 민족 복음화에서 확인하게 된다. 유성의 비전은 세 가지로 그려질 수 있을 것이다.

① 1960년대 초부터 조국애, 곧 그의 통일에의 비전이 민족 복음화로 불타고 있다.

② 공산주의를 극복할 수 있는 힘은 오직 복음밖에 없다는 확신을 보여 주고 있다.

③ 그의 통일에의 비전이 시간이 지나면서 예수님 사랑에 의한 '사랑의 통일'로 구체화되고 있다.[156]

1970년 12월 30일부터 1971년 1월 4일까지 수원 서울농과대학에서 425명이 모인 가운데 김준곤은 최초로 민족 복음화 전도요원 훈련강습회를 열었는데, 12월 31일 김준곤은 밤 0시를 기해 5개 전국 방송국을 통해 15분 동안 '민족의 예수 혁명'이라는 말씀을 전했다. 여기서 제시된 표어는 "민족의 가슴마다 피 묻은 그리스도를 심어 이 땅에 푸르고 푸른 그리스도의 계절이 오게 하자!"로 당시 모임을 가질 때마다 참가자들이 구호로 제창했고, 그들의 가슴은 민족 복음화로 불타올랐다.[157]

김준곤은 1972년 5월 1일 대통령 조찬기도회에서 더욱 분명하게 통일에의 비전을 기도문으로 제시하였다. 당시 조국의 어두운 시절하에서 김준곤이 절실히 갈망했던 세 가지는 남북의 자유와 해방과 통일이었다. 남북이 마땅히 다시 누려야 할 자유, 해방과 통일은 김준곤에게 민족의 복음화로 통한 '신앙의 나라' 통일 한국에게 주어지는 도덕적 부흥과 함께 오는 축복이었다.

> 사랑하는 주님! 우리를 도와주시옵소서. 하나님이 기회를 주시기를 원하옵나이다. 특별히 공산주의가 이 땅에서 물러가게 하여 주옵소서. 이북 땅에 평화와 자유가 깃들게 하여 주시기를 원합니다. 8.15

해방과 같은, 온 민족에게 감격적인 사건이 일어나게 하여 주옵소서. 일본 사람들을 이 땅에서 몰아내신 전능하신 주님, 6.25의 사나운 침략에서 우리를 구원하신 하나님, 우리 민족에게 다시 자유와 해방과 통일을 가져다주시기를 원하옵고 빕니다.[158] 사랑하는 주님, 무엇보다도 우리 민족에게 통일을 주시옵소서. 마음이 하나가 되고 서로 사랑하며, 하나님을 공경하고 두려워하며 내 이웃을 내 몸같이 사랑하며 나라를 사랑하는 민족이 되게 해주시기를 원하고 기도하옵나이다. 그리고 훗날 우리 후손들에게 위대한 통일된 조국을 유산으로 남길 수 있게 하여 주시고 이 극심한 시련과 고난 속에서 세계의 정신적인 문명을 창조하고 신앙의 나라를 만들며 도덕적 부흥을 일으켜서 20세기 후반기의 신화를 만들고 동방의 빛을 삼으며 영감의 원천을 만들 수 있는 기적을 저희들에게 베풀어 주시기를 원하옵고 기도하옵나이다.[159]

## 3. 김준곤의 통일신학

### 1) 혁명주의자

"혁명의 개념을 혁명하자"고 외치며[160] 진정한 세상의 변혁을 갈망했던 혁명주의자 김준곤은 1960년 4.19가 일어나고, 1961년 5.16이 나서 군부독재로 암울했던 '혁명과 격변의 소용돌이에서' 자신의 시대를 '분노와 부정과 회의의 시대'로 규정하면서, 1970년 12월 15일 '화산처럼 폭발하고 전염병처럼 번지는' '민족의 예수 혁명론'을 보다 다른 차원에서 제기했다.[161] 당시 5.16 쿠데타의 후예들이 외쳤던 그 혁명의 세상에 동의할 수 없었던 김준곤은 분명하게 기존의 혁명의 언어를 혁명해야 할 필요성을 실감하며 다른 언어로 자신의 이야기를 하고 있는 것이 분명하다.

"새 사람이 새 가정을 만들고 새 사람이 새 교육을 하고 새 사람이 새 나라, 새 사회를 만든다는 것을 잊어서는 안 된다"는 것으로,[162] "인간 사회가 하나님과 멀어지면 유물주의와 전체주의와 퇴폐풍조가 생긴다"는 것이다.[163] 이는 당시 한국사회를 향한 하나님의 사람 김준곤의 공적 외침, 공공신학(public theology)이었다. 결코 그 어떠한 세상 혁명과는 거리를 두며 김준곤은 성령을 혁명의 영으로 일컬으면서, 사도행전의 예수 혁명의 영, 성령에 붙잡힌바 된 소수 300명이 한국 민족을 열정적으로 기독교화하기를 갈망했다.

> 영의 혁명과 왕국의식은 민족 복음화의 중요한 부분입니다. 거룩하고 유일한 기독교 국가, 한국을 위하여 끊임없이 기도해 오신 분들에 의해서 이 꿈은 잉태되었습니다. 우리는 성령 충만한 사람들만이 영적인 혁명가요 세계를 변화시킬 사람들이라고 믿고 있습니다.[164]

김준곤은 "예수 혁명의 소수는 200만 한국의 신도 중에서도 열 번 죽기로 각오한, 보통 신도의 열도가 50도라면 5,000도가 더 되는 거듭나고 거듭난 사람이어야 합니다"[165]라고 호소했다. 김준곤은 청년들이 큰마음으로 이 일에 솔선수범 임할 것을 독려한다. "민족의 운명을 책임지고 역사를 고쳐놓고 남북통일을 이룩하며 기어이 예수 혁명을 내가 하겠다는 큰마음, 큰 믿음을 가집시다."[166] 민족을 향한 거대한 비전을 숨길 수 없었던 김준곤은 전도와 성령과 기도와 말씀과 사랑과 믿음의 방법으로 정의하며 우리 민족의 기독화를 위해 사도행전의 혁명을 최대, 최고의 방법으로 내세운다. 이 방법으로 먼저 5만 9,000천개의 농촌자연부락을 예수 혁명으로 복음화 할 때 남북통일이 이루어질 것으로 믿는다.

김준곤은 민족 복음화를 '제3의 혁명 운동'으로 규정하기도 했다. 김준곤은 통일 한국에서 제2의 이스라엘의 환상을 가졌다. 유성은 1970년 5월 1일 국가조찬기도회에서 통일 한국을 '제2의 이스라엘, 신앙한국'[167]으로 일컬으며 민족을 향한 그의 비전을 제시하였다.

> 하나님은 한국을 택하여 제이(第二)의 이스라엘을 삼고 아시아의 일각에서 새 나라, 새 민족, 새 정신문화를 이룩하여, 세계사의 정신적, 영적(靈的) 경륜을 펴실 때 한국은 만방의 영감(靈感)의 원천이 될 것입니다.[168] 실로 한국은 세계의 신화가 될 것입니다. 봄이 우리를 찾아오듯이 하나님이 우리 민족에게 사랑과 성령의 계절과 함께 남북통일은 물론 하나의 새 마음과 새 영을 주실 것입니다(겔 11:19). 이 축복을 기어이 우리가 받아야 되겠습니다(1973년).[169]

그러면서도 유성은 만약 한국 교회가 1970년대 예수 혁명을 일으키지 못하면 역사적으로 심판을 받을 것을 선지자처럼 예언하기를 주저하지 않았다.[170] 이는 김준곤이 당시 한국사회를 소망스러운 세상으로 긍정적으로 바라보았다기보다는 어떻게든 새롭게 다시 태어나야 할 절망적인 사회로 규정했다는 말일 것이다.[171]

### 2) 반전주의

김준곤은 '나와 8·15'라는 글에서 몸소 체험한 전쟁의 동물성, 폭력성, 야만성을 여지없이 폭로했다. 김준곤은 후대에게 전쟁의 무법성과 비인간성을 알려 더 이상 전쟁이 없는 평화를 추구할 것을 호소하고 있었다. 특히 1945년 8월 일본의 패망을 앞둔 시점에서 쫓기는 일본군과 진주해 오는 소련군의 모습은 양쪽 다 그 자체로 이성과 양심을 상실한 동물 그 자체로 이해되는데, 이는 전쟁의 비참한 실상을 리얼하게 묘사하고 있는 것이다.

> 일본군은 차라리 전사를 원하는 듯했다. 숨어서 망을 보고 있다가 무수히 쓰러지는 일본군 시체에서 옷과 소지품을 벗기던 아낙들이 성난 일본군에게 난자 당해 죽었다. 드디어 소련군 삼백 명이 마을로 진주했다.…그런데 죄수 군인들이 퍼뜨린 소문에 걸맞게 그들은 문자 그대로 짐승이었다. 강간과 약탈, 정글을 포효하는 짐승 떼처럼 보드카에 취해 초점 없는 충혈된 눈빛으로 기분 내키는 대로 총을 쏘고 강간했다. 여인 중에는 공포에 질려 자진하여 옷을 벗고 자기 몸

을 제공하기도 했다. 팔뚝마다 시계를 수십 개씩 차고 들쳐 맨 밀가루 부대에는 목침덩이 같은 빵과 짜게 절인 돼지고기, 고등어가 들어 있어 무시로 잘라 먹으며 여자사냥, 약탈사냥을 했다. 여자는 연령도 미모도 상관없었다. 여인들은 누구나 남장을 하고 최대한 추안(醜顔)으로 변장을 했지만 젖가슴만 열어 보고는 장소를 가리지 않고 거리 한 복판에서도 공포를 쏘며 윤간을 했다. 보다 못한 목사님들은 의논해서 누구든지 강간당할 각오를 하자고 결의하기도 했다.[172]

그렇지만 김준곤은 이제 그 잔인하고 무서웠던 전쟁을 멀리하며, 민족상잔의 전쟁의 날 6월 25일을 평화의 날로 국가기도의 날로 제정할 것을 제안한다. 참회와 화합 그리고 세계 평화와 한국의 통일을 위하여 한국의 모든 교회가 금식하며 함께 기도하는 '국가기도의 날'로 정할 것을 요청한다.[173] 김준곤은 보다 적극적인 평화주의자의 모습을 드러내고 있다 하겠다.

### 3) 반공주의

김준곤은 공산주의와 기독교를 상극으로 보며, 그가 체험하고 또한 연구한 공산주의의 실체와 허구를 여지없이 드러냈다. 그의 공산당에 의한 체험은 참으로 잔인하고 슬픈 것이었는데, 이런 맥락에서 그는 체험적 반공주의자가 되었다 하겠다.

한국동란 중에는 지도 섬에서 석 달이나 공산당의 지배를 받았습니다. 제 아버지와 아내를 비롯한 가족들이 제 목전에서 그들에게 죽임을 당했고 저도 죽기만을 기다리게 되었습니다. 이 석 달 동안 저는 21번이나 죽을 고비를 넘겼습니다. 2만 명의 주민 가운데 2,000명이 죽었습니다. 저는 비탄에 잠겨 하나님을 의심하기 시작했습니다. 저의 영적인 생명도 죽어 가고 있는 것이었습니다. 그런데 사망의 골짜기에서 주님은 저를 부르셨습니다. 그것도 제 가족을 살해한 바로 그 공산당들에게 당신의 증인으로 삼으시기 위해서입니다. 그 전까지 저는 절대 헌신을 못하였습니다. 이때서야 비로소 저는 저의 생애의 전폭을 주님께 드렸고 하나님께로부터 한국 민족 복음화를 저의 개인적인 비전으로 받았습니다.[174]

김준곤에게 반공은 삶 그 자체였고, 떠날 수 없는 삶의 한 부분이었으며, 민족의 반이 공산주의에 잡힌 상황에서 참으로 생생한 반공주의자로서의 외침은 항거할 수 없는 필연이었다. 게다가 기독교 신앙과 공산주의를 상극적인 택일의 문제로 이해하였는데, 곧 이론적 반공주의자로도 손색이 없었는데, 여기서 유신론적 기독교 신앙과 물질주의적 무신론의 반공의 대치성이 제시되고 있는 것이다. 그래서 김준곤은 남북분계선을 '영의 분계선'으로까지 규정하며, 북한의 김일성 공산주의를 가장 악랄한 반신적 집단으로 이해하였다.

김준곤은 북한공산주의를 극복할 수 있는 방법은 성령운동으로 이 성령운동의 열매가 남북통일로 열매 맺을 것을 확신했다. 이러한 배경에

는 공산주의를 기독교의 이단으로 보는 김준곤의 논리적 귀결이 근저하고 있는 것이다.[175]

> 세계의 공산주의 가운데 제일 악랄한 공산주의는 북한에 있는 김일성 공산주의입니다. 그런데 자유 진영이라고 하는 것은, 민주주의라고 하는 것은 그 바탕이 기독교 정신입니다.[176]
> 휴전선이라는 것은 이데올로기의 분계선이며 정치·경제·문화의 분계선일 뿐만 아니라 우리 기독교인에게는 영의 분계선인 것을 알아야 합니다. 휴전선이 언제 터지느냐의 문제는 우리 한국 교회가 하나가 되어서 사랑과 성령으로 충만하고 기도와 성령의 전도운동이 일어나야만 합니다. 에스겔 37장에 있는 해골 떼가 생령의 군대를 이루는 그런 기적이 일어나면 휴전선은 저절로 없어질 것이라고 예수님을 따르는 제자들은 누구나 말하고 있습니다. 구약 성경에서 그 전례를 많이 볼 수 있는데 하나님의 말씀이 전해지는 곳에 반드시 현실 부흥이 일어났습니다…. 반드시 성령운동이 일어나야 합니다. 성령 운동이 일어나야 남북통일이 됩니다. 반드시 기도 전도·성령·회개·일치·사랑 운동이 일어나서 민족 복음화가 되면 남북통일은 저절로 될 것입니다.[177] 공산주의자들은 훌륭한 빵을 약속하기도 하고 자기들은 가난한 인민의 빵이라고 부르짖고 있습니다. 여기에 기독교에 대한 실제적인 도전이 있는 것입니다. 우리에게는 대중에게 나누어 줄 훌륭한 빵이 있습니까? 예수님은 사회 하층의 가난한 대중들의 훌륭한 빵이었습니다.[178]

김준곤은 현대를 마르크스의 집에서 탈출하는 시대로 규정한다. 무엇보다도 마르크스주의는 인간을 참 자유에로 이끄는 그리스도를 죽여 현대인을 마르크스의 집에서 집단수용하여 '귀신의 집, 살인의 집, 증오의 집'에 가두는 저주 그 자체였기 때문이다.[179]

김준곤에게 세 가지 한국사의 강이 예수에게로 흐르고 있는 것이 분명하지만, '내부적으로 깊이 흐르고 있는 한국사의 강은 예수의 강과 마르크스의 강'으로 생각하며, '복음화운동, 민주화운동, 공산화운동'의 흐름으로 나눈다. 그 중 민주화운동은 이데올로기는 아니기에, '이데올로기적으로 볼 때는 예수의 강과 마르크스의 강이 남과 북에서 흐르고 있고, 남쪽 안에서는 민주화의 강과 예수의 강이 흐르고 있으며', '이것은 세계 전체의 민족 사이에서 흐르고 있는 흐름'으로도 생각한다. 6.25 사변은 바로 이 두 개의 흐름이 충돌한 것으로 북한의 공산주의와 남한의 기독교적인 바탕에서 생긴 민주주의가 이데올로기적으로 충돌한 것으로 이해한다.

그런데 바로 이 대목에서 김준곤은 자신의 생애 내내 외쳤던 민족 복음화의 비전을 매우 역설적으로 가져온다. '공산주의자들이 북을 점령하고 있는 것은 남한 사람들에게 도전이 되어 복음화를 가속화시키려는 하나님의 섭리인 것'으로까지 간주한다.[180]

반공주의자 김준곤과 공산주의자와의 만남은 결코 쉽지 않지만, 그들의 복음화를 위해 원수 사랑은 김준곤에게 길을 열어주고 있는 것이다. 이런 맥락에서 조금 긍정적으로 김준곤은 예수님과 공산주의의 관계를 제시한다. 예수님은 이러한 공산주의와 어떤 관계에 있다고 보는지?

김준곤은 예수님이야말로 '초주의자'로서 이 지상의 어느 정치 체제도 지지하거나 반대하는 그 어떤 주의자가 아니며 진보주의자도 보수주의자도 아니고 초주의자며, 좌익도 우익도 아닌 '초익'이라는 점이다. 예수님이야말로 그가 누구이든지 모든 죄인을 위한 구세주라는 사실을 제시한다. 여기서 북한의 공산주의와 김준곤이 소유한 예수 복음과의 만남이 기꺼이 만나게 된다. 바로 여기에 김준곤의 통일신학의 핵이 있다.

> 예수님은 좌익도 우익도 아니고 초익입니다. 예수님은 자본주의자도 사회주의자도 아닌 그 이상의 주의자입니다.… 지금 사람들은 기독교가 가난한 자의 편을 들어야 한다고 하고 있지만 기독교는 누구의 편도 아니고 어느 당파나 어느 정치 체제나 어느 제도 속에 고정되어 버릴 시스템이 절대로 아닌 것입니다. 전체를 부정하고 전체를 긍정하는, 지상의 어느 주의, 어느 체제에도 맞지 않는 이질적인 것입니다. 새 술은 새 가죽 부대에 넣어야 하는 것처럼, 예수님은 새로운 생명의 씨를 가지고 새로운 자기 영토를 만들고 그 씨를 새로운 밭에 다가 심어 스스로 복음을 창조하고 복음을 개척하는 새 것입니다. 질적으로 새 것입니다.[181]

### 4) 사랑의 통일

아버지와 처를 자신의 눈앞에서 살해한 공산당을 마음으로 만날 수 있는 길은 사실 인간 김준곤에게는 없었다. 그렇지만 김준곤은 반공을 넘어 예수님 사랑으로 북한을 품었다. 그것은 김준곤이 외쳤던 '사랑의 통일'의 출발점이었다. 김대중 대통령의 2000년 6월 남북정상회담을 김준곤은 '통일의 물고가 터진' 기도의 응답으로 묘사하면서, 2000년 8월 "평화 통일과 한국 교회의 역할"이라는 제목으로 글을 발표하였다. 여기서 김준곤은 자신의 통일에의 환상을 보다 구체화하는데 일반적으로 생각하는 법과 땅의 통일 곧 국토의 통일 이전에 '사랑의 통일'을 먼저 이룩할 것을 제시했다.

'북한 교회 재건위원회'가 통일 후 북한에 3000 교회 재건을 준비하기 이전에 한국 교회가 굶어 죽어가는 북한 동포를 '한국 교회 식량은행'을 만들어 도울 수 있어야 한다고 김준곤은 역설했다.[182] 게다가 김준곤의 통일에의 의지는 점점 매우 구체적이 되어갔다. 사실 한국 교회는 여전히 강한 반공주의를 강단에서 외치며 북한을 타도의 대상으로 생각하는 당시에 김준곤은 돌 맞을 것을 두려워하지 않고 이념을 떠나 북한 동포에 대한 사랑을 매우 구체적으로 강렬하게 호소하였다. 그것은 북한 동포의 굶어죽지 않을 권리, 곧 순수한 인도주의에 근거한 것이었다.

> 성경에 보면 굶어 죽지 않을 권리가 소유권보다 우선한다고 말씀합니다. 한국 교회는 북한 동포가 최소한 굶어 죽지 않도록 도와야 합니다. 그리고 한국 교회가 제의를 해서 실향민들이 두고 온 토지에 대해서 소유권을 주장하지 않도록 했으면 합니다. 보복한다든지, 재판한다든지, 땅을 찾는다든지 그런 짓을 안 했으면 합니다. 남한 교회들이 앞장을 서면 그렇게 할 수 있을 것입니다. 국토 통일의 의미

보다 더 중요한 것이 사랑의 통일입니다. 전 교인이 참여하면 우리가 한 동포에게 사랑을 베풀 수 있습니다. 어른들은 1,000원씩, 어린이들은 100원씩만 내면 한 달에 100억 이상을 모금할 수 있습니다. 이것을 한국 교회 식량은행이라는 통일된 이름으로 해놓으면 그것을 가지고 북한과 경제 회의를 할 수 있습니다. 1천억 대가 되면 대화의 파트너가 될 수 있습니다. 유산 안 남기고 가는 사람도 많이 있습니다. 밥을 나눠 먹으면 식구(食口)라는 말이 있습니다. 국토 통일이 되면 좋지만 사랑의 통일보다는 중요하지 않습니다. 지금 할 수 있는 것은 남한 교회들의 사랑의 힘을 결집하자는 것입니다.[183]

김준곤은 여기에 한국 교회의 남북통일을 위한 분명한 역할이 있음을 인식하였다. 김준곤은 자신의 43년 동안의 모토였던 CCC의 민족 복음화를 '사랑의 통일'로까지 규정하는 것 같았다.[184]

우리의 조국을 위한 헌신은 무엇입니까? 나는 온 국민이 빠짐없이 매 끼마다 밥 한 숟갈 씩 덜 먹고 모을 수 없을까 생각해 보았습니다. 한 숟갈의 밥을 1원으로 전 국민이 하루를 모으면 1억 원이 되고 일 년을 모으면 365억 원이 되는 셈입니다. 협동(協同)의 역학(力學)이란 실로 무서운 것입니다. 밥 한 숟갈 덜 먹어서 못 가는 법은 없습니다. 오히려 위장에 좋습니다. 우리나라 인구의 8퍼센트는 위장이 약한데, 덜 먹는 것 이상의 위장약은 없습니다. 남한은 북한보다 3분의 1을 더 먹는다고 합니다.…최소한도 전 국민이 참여할 수 있는 단 하루만이라도 사랑의 날이 있었으면 좋겠습니다. 사랑을 몸으로 실천하는 것만큼 정신위생에 묘약이 없고 남을 행복하게 해주는 일만큼 정신적 행복은 없다는 사실도 우리는 배우게 될 것입니다.…마르크스주의 혁명 이후에 일어나야 할 혁명은 예수의 사랑의 혁명밖에 없으며, 미래의 인류에게 남아있는 바람직한 단 하나의 기적은 성령과 사랑의 기적뿐이며, 미래에 살아남을 단 하나의 이데올로기도 사랑밖에 없으며, 무엇보다 급하게 우리에게 일어나야 할 물결은 사랑의 새 물결입니다. 꿈같은 이야기일지 모르나 그 어느 날 우리도 비록 가난하지만 국가예산의 상당액을 우리보다 더 가난한 민족을 돕기 위해 사랑의 원조로 사랑의 봉사단과 함께 보낼 수 있다면 세계평화에 효과적으로 공헌할 수 있을 것입니다.[185]

### 5) 복음화 통일

김준곤의 통일론은 한 마디로 복음화 통일이다. 민족의 복음화가 완성될 때 남북통일은 당연히 찾아올 것이라는 확신이다. 그러기에 그의 조국사랑은 첫째는 민족의 복음화며, 다음으로 남북통일이며, 그 다음으로 민족이 잘 살게 되는 길이라고 믿었다.[186] 당시 1,357개의 면에 산재한 5만 9,000개의 마을에 10만 개의 원형교회를 꿈꾸었던 김준곤은 사도행전적 민족의 복음화만이 '바르고 빠른 통일의 길, 근대화의 길은 없다'고 확신했다.[187] 이러한 복음화를 위해 김준곤은 당시 6,000개의 초등학교, 1만 6,000개의 중학교, 890개의 고등학교와 130개의 대학을 '복

음의 황금어장'으로 우선 선정했다.[188]

김준곤이 말하는 민족 복음화는 출애굽기 19:6 말씀을[189] 붙잡으며 11가지로 자신의 '개인적인 의견'을 제시했다.[190]

① 모든 한국인에게 복음을 전하는 것이다.
② 효과적으로 전도하는 전도자로서의 제자화운동이다.
③ 기독교의 영향력을 모든 삶의 영역에서 극대화하는 것이다.
④ 유토피아는 예수님이 다시 오셔서 이루어진다.
⑤ 정치적 운동이 아니고, 성경적인 복음적 전도운동이다.
⑥ 제2이스라엘을 꿈꾸는 민족주의에 복음전파를 결합시킨 운동이다.
⑦ 만유의 주이신 예수님이 이 땅을 다스리시는 하나님 나라 개념.
⑧ 사회부흥과 구원의 최선의 길이다.
⑨ 종말론적 의식이다.
⑩ 특별하게 한반도를 복음화하실 것이라는 환상이다.
⑪ 기독교인들의 자원을 조직화하는 것이다.

민족 복음화의 전략은 표준화된 교재를 통한 '교육 훈련', 교회 이전의 교회인 '사랑방운동', '세계복음화대성회'이다. 김준곤은 구체적으로 민족의 복음화를 위해 10가지로 그 구체적 방법을 제시한다.

① 그리스도의 영광이 우선되어야 한다.
② 예수 한국 2,000년의 청사진을 만들어야 한다.

③ 모든 불신자에게 전도를 해야 한다.

④ 사랑과 정의의 구제와 함께 사회악을 뿌리 뽑아야 한다.

⑤ 윤리적 성결운동을 해야 한다.

⑥ 성경공부를 중심으로 하는 모든 성도의 제자화가 이루어져야 한다.

⑦ 울며 부르짖는 기도운동을 해야 한다.

⑧ 유통구조의 시장 모델을 만들어야 한다.

⑨ 세계선교에 힘을 쏟아야 한다.

⑩ 창조론을 성취해야한다.[191]

결국 김준곤의 민족 복음화는 완전한 기독교 국가로 귀결되고 있다. 민족 복음화로 이루어진 통일 한국을 김준곤은 '제2의 이스라엘', '예수 한국', '선교 한국'으로 부르기를 기뻐한다.

> 지상에 일찍이 완전한 기독교 국가란 존재한 일이 없었습니다. 그렇지만 세상에 종말이 오기 전에 한 민족쯤은, 단 한 번만이라도 단 한 민족쯤은 그들의 모든 것이 송두리째 그리스도께 바쳐지고 쓰여질 수 있다면 우리야말로 그 기적의 도전 앞에 서 있습니다. 누가 언제부터 심었는지 모르나 우리 민족 성도들의 의식화된 기도가 있습니다. 한국 기독교인들은 '제2의 이스라엘', '예수한국', '선교 한국' 등의 꿈을 꾸고 환상을 보고 있습니다(행 2:17). 흔히 역사에는 기적이 없다 하지만 성경의 역사는 출애굽 같은 기적으로 꽉 차 있습니다. 악의 상징인 니느웨 성도 회개했습니다. 복음화 된 통일 한국은 우리

들의 가나안 약속의 땅입니다. 에스겔 37장의 해골 떼가 생명 군대로 변하고 남북이 통일되는 환상과 순종하는 민족을 위한 신명기 28장의 축복의 약속이 우리에게는 현실일 수 없다고 어느 성경에도 쓰여 있지 않습니다. 21세기의 복음화 된 서울과 통일 한국은 예루살렘 옛 성지관광을 뛰어넘어 산 예수의 현장인 한국 관광 붐을 일으킬 것입니다.[192]

## 4. 김준곤의 통일운동

김준곤에게 통일운동은 한국 교회가 연합하여 함께 건너야 하는 강이며 뚫어야 할 장벽으로 피할 수 없는 과제였다. 2002년 1월 28일부터 2월 3일까지 '우리민족서로돕기운동'의 상임대표로서 북한을 직접 다녀온 김준곤은 섣부른 통일은 도리어 해가 될 수 있음을 알고 사전에 통일 준비를 철저히 할 것을 역설했다. 한국의 광복역사에서 그리고 독일통일에서의 경험을 상기시키며 남북통일 후 한국 교회의 분명한 역할을 주문하였다.[193]

이런 맥락에서 김준곤은 어머니처럼 하나밖에 없는 우리 민족의 복음화를 위해 1958년 한국대학생선교회를 설립하고 국회조찬기도회, 국가조찬기도회, 전군 신자화 운동, 나사렛형제들, 순, 사랑방운동, 성시화 운동, 엑스플로 '74, '80 세계복음화 대성회, SM 2000, 1.1.1.기도운동, 북한 젖염소 보내기운동 등, 교회사적으로 큰 의미가 있는 수많은 사역을 펼쳤다. 김준곤의 통일운동은 통일 후를 생각하는 면도 있지만, 주로 분단하 한국 교회의 성경적 역할에 초점을 두고 있는 점은 눈여겨보아야 하겠다. 사실 대부분의 한국 교회가 반공을 극복하지 못한 채 통일 후 교회의 역할, 곧 북한복음화에 대해 중점을 두고 있었다면, 김준곤은 통일 전 남북분단하에서 한국 교회의 적극적 역할에도 강조점을 두고 있다. 특히 '통일식량은행', '기독교 대학생 통일봉사단' 그리고 '금강산 젖염소 농장'은 김준곤의 통일신학의 무게가 어디에 있는지를 보여준다.

김준곤의 통일신학은 상처 입은 한국 교회의 반공주의에서 출발하고 있는 통일 후 수동적 북한복음화를 뛰어넘어 분단하에서 이미 보다 적극적으로 시작되는 민족 복음화와 세계 일류국가에로의 꿈에까지 이르고 있다.[194]

> 남북통일을 준비해야 합니다. 국토가 하나가 된다고 통일이 되는 것은 아닙니다. 일제 강점기에는 광복만 되면 다 하나가 될 줄 알았는데 아니었습니다. 한 선교지의 개신교 총회에서 우리나라 선교사 추방이 결의되었습니다. 그곳에서 너무 싸웠기 때문입니다. 이런 상태에서 통일이 되면 북한에서는 종교 식민전쟁이 벌어집니다. 전부 자기 이름을 위해서 갑니다. 그러면 안 됩니다. 교파경쟁을 중단하고 미리 합의해서 교회를 세우고, 영친(榮親)운동을 하고 그들을 섬기면서 예수를 전해야겠습니다. 그래서 자기 이름을 위하지 않는 순수한 열정을 가진 학생층이 통일봉사단으로 북한에 가서 섬겨주어야 합니다.[195]

1) 1.1.1.기도운동

매일 오후 1시에 1분 동안 각자가 있는 곳에서 세 가지 기도를 하는 운동으로, 한국의 CCC에서 시작하여 세계화를 목적으로 하였다. 그 중 첫 번째 기도가 남북통일과 민족과 세계의 복음화를 위해 기도하였다. 북한의 한 동리, 학교, 기관들을 양촌(陽村) 삼듯이 기도자의 중보기도 대상 마을로 삼는 기도운동이다. 이를 위해 한국 CCC는 1992년 6월 29일부터 7월 2일까지 여름수양회를 개최하면서 북한복음화를 위한 양촌운동을 본격화하였다. 북한 전역 4,367개 동, 리를 기본 전도지역으로 삼아 먼저 기도운동을 하며, 지역별, 대학별, 개인별로 지역을 할당하는 소위 말하는 양촌(陽村) 임명식을 가졌다. "모든 학생은 북한 지역 이름이 명기된 양촌카드를 받아 성경책에 부착, 계속 기도할 것을 다짐했다. 한국 CCC는 전국 350여 개 대학과 마을 단위로 영친을 맺고 북한 동포에 대한 관심과 사랑으로 기도해 왔다."[196]

2) 식량은행

김준곤은 가난에 시달리는 북한을 향하여 굶어죽지 않을 권리인 생존권이 소유권에 우선한다는 성경의 원리를 늘 실천하기를 주저하지 않았다. 1996년 10월 21일 김준곤의 제안에 따라 시작한 식량은행(Food Bank)은 한국 교회가 예수님의 사랑에 근거하여 북한 동포들의 식량을 책임지겠다는 자세로 식량자금 모금 및 적금을 위한 운동을 전교회적으로 전개하기 위한 운동으로 연차적으로 2000년 12월 31일까지 1조원의 식량기금을 조성하기로 한 일종의 북한 동포 최우선적으로 북한 어린이 돕기 운동이다. 이 운동은 구체적인 통일을 준비하고 굶주리는 북한 동포를 돕는 실천적인 통일운동으로, 범국민적 운동으로 일어나기를 기대하고 있다.[197]

김준곤은 1996년 10월 22일 기독교원로 및 지도자 간담회에서 한국교회의 통일준비에 대해 강연했다.

> 남북통일 이전에 남한통일이 선행되어야 합니다. 우리 사회의 계층 간, 세대 간, 지역 간, 좌우와 노사, 여야가 통일되어 있지 않습니다. 민족화합 세력이 필요합니다. 기독교가 하나로 뭉치는 것이 신앙적으로 볼 때 남북통일의 제일 조건이 될 것입니다. 북한 동포에게 복음과 사랑과 식량을 나누어 줍시다(sharing). 기독교인이 중심이 되어 최소한의 식량문제만은 책임을 집시다. 통일의 십일조나 재산의 반이라도 나누어 줍시다.

그러면서 김준곤은 다급히 외쳤다. "지금 아니면 언제 돕겠습니까? 내가 아니면 누가 돕겠습니까?"[198] 김준곤의 환상은 이 운동을 통해 이루어지는 급속한 북한복음화였다.

> 한 손에 쌀을, 한 손에는 복음을 가지고 가면 5년 이내에 북한 동포의 80퍼센트가 예수 믿을 가능성이 있습니다. 7천만의 복음 민족이

태어나는 고고의 소리를 들어봅시다. 우리가 좀 더 감격해야 되겠고, 힘을 내야 되겠고, 눈물이 있어야겠습니다. 동족을 사랑하려면 복음과 사랑을 주어야 하고, 사랑은 구체적이고 실천적이어야 합니다.[199]

식량은행은 1998년 6월 요청으로 1,000만 기독교인과 10만 대학생 통일봉사단이 해마다 1인당 2만원 '통일세' 헌금으로 통일 이후 준비하기로 하여, 1998년 6월 18일 한기총의 임원회 결정으로 한기총의 사업으로 진행하기로 하였다.[200]

### 3) 기독교 대학생통일봉사단

한국 CCC는 1995년 5월 20일 잠실올림픽 주경기장에서 세계 각국에서 온 4,000여 명의 세계 교계 지도자들이 모인 가운데 개최된 7만 5,000명이 참석한 SM 2000대회에서 10만 대학생통일봉사단 입단 헌신 서약식을 거행하였다. '한 손에는 복음을 들고 다른 한 손에는 사랑을 들고'를 표어로 '쌍손 선교'의 출발을 알렸는데, 이는 북한선교와 아울러 세계선교에 헌신하는 순간이었다. 이 SM 2000 선언문 제3항은 남북통일을 위한 한국 CCC의 '통일의 종'으로서의 헌신이 제시된다.

3. 우리는 사랑과 행동으로 민족통일의 종이 될 것을 다짐한다. 우리는 통일이 이루어지기 위하여 사랑의 실천과 나눔 운동에 적극 참여하며 통일이 되면 즉시 화해와 복지, 그리고 복음전파를 위해 통일봉

사단으로 일정한 시간을 드릴 것을 헌신한다. 아울러 한국 교회가 통일과 북한선교를 앞두고 경쟁적으로 나서는 현실을 우려하며 모든 기독교인은 북한 재산 포기, 그리스도의 희생과 봉사의 정신에 입각한 나눔 운동 등에 지금부터 적극 참여할 것을 촉구하며 오늘 우리의 작은 헌금을 민족 통일을 위한 오병이어로 드린다.[201]

김준곤은 대학생통일봉사단의 활약을 위해 10만 팀의 중보기도 결연운동을 후원 팀으로 기획하며, 이 봉사단을 향한 확신 넘치는 역사적 평가를 기대하였다. 그는 "통일봉사단은 우리 민족의 역사와 세계기독교 역사에 가장 위대한 사랑의 운동으로 기록될 것을 확신한다"는 생각을 감추지 않았다.[202] 1997년 2년 후 북한이 식량난으로 어려울 때 김준곤은 '우리민족서로돕기운동'을 통하여 옥수수 1만 5천 톤을, 그리고 1999년 내복 20만장, 젖염소 450두를 북한에 보낼 수 있었는데, 대학생통일봉사단의 역할을 생각하지 않을 수 없다. 특히 '우리민족서로돕기운동'의 상임대표로서 김준곤이 북한을 도울 때 함께 한 인물들로는 고 김수환 추기경, 송월주 전 조계종 총무원장, 서영훈 전 적십자사 총재, 서경석 목사 등이었다.

기독교인들을 중심으로 1,200만 명의 한국 교회 성도들이 북한 동포 돕기를 위해, 월 1,000원씩 연 12,000원을 내는 운동을 전개하려고 합니다. 국민 1인당 연평균 186만 원을 세금으로 내는 데 천국시민으로서 이 땅의 기독교인은 국가에 내는 세금의 0.65퍼센트인 연

12,000원은 누구나 낼 수 있습니다. 미국은 국민 전체가 복지 사업에다 총수입의 평균 2퍼센트를 자발적으로 헌금합니다. 한국 기독교인들이 오병이어, 십시일반으로 합치면 통일 비용이 의외로 쉽게 나올 수 있습니다. 이 기금으로 북한의 마을들과 교회와 자매 결연을 맺어 사용하게 하고 보험관리 하듯이 기독교대학생통일봉사단이 교회별로 분담해서 자원봉사 활동으로 수금할 것입니다. 1,400억 원 중 1차적으로 10퍼센트에 해당하는 140억을 올해 안에 모금할 계획입니다. 교회가 할 일이 많이 있겠지만 최우선적으로 이 일에 동참해 주시기 바랍니다.

성경에서는 생존권, 즉 굶어죽지 않을 권리가 소유권보다 우선한다고 말씀합니다. …꿈에도 소원은 통일이라고 남·북한 동포가 한 맺힌 노래를 불러 대는데 내 자녀의 밥을 나눠먹을 각오 없이 국토만 통일이 됐을 때 8·15 해방이 36년 일제 질곡 터널의 끝이 아닌 그보다 더 길고 고통스런 또 다른 터널의 시작이었듯이 준비 없는 통일도 그런 고통과 혼란의 시작일 수 있다고 생각합니다. 이제 이번 집회를 기점으로 기독교대학생통일봉사단이 본격적인 활동에 들어갑니다.…기독교대학생통일봉사단은 남북 동포 돕기 기금 조성에 자원봉사자로 활동하게 되면 대학을 1-2년씩 휴학하고 한손에는 복음을, 한손에는 사랑을 들고 북한 땅에 들어가 낮에는 일손을 돕고, 밤에는 성경을 가르치는 사랑방 성서학교 요원으로 섬기에 됩니다.[203]

### 4) 금강산 젖염소 목장

1999년 젖염소 450두를 북한에 지원한 것을 계기로, 2000년 7월 6일 CCC 전국 대학생 여름수련회에서 1만 명이 모인 가운데 10,352마리의 염소를 북한에 보내기로 작정하였다. 젖염소를 통한 생명의 '승법 번식'이 적용되기를 열망하였다. 1만 마리의 염소가 10년이 되었을 때 1,400만 마리로 번식하여 북한의 190만 7천호의 농가에 젖염소 한 마리씩을 보급할 수 있다는 일종의 뜨거운 환상이었다.

2006년 5월 황해북도 봉산군 은정리에 600만 평의 크기로 'CCC 은정 젖염소 목장'이 완공되기에 이르렀다. 2010년 7월 까지 CCC가 북한에 제공한 젖염소는 1,760마리였다.[204]

그렇지만 한국 정부의 5.24조치 이후 현재에 이르기까지 한국 CCC는 이 일에 열정적으로 다가갈 수 없는 형편에 처한 것으로, 보다 시급히 이러한 소중한 북한 사랑 사역이 재개돼 남북공영의 길을 만드는 씨앗이 되기를 기도하고 있다. 이렇게 김준곤은 국토 통일 이전에 '사랑의 통일'을 꿈꾸었던 것이다.

> CCC 기독교 대학생 통일봉사단이 3년간 30억 원을 모금하기로 했습니다. 모금된 30억 원은 북한 동포 돕기를 위한 젖염소 보내기 운동에 사용할 것입니다. 북한의 농가는 약 190만 호입니다. 한국 교회의 5만 교회가 1만 마리의 젖염소를 북한 농가에 보급한다면 10년 후에는 1천만 마리로 번식이 가능합니다. 그중 500만 마리가 젖을

생산하게 되면 결핵이나 영양실조의 문제를 해결할 수 있습니다. 왜냐 하면 젖염소의 젖은 우유와 달리 어린이와 노약자들에게도 소화와 흡수가 잘 되고, 어느 풀이라도 잘 먹을 수 있으며 질병에 강합니다. 하루에 4리터의 젖을 생산합니다.…지금이 아니면 언제 돕겠습니까? 내가 아니면 누가 돕겠습니까? 한국 교회가 연합과 일치를 통해 통일 에네르기를 결집시키고, 가진 것을 나눌 각오로 본격적인 통일 준비와 나눔 운동에 들어가, 국토 통일 이전에 사랑의 통일을 이루는 기반을 만들었으면 합니다.[205]

## 5. 맺는 말

김준곤이 민족의 복음화로 2009년 세상을 떠나기까지 한결같은 열정으로 통일운동을 펼칠 때, 한국 교회는 1990년이 다 되어가기까지 남북분단을 향한 입장에서 크게 두 부류로 나누어졌다.

첫째, 한국 교회의 다수는 상처 입은 자로 강력한 반공주의와 그로 인한 북한을 향한 침묵으로 일관하였으며, 북한공산주의가 하루 빨리 무너지길 원하는 기도를 드리는 교회였다. 이러한 모습은 설교강단에서도 전혀 다르지 않았다. 한국 교회는 그토록 오직 성경을 강조하다가도 북한을 향해서는 어느 순간 이데올로기적 강한 증오를 숨기지 않았다. 아니 강한 반공이 깊은 신앙이라는 착각을 할 정도였다.

둘째, 나머지 부류에 해당하는 한국 교회는 투사적 평화 통일운동을 사명으로 하는 소수의 교회였다. 그들은 그들의 통일을 향한 진의 여부를 떠나 사상적으로 의심을 받으며 그리고 반정부 인사로도 정죄를 받으며 갖은 고난을 당하였다.

사실 그때나 지금까지도 남북관계가 진전이 없음에도 남북통일은 정부의 독점물이 되어 남북통일을 외치는 교회 내지는 교인들은 일단 의심의 눈초리로 바라보는 풍토를 형성시켰다 할 것이다. 실지로 이러한 사실은 군사독재정부가 남북의 문제를 자신들의 정권유지에 활용한 점을 부정할 수 없으며, 그와 아울러 자신들의 말을 듣지 않은 통일을 위해 일하는 인물들을 이념적 저항자들로 낙인찍어 오도하여 국민들을 학습함에 그 역사적 출발점이 있다 할 것이다.

그럼에도 불구하고 1988년 한국기독교교회협의회가 주도적으로 만들어낸 '88통일선언'이 있기까지 이러한 투사적 통일운동에 참여한 인사들은 소수였다.

그러한 현실에서 남북통일을 위해 자기만의 길을 줄기차게 갔던 인물이 김준곤이었다. 그 길은 예수님의 삶에서 밝혀낸 복음적인 통일론으로 미워할 수밖에 없는 북한을 예수님 사랑으로 극복하여 그들의 고난에 적극적으로 참여함과 동시에 그들을 예수 그리스도의 피 묻은 복음으로 북한과 한국을 복음화하여 결국은 민족 복음화로 통일을 이루는 것이었다. 그토록 열심히 김준곤은 통일을 외쳤으나 김준곤은 순수하게 성경 안에서 통일의 길을 찾았던 것이다.

여기에 이념적인 오해를 떨쳐버릴 수 있었기에 철저한 반공주의자 김준곤에게 철저한 반공주의로 무장한 한국 교회도 그리고 군사독재 정권도 그 어떠한 이의를 제기하지 않았다. 물론 김준곤은 박정희 대통령과의 관계 때문에 곱지 않은 시선을 받을 수 있었지만, 사실은 여기에 김준곤의 통일신학이 자리하고 있었다.

거기다 세월이 흘러 군사독재 정권이 끝나고 김영삼 장로가 대통령이 되고, 김대중 대통령, 노무현 대통령이 정권에 올랐을 때 김준곤의 통일신학은 점점 실천면에서 더욱 두드러지는 행보를 보이기 시작하였다. 곧 북한을 돕기 위한 '식량은행,' '기독교 대학생통일봉사단', '은정 CCC 젖염소 농장'이 김준곤의 통일신학이 구체적 형태로 드러나는 현장이었다. 한 시간이라도 앞당겨 민족 복음화를 달성하여 '제2의 이스라엘', '예수 한국', '선교 한국'이 되기를 갈망했던 김준곤은 남북통일의 시점을 1970년대로 잡았다. 물론 그만큼 그는 간절히 통일을 갈망했었다는 말일 것이다.

한 가지 아쉬운 점이 있다면 김준곤이 복음적 통일론을 성경신학적으로 보다 체계적으로 제시하지 않고 있는 점이다. 물론 그의 외침 '사랑의 통일'이 성경에 근거한 것은 부정할 수 없지만, 여전히 보다 치밀한 성경적 통일론의 정립이 한국 교회를 위해서 요구되는데, 성경적 통일론은 여전히 이념적 지배를 받고 있는 한국 교회가 이의 없이 성경적 음성을 들으며 남북통일을 하나님의 소명으로 받아들여야하기 때문이기도 하다.[206]

여기서 김준곤의 통일신학은 이론과 실천을 갖춘 진정한 복음적 통일신학으로 평가할 수 있을 것인데, 21세기에도 여전히 예배당에 갇힌 한국 교회가 추구해야 할 공공신학(public theology)이라 일컬을 수 있을 것이다. 물론 분단하 여러 가지 이념적 정치적 제약에도 불구하고 김준곤은 그리스도의 사랑으로 겨레의 분단을 넘는 일에 예배당의 영역을 넘어 적극적으로 세상에서 일한 점은 높이 사야겠지만, 문제는 보다 일반화된 공적 언어로 정치를 변혁하려 하지 않고 순전히 영적 언어로 민족 복음화와 그로 인한 통일을 추구했다는 점에서 하나의 과제를 남긴다 하겠다.

그럼에도 북한을 향한 디아코니아에서 김준곤이 세상을 향한 교회의 손을 조금의 주저 없이 내밀었다는 점에서 그의 공공신학은 한국의 정치계에도 교훈하는 바가 적지 않다 하겠다. 통일 한국을 위한 한국 교회의 파트너십으로 교회는 고유한 그 길을 갈 수 있다는 것이다. 철저한 체험적 반공주의자 김준곤이 어떻게 북한을 품어 그토록 뜨겁게 사랑할 수 있는지에 대해서는 놀랄 수 있겠지만, 예수님 사랑이 김준곤으로 하여금 불가능한 원수 사랑을 가능하게 하는 능력이었다.

한반도에 살아가는 민족의 가슴마다 피 묻은 그리스도를 심어 푸르고 푸른 그리스도의 계절이 오기를 갈망했던 열정적인 복음의 사람 김준곤은 결국 민족 복음화에서 남북통일의 꿈을 달성하려 했다. 남북통일은 평화 통일로 달성되어야 하는데, 이를 위해 김준곤은 먼저 한반도에 예수 혁명으로 인한 민족의 복음화를 역설하였고, 그에게 성령은 통일의 영이었다. 그리하여 김준곤은 실타래처럼 꼬인 남북의 분단을 영적 방정식으로 풀어낼 수 있었던 것이다.

하나님의 방법으로 민족의 길을 찾아 나섰던 김준곤이야말로 영적 꿈쟁이, 한국의 요셉이었다. 이제 우리에게 남겨진 일은 그의 비전을 따르며 보다 구체화하고 체계화하는데 최선을 다해야 할 것이다. 남북통일은 오늘도 한계에 부딪힌 정치가에게만 맡겨 놓을 것이 아니라, 21세기 한국 개신교의 피할 수 없는 숙제라는 점, 그리고 왜 한국 교회가 이 일을 과제로 삼아야 하는지를 바로 인식하여 알리는 것이라 하겠다. 미래 어느 날 남북통일이 되었을 때, 김준곤의 통일신학이 초석을 놓아 한국 개신교가 이룩한 일이었다고 평가를 들을 수 있었으면 참으로 좋겠다. 마치 1990년 독일통일이 '조용한 개신교 혁명'으로 일컬어지는 것처럼 말이다.[207]

## 참고문헌

김준곤. 『CCC와 민족 복음화 운동』. 서울: 순출판사, 2005.
김준곤 목사 제자들. 『나와 김준곤 목사 그리고 CCC』.
      서울: 대학생선교회, 2005.
「CCC 통일연구소」. 한국 CCC 제공 유인물, 2014.
「CCC 편지」. 1996년 11월호, 12월호, 1997년 4월호.
김안신. 『돈키호테와 산초들』. 서울: 순출판사, 2010.
맥스 L. 스택하우스. 『세계화와 은총』. 글로벌 시대의 공공신학.
      이상훈 역. 서울: 북코리아, 2013.
주도홍. "통일 한국을 위한 파트너로서의 한국 교회." 「한국개혁신학」.
      서울: 2014. 43호, 156-177.
주서택. 『하나님을 주로 삼는 민족』. 서울: 순출판사, 1998.
홍정길. 『김준곤 명상』. 서울: 순출판사, 1996.

11장

# 분단 시대 꿈꾸는 '평양 대부흥 집회'

## 1. 부흥, 어게인?

종교개혁은 교회개혁운동이었다. 이런 맥락에서 오늘 한국 교회를 주목하며 하나님의 뜻을 찾기를 원한다. 한국 교회는 2007년을 맞이하여 제2의 도약을 추구했다. '부흥, 어게인 1907'이 2007년을 맞이하는 한국 교회의 바램이었다. 이 야무진 바램은 2007년이 오기 전 몇 년 전부터 교단과 교파를 초월하여 경쟁하듯 엄청난 계획을 발표하며 기독언론에 화려하게 장식되었다. 정말 엄청난 일이 2007년에 한국 교회에게 벌어질 것 같았다.

그렇지만, 2007년 10월 말 종교개혁주간, 우리는 허탈했다. 한 마디로 한국 교회는 그 뜨거울 것만 같았던 부흥을 경험하기는 고사하고, 한국사회, 언론의 심한 질타를 받으며, 아니 무차별 폭격을 받으며 침몰의 위기마저 느끼고 있다. 그토록 갈망했던 부흥은 일어나지 않고, 기독교 대표기업 E-Land 사태를 출발로 하여, 41일 동안의 아프가니스탄

탈레반 피랍사태를 통해 하나님은 한국 교회에 응답하시는 것이었다. E-Land는 양심적 기독교기업이지만 '혹시나' 했던 기대를 '역시나'로 보여 주었고, 탈레반 피랍사태는 기독교가 상식도 없는 독선의 집단, '비정상'으로 매도되었다. 공영방송들과 신문들이 하나같이 한국 기독교 문제점을 특집으로 다루어 방영하고 보도하였으며, 하나같은 목소리로 한국 교회가 이래서는 안 되고 달라져야 한다고 목소리를 높였다. 기독교인의 한 사람으로서 정말 힘든 기간이었다. 얼굴을 들기가 힘들 정도였다.

이러한 경험을 하면서 한국 교회는 부흥은 고사하고 현상유지도 어렵다는 두려움에 빠져들기도 했다. 마치 하나님이 "무슨 부흥이냐, 내가 너희에게 내린 1907년 부흥의 열매를 아직도 거두지 못했는데, 무슨 뚱딴지같은 소리이냐"라고 응답하시는 것 같았다. 그토록 바라던 2007 부흥은 온데간데없고 너무나 조용하다. 언제 우리가 부흥을 외쳤느냐고 반문하는 것만 같다. 10만 명이 모인 7월 8일 상암 경기장에서의 '주여 우리를 살려 주소서!'로 만족하면 되지 않느냐고 마지막 자존심을 내민다.

그런데 8월 12일-14일까지 계획했던 100만 인 평양 대부흥 기념집회는 불발탄이 되고 말았다. 사실 이루어질 수 없는 사랑이었다. 어쨌든 한국 교회가 너무 조용했다. 그런데 왜 이렇게 조용한가 보니, 목사님들의 관심이 온통 당대의 대선에 가버린 것이다.

무신론주의 북한과 유신론주의 기독교와는 과연 만날 수 있을까? 보다 전문적으로 말하여, 분단 한반도의 차갑게 부딪히는 양 이데올로기 사이에서 기독교 사회윤리는 과연 그 무언가 역할을 할 수 있는 것인가? 구체적으로, 대부흥 100주년 기념 '2007년 평양 대부흥 집회'는 과연 성사될 수 있을까? 이 평양 대부흥 집회가 성사된다면 이는 정치와 경제를 총망라해 한반도 분단 사상 최고의 성과라 하겠다. 그렇게 되기를 기대한다. 그런데 우리는 여기서 역사의 교훈에 귀 기울일 필요가 있다.

과거 공산주의 치하 동구에서 이러한 일들이 성사되었다. 한 예로, 서독 교회의 적극적인 참여로 루터 출생 500주년 기념 대회를 1983년 동독에서 성대히 거행하였다. 35개국에서 20만 명의 기독교인 사절단이 동독에 입국비자를 받고 들어가 2주 동안 집회와 행사를 진행하였다. 말이 20만 명이지 작은 땅 동독에서 이는 엄청난 일이 벌어진 것이다. 루터의 유산을 찾아 그들은 집회와 행사를 그리고 관광을 해야 했으며, 어디에서든지 숙박을 해야 했으며, 동독 주민과 어떤 식으로든지 관계를 갖게 되었는데 이는 무신론주의 동독 정권에게 거대한 모험이며, 참으로 엄청난 일이었다.[208]

본론에서 더 언급할 것이지만, 결과 동서독의 역사에서 새로운 장을 열었고, 1990년 통일의 기초를 이루었다고 평가할 수 있다. 과연 어떻게 이러한 일이 공산주의 정권하에서 '반동분자', '배신자'로 낙인찍힌 신앙의 아버지 루터 기념대회를 그토록 성대하게 국제적으로 치룰 수 있었을까 살펴볼 것이다.

그런 후, 그 역사에서 오늘 한국 교회가 바라는 남북집회를 위한 아이디어를 찾을 수 있을 것이다. 곧 어떻게 디아코니아의 사역이 공산권에서 대형 기독교집회를 가능하게 했는지를 역사적으로 살펴보며, 그 교훈을 분단하 한국 교회에게 적용해 볼 수 있길 기대한다. 탁월한 기독교의 사회 윤리가 무신론주의 공산주의와 유신론주의 기독교사이에 튼튼

한 연결고리를 만들었을 뿐 아니라, 새로운 시대를 향한 독일통일을 향한 길을 닦았다.[209]

## 2. 교회의 통일을 위한 노력

### 1) 평양 대부흥 100주년 기념대회

'평양 대부흥 기념대회 평양서 연다'는 대문짝만한 신문 뉴스들이 기독교 신문들과 인터넷을 위시한 매스컴에 화려하게 등장했다. 2007년 7월 8일 서울 상암경기장에서 평양 대부흥 기념대회를 개최하고, 연이어 8월 12일부터 14일까지 평양봉수교회에서 열기로 했다며 한국 교회 연합을 위한 교단장협의회 소속 24개 교단 총회장, 총무들과 한기총 교회협 대표들은 '2007 한국 교회 대부흥 100주년 기념 사업위원회'를 통해 지난 2월 27일, 28일 양일간 회의를 갖고 이같은 소식을 언론에 발표하였다. 당시 교단장협 공동의장 J 목사는 "한기총과 교회협 그리고 24개 교단들이 한 마음으로 평양 대부흥 100주년 기념대회를 준비하고 있다. 이 행사를 통해 한국 교회가 제2의 부흥과 갱신을 이룰 수 있도록 최선을 다하겠다"고 말하기도 했다.

그런데 바로 얼마 후 전혀 다른 내용의 기사거리가 매스컴에 실렸다. 북한의 조선그리스도연맹이 한국 교회의 약속 불이행으로 북한 사회에서 신용이 추락했다면서 교단장협의회가 평양 봉수교회 준공에 맞춰 제안한 평양 대부흥 기념대회의 건에 확답을 주지 않았다는 것이다. 당초 남한 교회가 유경체육관에서의 평양 대부흥 집회를 제안하며 북한에 심장병원 건립을 약속했지만 결국 무산되어 북한 내에서 조그런의 신용도가 말할 수 없이 추락했다는 이유였다. 한 마디로 남한 교회가 약속을 지키지 않으니, 우리도 평양 대부흥 집회에 대한 약속을 확답할 수 없다는 것이었다.

지난 2006년 조그런과 평양국제 대성회 개최를 합의한 '우리민족교류협의회' 북방선교회는 한국 교회대부흥 100주년기념 사업회가 북한과의 사전 협의도 거치지 않은 채 성급한 발표를 했다고 지적하며, 분단 이후 최초의 평양 대규모집회가 무산될 위기를 맞게 되었다고 안타까움을 토로하였다. 알고 보니, 한국 교회대부흥 100주년기념 사업회도 북한의 사전 확답도 받지 않은 채 평양대성회를 성급하게 발표했던 것이다. 결국 교류협의회 측도 '북측의 단호한 거부'를 확인하며 100주년 기념성회를 포기하고, 10월 경 순수한 민족간 교류활동으로 대규모문화공연을 겸한 '우리민족 한 마당 평양국제대회' 추진하기에 이르렀다.[210]

### 2) 공든 탑이 무너지랴

"공든 탑이 무너지랴"는 속담이 있다. 정성을 다하여 준비하고 기초부터 차근차근 쌓아올린 일은 어렵더라도 그 결실을 본다는 속담일 것이다. 과연 한국 교회가 분단 62년 동안 어떤 공을 들였을까? 무신론주의 북한에게 이러한 엄청난 집회허가를 요청할 수 있는 공을 들였다는 말인지, 아니면 그러한 신뢰관계가 유지되고 있다는 말인지 궁금하다. 사실 몇 년 전부터 그토록 원하고 바랬던 '1907 어게인'은 100주년이 되는 2007년이 다가오면서 그 열기가 식어가는 감이 없지 않았다.

각 교단, 각 기독교단체마다 다투어 행사를 계획하고 2007년이 되면 엄청난 일들이 여기저기서 사정없이 벌어질 것 같더니, 2007년 1월에는 '대부흥 100주년 기념행사를 한국 교회가 연합으로 치루자'고 교단장협이 제안하였다. 마음이 급해진 24개 교단 교단장과 총무들과 한기총과 교회협은 한국 교회 전체가 참여하는 하루 서울집회와 이틀간의 평양 연합집회를 발표하기에 이르렀다. 결국 이로써 서로 경쟁하듯 뽐내고 개최하려던 그 엄청난 대부흥(?) 집회의 꿈은 일순간에 거품처럼 수그러들고 만 것이다. 교단장들의 바로 얼마 전까지의 대형 집회를 향한 떠벌림은 바라보는 이들에겐 내심 걱정이 아닐 수 없었다. 그렇지만, 단 삼일간의 연합집회로 그런대로 당사자들은 체면은 차릴 수 있었다고 안도의 한숨을 쉴 수 있었는지 모른다.

그런데 그 안도의 한숨소리가 채 사라지기도 전 바로 들려오는 소식은 그 삼일 연합집회 중 이틀 평양 대부흥 집회는 전혀 근거 없는 발표라는 것이다. 즉 한기총, 교회협 그리고 24개 교단장과 총무는 한국 교회 대부흥운동 100주년 평양기념집회를 당사자인 북측과의 사전 협의도 없이 발표했던 것이다. 사실, 저자는 처음부터 '어떻게 이런 대형 집회가 북한에서 가능하다는 말인가' 기뻐하면서도 의아했다. 분단하 독일 교회 역사를 놓고 볼 때 평양에서의 대형 집회를 한국 교회가 무리하게 추진하고 있었기 때문이었다.[211]

독일 교회의 역사를 살펴보면, 서독 교회는 어려움에 처한 동독의 동족과 '사회주의 속의 교회'를 갖은 인내와 사랑으로 분단 시절 내내 꾸준히 도왔다. 동서독 간 정치의 찬바람이 매몰차게 불어도 동독을 향한 서독 교회의 사랑은 한결같았다.

서독 교회의 사랑에 대한 동독 측의 감사와 보은이 전혀 성에 차지 않아도, 도리어 불만과 억지를 내세워도, 아니 배신감이 들 정도로 거꾸로 행동을 해도 '형제를 사랑하라'는 주의 명령에 서독 교회는 성령의 도우심을 힘입어 순종하였다. 특히 '디아코니아 재단'을 동독에 상주시키면서 서독 교회는 형제사랑을 동독 정권의 비위를 건드리지 않으면서 힘있게 실천하였다. 물론 이러한 서독 교회의 형제사랑에 한국에서처럼 반대도 있었고, 오해도 있었다.

그렇지만, 서독 교회는 예수님 사랑의 섬김의 신학 위에 서서 성육신의 형제사랑을 분단하 묵묵히 확고한 신념을 갖고 실행해 옮겼다. '배고픈 자에게 먼저 먹을 것을 주라'는 주의 명령을 잊지 않았다. 몇 가지 분명한 원칙을 가지고 서독 교회는 동독을 도왔다.

첫째, 명목 있는 도움으로 상대의 자존심을 지켰다. 겸손한 사랑만이 성공할 수 있음을 알았다.

둘째, 그리스도의 사랑에 입각한 확고한 철학과 순수한 지원 원칙을 지켰다.

셋째, 지원의 다양성과 대담성을 잊지 않았다. 수요자의 입장에 서서 그들의 필요를 채우려 했다.

넷째, 서독 정부의 지원을 받았다. 합법적으로 그리고 떳떳하게 이루어졌다는 말이다.

이런 결과 서독 교회는 동독 정권의 신뢰를 얻을 수 있었다.

한 마디로, 서독 교회는 '섬김의 신학'을 근거로 '실천적 대화'를 공산 정권과 했으며, 늘 '특별한 유대 관계'를 형성하고 있었다. '특별한 유대 관계' 역시 다음과 같은 분명한 원칙하에서 유지되었다.

① 수직적 차원이 없는 단순한 사회윤리가 아니다.
② 두사회주의 속에서 적응하기 위한 하나의 수단이 아니다.
③ 현실적으로 활용되는 하나의 신학 형태도 아니다.
④ 마르크스주의의 메카니즘 속에 젖게 하는 하나의 철학도 아니다.
⑤ 신학적 논증을 통하여 마르크스주의의 이데올로기를 옹호하려는 듯한 그러한 신학도 아니다.
⑥ 마르크스주의와 기독교신학의 혼합도 아님을 분명히 한다.

> 심기러 오신…그리스도에서는 사신의 통지를 이러한 섬김을 통하여 구체화하셨던 것을 인식하고 예수님의…가장 큰 섬김이야말로 바로 십자가 사건이었으며, 교회의 섬김은 이 그리스도의 십자가로부터 출발되는 것임을 근거로 하여 '섬김의 신학'은 교회가 진정한 사랑의 공동체이어야 함을 요청한다.[212]

### 3) 실천적 대화

'섬김의 신학'을 '사회주의 속의 교회'로서 실천하였던 헝가리 교회의 감독 칼디(Zoltan Kaldy)는 "우리는 공산주의자들이 아닙니다"라는 고백을 하며 한국 교회가 귀 기울여야 할 '실천적 대화'에 관한 언급을 하였다. 말로만이 아닌 눈에 보이게 제시되는 실천이 있는 대화를 공산주의자들과 계속할 때 그들은 교회를 향한 변화된 태도를 보였고, 결국 '사회주의 속에서 교회'가 원하는 일을 실행에 옮길 수 있었다는 말이다. 대형 집회까지도 가능할 수 있었다.

> 오랜 시간이 지난 후에야 단지 실천적 대화(nur praktischer Dialog)가 가능해졌습니다. 사람들은 마르크스주의자들과 기독교인들이 자기들이 속한 사회의 번영을 위해서 그 무언가 함께 일할 수 있는 영역을 찾았습니다. 우리는 비로소 찾았는데 그것은 예를 들어 시민의 번영을 위해서 문화 영역에서, 평화를 위한 일들 가운데에서 그리고 인간의 생활수준을 높이는 일일 때 함께 보조를 맞추었습니다. 이것이야말로 소위 말하는 실질적 대화였습니다. 이러한 대화가 참으로 절실히 요청되는 것입니다.…이러한 실질적 대화가 진행되는 중에 확실히 양편은 서로를 향해 자신들이 지금까지 가졌던 생각들을 수정해야만 했습니다. 이 말은 신학에 대한 수정을 또는 마르크스주의 사상에 대한 수정을 말하는 것이 아닙니다. 마르크스주의자들은 신학에 의해서 자신들의 이데올로기를 바꾸지도 돌아서지도 않았습

> 니다. 그러나 무슨 일이 일어났는지 아십니까? 기독교인들과 교회를
> 향해 자신들이 가졌던 생각을 대폭적으로 다른 각도에서 볼 수밖에
> 없는 그런 입장이 되어야만 했던 것입니다.[213]

칼디의 고백은 계속된다. 한국 교회가 바라는 대부흥운동 100주년 평양 대부흥 집회와 같은 구 동구권에서의 집회가 사회주의 공산 정권의 허락으로 성공적으로 개최할 수 있었다는 내용이다. '섬김의 신학'을 근거로 한 오랜 '실천적 대화'가 열매를 맺을 수 있었다는 말이다.

> 저 본인 스스로가 생각해 볼 때 참으로 놀라운 것은, 헝가리 인민공
> 화국 같은 하나의 사회주의 국가가 우리 헝가리 교회를 통하여 세계
> 루터교회 연맹 국제 집회를 부다페스트로 초청할 수 있게 허락하였
> 다는 사실입니다. 보십시오. 이것은 분명히 헝가리에서 국가와 교회
> 사이에 형성된 좋은 관계가 맺힌 하나의 열매인 것입니다.[214]

### 4) 사회주의 속의 교회

'사회주의 속의 교회'(Kirche im Sozialismus)란[215] 동독을 위시해 과거 동유럽 공산 치하 존재했던 교회를 일컫는 말이다. 교회들이 교회다움을 잃지 않고 어떻게 공산치하에서 존재할 수 있었으며, 결국 어떠한 지혜를 가지고 무신론주의 정권과 바른 관계를 가졌는지를 살펴보는 일은, 남한의 교회가 무신론주의 유물론의 북한 정권과 어쩔 수 없

이 관계를 가질 때 교훈을 준다. '사회주의 속의 교회'는 1958년 헝가리 교회 감독 칼디에 의해, 또는 1969년 동독 교회의 한스 지겐바써(Hans Siegenwasser)에 의해 처음으로 일컬어지기 시작하여, 1970년대, 80년대 약 20년 동안 한시적으로 사용되었던 용어이다.

이후 동독에서는 '사회주의 속의 교회'라는 용어가 가져올 수 있는 오해 때문에 '동독 교회'라는 말로 바꾸어 일컫기도 하였다.[216] '사회주의 속의 교회'는 '교회와 국가의 관계를 묶어주는 연결고리'라는 의미로 동독 교회의 자기이해에 근거한 특별한 개념이다.

1968년 당시 동독 튀링엔 지방의 프로테스탄트교회 감독이었던 미첸하임(Mitzenheim)은 '사회주의 속의 교회'를, 사회주의를 대적하는 교회가 아닌 동독에 살아가는 시민들을 위한 교회로서, 사회주의 체제 속에 살아가면서도 병들지 않은 양심을 가진 기독교인들의 공동체라고 정의하였다. 동독 출신 저명한 신학자 융엘(E. Juengel)은 자신의 경험을 근거로 '사회주의 속의 교회'를 향해 혹시나 있을 수 있는 오해를 국가와 교회의 분리원칙을 들어 차단한다. 그러니까 무신론주의 정권하에서도 교회가 독자적인 길을 감으로써 '사회주의 국가와 그 입장을 같이하는 일은 결코 있을 수 없는 것'을 바로 인식하고 시련의 시절을 극복하며 교회의 사명을 감당하려 하였다는 말이다.[217] 물론 이런 시절 잘못된 길을 걸어간 교회지도자들이 없지 않았음을 융엘은 부정하지 않는다.[218]

1968년 '사회주의 속의 교회'였던 동독 교회는 어려운 시절 나치하 독일 교회(DC)의 변절과 그 불행을 반복하지 않으려, 1934년 '바르멘 신학선언'을 가져와 "바르멘의 첫 번째 고백교회의 총회에서 합의한 결정"을 따르고자 하였을 뿐 아니라,[219] 긍정적인 의미에서 사회주의 속에서라도 교회가 적극적으로 세상의 소금과 빛으로서 역할을 감당하기 위해 1963년 '교회의 자유와 사역에 관한 10가지 논제'(Zehn Artikel ueber Freiheit und Dienst der Kirche)를 발표하였다. 복음 선포의 사명, 신앙과 순종의 생활, 화목과 평화, 세속정부, 교회의 생활과 섬김, 교회의 소망 등의 10가지 선언은 교회가 사회주의 속에 존재하면서도 결코 정치적이지 않은 모습으로 교회다움의 가야할 길을 가고자 하는 의지를 천명한 것으로 평가된다. 무엇보다도 하나님의 말씀과 신앙고백을 근거로 하여, 그 어느 시대나 공통적으로 유효한 내용을 품고 있는 '교회적, 신학적 선언이며, 영적, 신학적 가르침'이라는 것이다.[220]

결국 '사회주의 속의 교회'는 다음과 같이 세 가지 면에서 개념을 정리할 수 있다.

① 교회가 처한 현장이 무신론주의 사회주의 속임을 현상학적으로 밝힌다(Ortsbestimmung).
② 교회가 처한 어려운 상황 속에서도 교회에 대한 바른 정체성을 잃지 않음을 해석학적으로 제시한다(Situationsbestimmung).
③ 교회의 과업을 인식한 교회, 곧 자기사명에서 제시된 개념으로 이해한다(Auftragsbestimmung).[221]

## 3. 통일을 위한 교회의 역할

1) 루터 출생 500주년 기념대회

1983년 11월 공산치하 동독에서 종교개혁자 루터(Martin Luther, 1483-1546)의 출생 500주년을 맞아 성대한 국제대회가 약 2주간에 걸쳐 개최되었다. 독일의 보름스와 같은 루터의 역사의 현장이 서독에도 있지만, 루터의 유산과 역사현장이 거의 대부분 동독 지역에 위치하였다. 루터 기념 국제대회에 참여한 인원은 미국, 영국, 캐나다, 네덜란드를 위시한 35개국에서 모여든 외국 기독교인 사절단 20만 명을 선두로 엄청난 인원이었다.[222]

이 신앙적 국제대회를 위해 당사자인 동독 정권, 동독 교회가 주도권을 가져야했고, 아울러 서독 교회, 서독 정부의 적극적 참여와 재정적 도움이 있어야 했으며, 그리고 세계 교회의 뜨거운 호응과 참여가 역시 요구되었다. 먼저 20만 명의 사절단이 2주 동안 머물 숙소를 해결해야 했으며, 거의 반세기 동안 방치되던 루터의 유적들을 보수하고 다듬어야 했다. 여러 다양한 행사를 기획해야 했으며, 동독 주민들과 외국 기독교인 사절들과의 만남이 가져올 여러 가지 문제를 동독 정부는 세심하게 방어하며 준비해야 했다.

물론 사전 준비는 동독 공산 정권만의 업무는 아니었고, 이를 위해 더욱 많은 역할을 서독 교회, 서독 정부가 최선을 다해 감당하였다. 엄격하게 말해 행사기간 동안 혹시나 대두될 반체제 저항들과 이로 인해 발생활 수 있는 소요사태 등을 향한 동독 정권의 불안과 조바심을 서독 정부는 미리 헤아려 조심스럽고 지혜롭게 재정적으로 정신적으로 준비를 하여야 했다.[223]

동독 정권은 이러한 맥락에서 몇 가지를 교회에 요청하였는데, 교회가 추구하는 평화운동에 동참할 것, 정치적 문제에는 개입하지 말 것, 종교적 관심에 집중할 것, 교회는 철저하게 자체단속을 해 줄 것 등이었다. 동독 교회도 세 가지 면에서 함께 보조를 맞추었는데, 첫째로 국가 이익에 일치하며, 둘째로 국가 정치에 협조하고, 셋째로 다른 장애들이 발생하지 않은 가운데 기념대회를 진행하도록 하는 것이었다.[224]

과연 무신론주의 사회주의 동독 정권은 어떠한 목적으로 이 엄청난 영적 대회를 허락하였는가? 동독 정권 당국의 이 대회를 향한 정치적 추구와 동독 교회, 서독 교회, 서독 정부 그리고 세계 교회의 보다 신앙적 목적은 근원적으로 달랐다. 그렇다고 동독 당국이 또한 서독측이 그러한 전혀 상이한 목적을 모르고 있었던 것은 아니다.

동독 당국이 가졌던 목적은 나섯 가지로 공개되었다.

첫째, 루터를 사회주의가 추구하는 역사 전진적 인물로 인정하고 보존하며 역사적 유산의 확산을 돕는다.

둘째, 독일사의 전통을 추구함과 세계사적 사상논쟁에 있어서 독특한 위치를 갖는다.

셋째, 비록 다른 세계관과 신앙을 가졌을지라도 역사적 활동 그 자체를 평가한다.

넷째, 세계에 동독의 정책이 얼마나 인도주의적이며, 평화를 사랑하는지를 확인시킨다.

다섯째, 종교개혁, 농민전쟁 그리고 독일초기 민중 혁명에 관해 유물사관에 입각한 역사연구의 탁월성을 세계학회에 과시한다.[225]

동독 교회, 서독 교회, 세계 교회가 가졌던 목적은 서로 간 상당 부분 상이한 면도 없지 않았다. 물론 그들은 우선 순수한 종교적 목적을 가지고 접근하였음을 당시 발표된 각자의 입장을 통해 확인할 수 있다.

> 우리는 마르틴 루터를 위대한 한 사람으로서 가치부여를 하지 않을 것이며, 그의 업적들을 사람들에게 가까이 그리고 모든 교회적 사업의 중앙으로 가져갈 것입니다. 그 업적이란 예수 그리스도의 기쁜 복음 가운데 있는 은혜의 하나님입니다(동독 교회).

> 동독 정부에 의해 제시된 루터 이해에 높은 경의를 표하는 바입니다. 그 시대에 있어서 루터가 조명된 것으로 생각합니다(서독 교회).

> 그(루터)는 우리 모두의 것입니다. 이러한 생각에서 우리는 여기에 함께 모여 루터를 기념하기를 바라는 것입니다. 루터를 통하여 다시금 우리가, 아니 모든 세계가 하나님의 말씀을 체험하게 되었습니다(WCC).

서독의 독일 교회연합(EKD)도 적극적으로 나름대로의 지침을 가지고 루터기념대회를 준비하였다.

① 루터이해를 향한 두드러진 차이점들에 대한 논쟁을 삼간다.
② 루터의 해를 통해 주어진 기회를 결코 헛되이 놓치지 않는다.
③ 그 어떤 경우라도 행사진행 중 경쟁관계를 보여 주지 않는다.

이것은 사려 깊은 처사라 할 수 있는데, 마르크스주의적 루터이해를 염두에 두어야 했으며, 루터의 해를 맞아 동서독의 긴장완화 내지는 서로를 보다 더 가까이 이해하는 기회로 활용할 것을 기대하였기 때문이다. 뿐만 아니라, 동서독 교회는 다른 면에서는 분명 선교의 기회로 활용하려는 의도도 있었다. 동독 교회가 당시 가졌던 두 가지 추구는, 동독에서의 교회생활의 활성화, 교회의 테두리를 벗어나 교회의 실체를 알림과 동시에 세상에서의 교회의 역할을 감당하는 것이었다.

### 2) 실질적 준비와 행사 신행

실질적 준비는 동독 정부, 동독 교회, 서독 교회, 서독 정부 그리고 세계 '루터교연맹'이 1979년부터 1983년에 이르기까지 5년 동안 하였다. 동독 정부는 공산당 총서기장 에리히 호네커(Erich Honecker)가 '마르틴 루터 위원회'(Martin-Luther-Kommitee)의 위원장이 되어 모든 준비를 지휘하였다.

우선적으로 무신론주의의 동독 정권이 '배신자' 내지 '반동'으로서의 루터를 향한 지금까지의 마르크스-레닌주의 해석을 루터 기념대회를 정당화 할 수 있도록 새로운 입장을 제시하는 것이었다. 왜 동독 정권이 루터 기념대회를 개최하는지에 대한 나름대로의 타당성을 제시해야만 했다. 이는 새로운 루터해석의 전환점이 되기도 했다.[226]

또한 수십만 명의 국내외 손님들의 숙박문제, 비텐베르크(Wittenberg), 아이스레벤(Eisleben), 에어푸르트(Erfurt), 바르트부르크(Wartburg) 지역 등에 거의 방치되어 관리가 이루어지지 않던 가옥들, 예배당, 수도원, 대학건물들, 동상, 성(城) 등의 루터의 유적지 수리 및 복구가 우선적으로 해결되어야 했다. 이런 점에 가장 많은 신경을 쓰는 쪽은 말할 것도 없이 동독 정권이었지만, 문제는 이에 소요되는 엄청난 경비를 동독 정권은 감당할 수 없었고 가난한 동독 교회는 말할 것도 없었다.

세계 '루터교 연맹', 서독 교회, 서독 정부가 이에 대한 예산을 지원하였다. 서독 정부가 1983년 6월 29일 루터 기념대회를 준비하면서 동독 정부에 서독 정부의 보증으로 차관으로 주기로 약속한 금액은 10억 마르크(당시 약 8,000억 원)였다.[227] 동독에 상주하고 있던 '디아코니아 재단'의 실질적 활약 역시 두드러졌다.

또한 동독 교회는 루터의 전 생애를 향한[228] 보다 열려지고 활발해진 루터연구를 기해 거의 40년 동안 생소하다시피 되어버린 루터의 글들을 새롭게 펴내는 일을 착수하게 되었다. 루터전집을 발간하며, 루터의 전 생애를 다루는 전기를 펴내며, 루터의 생의 업적들과 현장들을 향한 역사적 연구를 진행하며, 루터의 역사적 영향을 추적하고, 루터의 사상과

업적들을 현실에서 구체화하고자 하였다.[229] 아울러 수많은 기념대회, 학술대회 그리고 대중 집회를 계획하고 준비해야 했다.

그러는 가운데, 동독 정부는 새로운 법안을 발표했는데, 1970년부터 적용해 오던 집회행사 법을 새롭게 수정하였다. '전적으로 종교적 성격을 띤 집회들은 지금까지의 원칙적 신고의무에서 면죄'되며, 집회에 모인 인원수를 점검하지 않아도 되게끔 하는 내용이었다. 또한 문화재 보호 법안을 통과시켰다. 이는 새로운 루터 유적의 수리와 복구를 위해 요구되는 것이었다. 동서독 간에는 1982년 12월 2일 새로운 문화협약이 이루어졌다.[230]

이러한 준비와 노력으로 루터 출생 500주년 기념대회는 1983년 2월 18일 루터의 사망일에 아이스레벤의 출생 본가가 수리를 거친 후 비로소 다시 문을 열기 시작하면서 기념대회의 막이 올라, 여러 행사와 집회가 거행되었고, 루터의 출생일 1983년 11월 10일부터 13일까지 아이스레벤과 라이프치히에서 35개국에서 찾아온 손님들과 함께 성대하고 성공적인 기념대회가 개최된 후, 마지막을 축제의 코이노니아로 장식하며 루터 기념대회의 모든 행사가 막을 내렸다. 이러한 행사는 서독을 위시한 세계에 TV로 생중계되기도 하였다.[231]

### 3) 역사적 결과

'사회주의 속의 교회'였던 동독 교회는 이제까지의 움츠러들어 기를 펴지 못하던 상태에서 적극적이고 능동적 입장에서 새로운 가능성을 찾게 되었다. 어렵지만, 교회다움을 잃지 않고 사명을 감당할 수 있다는 가능성을 확인하였다. 1984년 동독 교회 총회의 평가는 이를 입증하고 있다.[232] 동독 정권 역시 루터 기념대회를 계기로 하여, 교회를 향한 보다 큰 신뢰를 형성하게 되었으므로, 1985년 2월 11일 동독 총서기장 호네커가 서로 선한 의지와 존경을 주고받으면서 더욱 긴밀한 관계를 유지하자는 요청을 하였다.[233] 그 외에도 동서독관계의 진전 등을 포함한 종교적, 정치적, 경제적, 문화적, 사회적 유대 관계가 닫힌 사회였던 동독과 더불어 긍정적으로 형성되었음을 평가할 수 있다. 다시 말해 새로운 시대의 도래를 예고하였다.

독일통일의 초석을 놓았던 1989년 독일 라이프치히 니콜라이 교회에서 시작되어 전국으로 퍼져간 촛불기도회는 독일통일에 있어서 독일 교회의 확실한 역할을 입증하였다. 그들은 국가를 위해 기도하며 평화시위와 함께 구호를 외쳤다. "언론의 자유를 달라!", "여행의 자유를 달라!" 사실 언론의 자유란 공산치하 동독에서는 분명 새로운 요청이었다.

1989년 10월 9일을 역사는 독일통일에 있어 결정적 '전환'(Wende)을 이룬 시점으로 보는데, 라이프치히를 위시한 동독의 다른 도시에서 더 이상 동독 경찰이 시민운동에 아무 제재도 할 수 없게 된 시점이기 때문이다. 결국 1989년 11월 9일 동독의 국경이 열리기 시작했으며, 1990년 10월 3일 아무도 예측하지 못했던 독일통일은 무거웠던 장벽을 무너뜨리며 찾아왔다.[234]

### 4) 역사적 평가

두 독일 교회는 1990년 1월 15일부터 17일까지 독일의 로꿈(Loccum)에 모여 분단하 독일 교회가 유지했던 '특별한 유대 관계'에 대해 그 의미를, "분단된 독일 민족을 묶어주는 하나의 힘 있는 연결고리"와 같은 역할을 했다고 그 역사적 의의를 부여하였다. 또한 서독 교회의 동독을 향한 섬김을 일곱 가지로 평가하기도 한다(Armin Volze).

① 동독의 국민경제에 도움을 주었다.
② 동독의 외화획득에 도움을 주었다.
③ 물자 공급은 동독의 어려운 물자 조달에 부담을 덜어 주었다.
④ 기독교적 관계를 향상시켜 정치적, 법률적 장애를 극복할 수 있게 했다.
⑤ 동독 교회 단체, 교회 부속병원, 양로원, 기타 기관을 실질적으로 도움으로써 동족의 고통을 완화시켰다.
⑥ 동독 교회가 계속적으로 복음전파를 통해 동독인의 삶에 중요한 원리를 제공함으로써 사회주의를 향한 저항 토양을 형성하였다.
⑦ 동독 공산 정권의 붕괴를 재촉하는 결과를 가져왔다.[235]

동서 분단 후 독일 교회가 독일통일에 주의 사랑과 섬김으로 전력한 점 그리고 동독 교회가 사회주의 속에 존재하면서도 자제력을 잃지 않고 인내하여 결국은 니콜라이 교회의 촛불기도회를 통해 새로운 시대를 열었던 사실은 많은 이론이 있을 수 있지만, 거대한 평가를 받아야 할 것이다.[236] 이러한 맥락에서 독일 교회의 통일에 있어서 역할을 기억하며, 독일통일을 '조용한 개신교 혁명'이라고 까지 일컬어도 무리 없게 받아들이고 있는 것이다.[237]

## 4. 요구되는 윤리적 실천

동서 분단하 독일 교회의 NGO '디아코니아 재단'을 통한 활약은 남북분단하 한국 교회의 윤리적 실천에 많은 숙고와 아이디어를 제공한다. 무엇보다도 무신론주의 북한 정권과 기독교와의 연결고리는 다름 아닌 윤리적 현장일 수밖에 없다는 점이다. 아가페의 사랑에 입각한 수준 높은 기독교 사회윤리를 가지고 공산주의자들을 감동시키는 방법 외에 다른 방법은 없다.[238]

한국 교회가 '1907년 부흥 어게인'을 외치며 여기저기 기존의 대형 집회를 옛 방법으로 계획했지만, 무언가 겉돌고 있다는 느낌이었다. 특히 평양에서의 집회까지도 계획했지만 꿈같은 공허한 이야기로 끝을 맺었다. 뜻 있는 교회 지도자들이 '이것은 아니다'라는 생각을 하지만, 대안을 내놓고 있지 못해 속내는 더욱 공허를 느낄 뿐이다. 한국 교회의 윤리적 신뢰도는 점점 추락하고, 양적 부흥도 십여 년 전부터 멈출 줄 모르고 하향곡선을 그리고 있다.[239]

그렇지만 최근 들어 기독교 NGO의 활동, 곧 NGO를 통한 디아코니아가 다양하며 구체적이고 활발하다. NGO 사역에의 참여를 통해 상당한 기독교인들이 사회 속에서의 존재 의미를 발견하며, "너희는 세상의 소금과 빛"이라는 예수의 윤리적 선언을 조금씩 깨닫기 때문이다. 문제는 기독교 NGO를 향한 확신과 활동을 위한 기독교사회윤리의 이론적 배경이 아직은 미미하고 정립되지 않았다는 점이다. 사회를 향한 한국 기독교 윤리의 천착이 이론적으로 뿐 아니라 실천적으로도 요구된다 하겠다. 기독교 NGO는 기독교인 사회윤리의 구체화라는 관점에서 절실히 요구되며, 한국 교회가 무신론주의 북한과의 연결고리를 만드는 성경적 지혜이기도 하다.

NGO란 비정부기구 민간 주도적 목적단체로서 비이익단체인 NPO와 같은 맥락에서 국제적으로 사용되는 용어이다. 기독교 NGO란 기독교적 세계관에 입각하여 세워진 비이익단체로서의 NGO를 의미한다. 그러니까, 세상 속에서의 예수 그리스도의 실천적 삶의 구체화에 목적을 두고 있는 비교회적 단체를 뜻한다. 비교회적 단체란 교회의 직접적이고 궁극적 목적인 선교를 설립목적으로 하지 않을 뿐 아니라, 기독교를 노골적으로 표방하지 않는다는 말이다. 그렇다고 선교와는 상관이 없다거나 교회와 관련이 없다는 말은 아니다. 기독교 NGO는 선교에 직간접적 영향을 주며, 교회의 사상적, 물적, 인적 후원을 배경으로 할 때 더욱 효율적일 수 있다. 곧 기독교윤리를 통한 세상과 복음의 접점을 시도한다. 이런 맥락에서 기독교 NGO의 존재 의미를 몇 가지 점에서 짚어 볼 수 있을 것이다.

첫째, 복음의 실천 자체에 기독교 NGO의 의미가 있다. 한국 교회의 설교의 약점은 윤리적 적용이 약하다는 점이다. "사랑하시오!", "그런데 알아서 사랑하시오!' 식이다. 분단 60년을 향한 조국의 아픔에도 이런 식의 설교가 주류이다. "조국을 위해 기도합시다!", "그런데 각자 알아서 하시오!"식이다. 그렇지만 기독교 NGO는 이러한 어려움을 극복하는 한 방법이 된다. 복음의 실천에 기독교 NGO는 다양한 길을 제시해 도움을 주고, 구체적인 지체로서의 역할을 찾게 한다. 고난당하는 친구와 이웃을 향한 사랑실천에 우선적 의미가 있다.

둘째, 한국 기독교의 추락한 윤리적 신뢰성 회복에 도움이 된다. 드러내놓고 하는 교회의 활동에 사람들은 일단 거부감을 보인다. 그 일의 주체인 교회를 한국사회가 신뢰하지 않기 때문이다. '그래 분명 속셈이 다른 곳에 있을 거야. 무슨 사랑은 사랑이야? 동기가 다른 곳에 있을걸!' 그렇지만, NGO의 활동은 동기와 목적이 분명하여 사람들이 신뢰를 가질 수 있다. 교회와는 상관없이 이 일은 사회의 소금과 빛의 역할을 감당하게 되기 때문이다. 이러한 행동하는 기독교인들이 늘어나게 될 때, 사람들은 자연스럽게 한국 교회를 다르게 생각하게 될 것이다.

셋째, 복음전파의 가교로서의 역할이다. 한국 교회의 신뢰성의 회복은 교회의 복음전파에 직접적 영향을 미치게 된다. 물론 기독교 NGO의 활동 및 이웃 사랑은 종파와 신앙의 유무에 관계없이 이루어진다. 그럼에도 사역의 주체들이 갖는 기독교 세계관, 윤리, 삶과 사역의 동기는 엄청난 역할을 감당하게 된다. '당신들이 갖는 세계관에 대해서 듣고 싶소!' '당신들이 믿는 신앙에 대해서 나도 알고 싶소!'등의 자연스런 고백을 끌어내게 된다는 말이다. 분명, 복음전파가 기독교 NGO의 목적은 아니지만, 복음전파를 위한 가교역할을 하게 된다는 말이다. 이런 맥락에서 기독교 NGO에 참여하는 사역자들의 투철한 복음정신, 윤리의식, 곧, 무슨 동기에서 이 사역에 참여하고 있는지 하는 분명한 자기정체성을 잊지 않아야 한다.

## 5. 맺는 말

한반도 평화와 남북통일을 향하는 한국 교회의 인식은 보수와 진보의 입장차가 분명히 있지만, 시간이 지나면서 점점 전향적으로 나아가고 많은 점에서도 생각이 겹치고 있다. 6.25에서 얻은 쉬 아물지 않은 상처 때문에 가졌던 반공주의도 반세기가 지나면서 미움과 침묵을 깨고 부활의 복음으로 극복해야 할 일임을 한국 교회는 새롭게 인식하고 있으며, 많은 점에서 고난당하는 북한 동족을 그리스도의 사랑으로 그 어떤 종파보다도 힘써 돕고 있다.[240] 그럼에도 한국 교회가 이제는 더욱 체계적이고, 더욱 성숙한 신앙과 교회로서 북한을 상대할 수 있길 기대한다. 통일이 이때 올 것이다 저때 올 것이다 할 것이 아니라, 한국 교회의 성숙된 신앙과 그리스도의 사랑으로 하나 되는 통일을 미리 맛볼 수 있을 것이다. 분단의 휴전선을 초월하여 그리스도의 사랑으로 통일을 미리 앞당겨 맛보는 '이미의 통일론'을 한국 교회는 가져야 할 것이다.

독일 교회는 이데올로기가 그리스도의 사랑의 명령을 가로막을 수 없음을 바로 인식하고 분단하 성령이 주시는 인내와 사랑으로 어려운 시대 하나님이 주신 역사적 사명을 감당하는데 소홀히 하지 않았다. 섬김의 신학, 실천적 대화, 성육신의 사랑으로 특별한 유대 관계를 동독과 분단 내내 유지하였다. 정치를 뒤따라 다니지 않았고, 정치를 이끌었던 독일 교회였다. 정치가 막힐 때 교회는 그리스도의 부활의 능력으로, 화해의 복음으로 평화를 이끌어냈다. 5년간의 실질적 준비를 한 후, 결국 루터 500주년 기념대회를 통해 신앙적 국제적 축제만이 아니라, 새로운 시대의 빛으로 분단 독일에게 방향을 제시하였다.

'1907년 어게인' 평양 대 성회를 꿈꾼 한국 교회에게 독일 교회의 역사는 보다 성숙한 신앙, 인내하는 사랑의 실천, 바른 그리스도적 윤리를 먼저 요구한다. 이런 맥락에서 기독교 사회윤리의 실천은 기독교 최고의 미션인 복음전파, 선교를 위한 또는 향한 가교 곧, 이미의 복음(Pre-evangelism)의 역할을 감당한다. 한국 교회가 기독교 사회윤리학적 관점에서 지금이라도 철저한 자기 개혁적 성찰을 하기를 요구한다. 과연 고난당하는 북한에게 한국 교회는 어떤 존재였는지, 북한은 한국 교회를 어떻게 생각하며 이해하고 있는지를 알 필요가 있다. 더 나아가 우리 한국 교회에게 북한은 어떤 대상인지도 솔직히 물어 확인해야 할 것이다. "배고픈 자에게 먼저 먹을 것을 주라"는 주의 음성이 들린다.

## 참고문헌

권오성. "독일통일과 교회의 역할." 기독교대한감리회 서부연회.

「기독신문」 2007.2.28, 3.14.

「기독교연합신문」 2007.2.4, 3.11, 3.18.

「국민일보」 2007.3.15.

「시사저널」 2006.10.24.

기독교사회윤리학회. 『기독교사회윤리』. 제12집. 성남: 선학사, 2006.

요한네스 발만. 『종교개혁 이후의 독일 교회사』. 오영옥 역.
   서울: 대한기독교서회, 2006.

조용훈. "한국 교회와 반공주의." 기독교사회윤리학회.
   『기독교사회윤리』. 제12집. 성남: 선학사, 2006, 56-73.

주도홍. 『독일 통일에 기여한 독일 교회 이야기』. 서울: CLC, 1999.

\_\_\_\_\_. 『통일 그 이후』. 서울: IVP, 2006.

\_\_\_\_\_. "한국 교회와 남북통일." 한국장로교신학회 제10회 학술발표회. 2007.3.10. 자료집 43-69.

G. Besier, *Der SED-Staat und Kirche*, 1969-1990. Die Vision vom Dritten Weg (Berlin, 1995).

Frederic Hartweg(ed.), *SED und Kirche. Eine Dokumentation ihrer Beziehungen*. Bd. 2: SED 1968-1989. Neukirchen, 1995, 411-412.

Erich Kellner(ed.), *Christentum und Marxismus - Heute*. Wien, 1966.

Joachim Rogge, "Luther-Forschung und literarische Vorhaben in der DDR im Blick auf das Gedenkjahr 1983." in: Heinz Blauert(ed.), *Die Zeichen der Zeit. Evangelische Monatsschrift fuer Mitarbeiter der Kirche*(36. Jahrgang), 1982, 101-104.

Armin Volze, "Kirchliche Transferleistungen in die DDR", in: *Deutschland Archiv* 1, 1991, 59-66. 1971.

이미의
통일론

Road of the Korean Church to the National Unification

# 통일로 향하는 교회의 길

새 계명을 너희에게 주노니 서로 사랑하라
이로써 모든 사람이 너희가 내 제자인줄 알리라(요 13:34-35).

## 미주

1   2015년 1월 잡지 「교회성장」에 실린 글.

2   "아마샤가 아모스에게 이르되 선견자야 너는 유다 땅으로 도망하여 가서 거기에서나 떡을 먹으며 거기에서나 예언하고 다시는 벧엘에서 예언하지 말라 이는 왕의 성소요 나라의 궁궐이니라. 아모스가 아먀사에게 대답하여 이르되 나는 선지자가 아니며 선지자의 아들도 아니라 나는 목자요 뽕나무를 재배하는 자로서 양 떼를 따를 때에 여호와께서 나를 데려다가 여호와께서 내게 이르시기를 가서 내 백성 이스라엘에게 예언하라 하셨나니 이제 너는 여호와의 말씀을 들을지니라 네가 이르기를 이스라엘에 대하여 예언하지 말며 이삭의 집을 향하여 경고하지 말라 하므로"(암 7:12-16).

3   이 부분에 대한 저자의 졸저로는 두 권이 있다. 주도홍, 『독일 통일에 기여한 독일 교회 이야기』(서울: CLC, 1998); 주도홍, 『통일, 그 이후』(서울: IVP, 2006).

4   존 칼빈, 『기독교 강요』(1559) (하), 원광연 역 (서울: 크리스천다이제스트, 2003), 585: "국가의 통치는 우리가 사람들 사이에 사는 동안 하나님께 드리는 외형적인 예배를 존중하고 보호하며, 경건의 건전한 도리와 교회의 지위를 변호하고, 사람들의 사회에 우리의 삶을 적응시키고, 시민의 의에 맞도록 우리의 사회적 행실을 형성하고, 우리를 서로 화목케 하고, 또한 전체의 평

화와 안정을 도모하는 등 그 나름대로 지정된 목표가 있는 것이다. 지금 우리 가운데 있는 하나님의 나라가 현 세상의 삶을 끊어 버리게 되면 이 모든 것이 쓸데없어진다는 것은 나도 시인한다."

5 존 칼빈, 『기독교 강요 요약』(1537), 이형기 역 (서울: 크리스천다이제스트, 1997), 85.
6 존 칼빈, 『기독교 강요 요약』(1537), 86.
7 존 칼빈, 『기독교 강요 요약』(1537), 86.
8 존 칼빈, 『기독교 강요 요약』(1537), 86.
9 존 칼빈, 『기독교 강요 요약』(1537), 86.
10 존 칼빈, 『기독교 강요』(1559) (하), 612.
11 존 칼빈, 『기독교 강요』(1559) (하), 613.
12 존 웨슬리, 『존 웨슬리의 설교』, 김홍기 역 (서울: 땅에 쓰신 글씨, 2003), 210-226.
13 존 웨슬리, 『존 웨슬리의 설교』, 210.
14 존 웨슬리, 『존 웨슬리의 설교』, 212.
15 존 웨슬리, 『존 웨슬리의 설교』, 213.
16 존 웨슬리, 『존 웨슬리의 설교』, 215.
17 존 웨슬리, 『존 웨슬리의 설교』, 217.
18 존 웨슬리, 『존 웨슬리의 설교』, 218.
19 존 웨슬리, 『존 웨슬리의 설교』, 218-219.
20 존 웨슬리, 『존 웨슬리의 설교』, 225.
21 맥스 L. 스택하우스, 『글로벌 시대의 공공신학 세계화와 은총』, 이상훈 역 (서울: 북코리아, 2013), 151.

22  맥스 L. 스택하우스, 『글로벌 시대의 공공신학 세계화와 은총』, 150.

23  맥스 L. 스택하우스, 『글로벌 시대의 공공신학 세계화와 은총』, 158-159, 179-180.

24  맥스 L. 스택하우스, 『글로벌 시대의 공공신학 세계화와 은총』, 161-163.

25  맥스 L. 스택하우스, 『글로벌 시대의 공공신학 세계화와 은총』, 164-166.

26  손봉호, "개혁주의 교회와 정치참여", 고신대학교 개혁주의학술원, 『칼빈과 사회』 (부산: 고신대학교 출판부, 2009), 257-275.

27  허호익, "평화와 통일을 위한 기독교인연대", 평화칼럼(2014.5.6.).

28  "War, Christian attitude to," F. L. Cross and E. A. Livingston(ed.), *The Oxford Dictionary of the Christian Church* (New York: Oxford University Press, 1997), 1719-1720.

29  304명의 사망과 142명의 부상자를 낳은 2014년 한국의 실종을 보여 주는 참사였다.

30  최현범, 기조강연 "평화 통일을 위한 교회의 역할"(2014. 5. 5) 「제3회 기독청년대학생통일대회 자료집」, 28.

31  http://www.ukoreanews.com/news/articleView.html?idxno =1534. "20년 전 통일연구원에서 한반도 경제공동체에 대한 논문을 썼었다. 그때나 지금이나 남북관계가 바뀐 게 하나도 없다. '난 뭐 했나' 하는 자괴감이 든다." 김영윤 남북물류포럼 대표의 말이다. 20년 전 통일연구원 재직 시 야심차게 제시했던 한반도 경제공동체 방안이 한 발짝도 앞으로 나아가지 못하고 제자리걸음을 하고 있는 데 대한 장탄식이다.…김 대표는 "정치에서 풀지 못하기에 경제가 꽉 막힌 상황"이라며 "20년 넘게 통일연구원에 있었는데 가장 당혹스러울 때가 정권이 바뀌면 다른 이야기를 해야 한다는

것"이라고 말했다. 김 대표는 "통일은 미래비전을 바라보고 만들어 가야 하는데 국정권자가 어떻게 바라보느냐에 따라 그걸 뒷받침하기 위해 논리를 개발하고 하는 일을 해야 했다"며 자신의 경험을 토로했다.

32  총 123개 업체로 섬유 72, 화학 9, 기계금속 23, 전기전자 13, 식품 2, 종이목재 3, 비금속광물 1개 업체로 구성되어 있다.

33  전 통일부차관 양영식 박사 보고.

34  2014년 5월 중순 북한은 장마당에서의 초코파이의 힘을 실감하며 더 이상 초코파이가 공단 밖으로 나오지 못하도록 하고 있으며, 초코파이 대신 고기나 밥을 주기를 건의했다 한다.

35  독일 교회의 '교회세'(Kirchensteuer)란 기준을, 우리가 교회에 직접 내는, 십일조로 하면서, 세례 받은 등록교인의 경우에 월급 수령액에 따라 다르지만, 대충 3%정도 수준에서 봉급에서 국가가 세금과 함께 거둬들인다. 그런 후, 국가는 거둬들이는 데 소요된 수고비를 떼고, 남은 모든 돈은 국가와는 독립적인 재정집행을 위해 교회청(Kirchenamt)으로 돈이 넘어간다. 이제는 교회가 독자적으로 예산에 따라 재정을 집행한다. 국가가 하는 일은 교회세를 거둬들이는 일이 전부이다.

36  한화로 계산하는 일은 화폐 가치의 수시 변화로 고정적일 수 없고, 대략적인 이해만을 제시할 뿐이다.

37  에버하르트 빈클러, 『실천신학개론』(*Praktische Theologie Elementar*), 김상구, 김성애, 윤화석, 최광현 역 (서울; CLC, 2004), 239.

38  에버하르트 빈클러, 『실천신학개론』, 246.

39  Die Kirche ist dazu da, Menschen mit dem Wort aber auch mit der Tat zu dienen. Sie ist Dienstgemeinschaft fuer das Heil und das Wohl der

Menschen.

40 Wolfgang Huber, "Protestantisches Profil muss in der Oeffentlichkeit erkennbar sein," Udo Hahn(Hg.), op. cit., 148-159; Karl Heinz Neukamm, "Die Diakonie muss die Qualitaet ihrer Arbeit weiter verbessern," Udo Hanh(Hg.), op. cit., 238-244.

41 독일 명칭은 다음과 같다: Central-Ausschusses fuer die Innere Mission der Deutschen Evangelischen Kirche.

42 참조. 에버하르트 빈클러,『실천신학개론』, 248-253: "디아코니의 역사 속에서의 절정기"; 칼 프리츠 다이버,『교회의 정체성과 교회봉사』, 황금봉역 (서울: 한국장로교출판사, 1998). 다이버 박사는 독일 괴팅엔대학교 교수를 거쳐, 1997년 마부르크대학교에서 실천신학교수로 정년퇴직을 하였다.; John N. Collins, *Diakonia: Re-interpreting the Ancient Sources* (Oxford University Press, 1990).

43 epd-Dokumentation 48/98: "Diakonie - ausgestreckte Hand der Kirche in die Gesellschaft", 1.

44 epd-Dokumentation 48/98: "Diakonie - ausgestreckte Hand der Kirche in die Gesellschaft", 14-16.

45 참조. 주도홍,『독일 통일에 기여한 독일 교회 이야기』(서울: CLC, 1999), 67-94; 주독대사관, "과거 서독 교회의 대 동독 지원", (Deutschland-Archiv '91.1: "kirchliche Transferleistung" in der DDR) (번역자료 600-6).

46 에버하르트 빈클러,『실천신학개론』, 254-256.

47 Karl Heinz Neukamm, "Diakonie muss die Qualitaet ihrer Arbeit

weiter verbessern", Udo Hahn(Hg.), op. cit., 241.

48 Karl Heinz Neukamm, "Diakonie muss die Qualitaet ihrer Arbeit weiter verbessern", 238-44.

49 epd-Dokumentation 48/98, 28; 에버하르트 빈클러,『실천신학개론』, 260-262.

50 "ausgestreckte Hand der Kirche in die Gesellschaft".

51 에버하르트 빈클러,『실천신학개론』, 2.

52 에버하르트 빈클러,『실천신학개론』, 3: Pfarrer Juergen Gohde, Praesident des Diakonischen Werkes der EKD, Stuttgart, "Bericht des Diakonischen Werkes an die Synode der EKD".

53 에버하르트 빈클러,『실천신학개론』, 4. die Praesenz der im Evangelium von Jesus Christus bezeugten Liebe Gottes zu allen Menschen.

54 에버하르트 빈클러,『실천신학개론』, 6-7.

55 1993년은 대표적 보수교회 충현교회의 장로였던 제14대 김영삼 대통령이 취임한 문민정부의 출발의 해이다.

56 남북나눔연구위원회,『민족 통일을 준비하는 기독교인』(서울: 두란노, 1995), 71-73.

57 Ibid., 8-9(7-11): 이만열, "머리말".

58 통일 후를 생각하고 있는 점은 당시의 어려운 북한의 여러 상황이 남쪽의 교회로 하여금 그러한 생각을 갖도록 했을 것이다.

59 남북나눔연구위원회,『민족 통일을 준비하는 기독교인』, 429-431.

60 참조. 남북나눔연구위원회,『민족 통일을 준비하는 기독교인』, 315-353: 오준근, "남북나눔에 관련된 현행법제의 내용 및 문제점과 그 개선방안".

어떻게 이렇게 앞선 실천방안을 내놓을 수 있었는지에 대해선 1993년 새로 등장한 김영삼 정부와의 나름대로의 관계가 전제되지 않았을까 생각해 보게 된다.

61 주도홍, 『독일 통일에 기여한 독일 교회 이야기』 (서울: CLC, 1999), 91.

62 주도홍, 『통일, 그 이후』 (IVP, 2006), 52.

63 참조. 주도홍, 『독일 통일에 기여한 독일 교회 이야기』.

64 참조. 주도홍, 『통일 그 이후』.

65 주도홍, 『통일, 그 이후』, 67.

66 주도홍, 『통일, 그 이후』, 67.

67 주도홍, 『통일, 그 이후』, 13.

68 기독교통일학회, 제5차 정기학술심포지엄, "제1회 기독교 대북 NGO 대회" 자료집 (서울: 2008), 손봉호 박사 기조연설에서

69 헨리 나우웬의 말로, 한국 교회에 적용하면 6.25로 인해 공산당으로부터 한국 교회는 많은 상처를 받았다. 그렇지만, 이제는 복음으로 치유 받고, 용서하여 그들을 대할 수 있다면 '상처 입은 치유자'로서 예수님처럼 사랑할 수 있다는 의미이다.

70 참조. 주도홍, 『독일 통일에 기여한 독일 교회 이야기』.

71 참조. 주도홍, 『통일, 그 이후』.

72 「뉴스엔조이」, 98호(2004.11.4), 7.

73 「뉴스엔조이」, 98호. 10.

74 한국기독교역사연구소, 『북한 교회사』, 455-462.

75 「기독신문」 19회로 연재한 "주도홍 교수의 통일 이야기" 중 마지막 글임.

76 정우택, "통일에 있어서 민족 이질화의 내용과 극복방안", 남북나눔운동,

『21세기 민족화해와 번영의 길』, 308-329.

77 참조. 김병로, "평화 통일과 북한복음화를 위한 한국 교회의 과제", 한국복음주의신학회, 제44차 한국복음주의신학회 논문 발표회 자료집, 주제: "민족 복음화와 남북통일", 20-39.

78 윤병관, "21세기 한반도 국내외 정세와 남북협력", 남북나눔운동, 『21세기 민족화해와 번영의 길』 (서울: 크리스챤서적, 2000), 28.

79 서울신대100주년 인문학 특강(2011)에서 행한 원고이기도 하다.

80 참조. 존 스토트, 『균형 잡힌 기독교』, 정지영 역 (서울: 새물결플러스, 2011), 14.

81 참조. 앨리스터 맥그래스, 『기독교, 그 위험한 사상의 역사』 (*Christianty's Dangerous Idea*), (서울: 국제제자훈련원, 2010); Alister McGrath, *Evangelicalism & the Future of Christianity* (Inter Varsity Press, 1995).

82 존 스토트, 『균형잡힌 기독교』, 77.

83 존 스토트, 『균형잡힌 기독교』, 75. 케서우드는 로이드 존스의 맏사위로 유럽의회(EU)의 부의장을 역임했다.

84 "너희는 내 앞에 보이러 오니 이것을 누가 너희에게 요구하였느냐 내 마당만 밟을 뿐이니라. 헛된 제물을 다시 가져오지 말라 분향은 내가 가증히 여기는 바요 월삭과 안식일과 대회로 모이는 것도 그러하니 성회와 아울러 악을 행하는 것을 내가 견디지 못하겠노라.… 너희는 스스로 씻으며 스스로 깨끗하게 하여 내 목전에서 너희 악한 행실을 버리며 행악을 그치고 선행을 배우며 정의를 구하며 학대받는 자를 도와주며 고아를 위하여 신원하며 과부를 위하여 변호하라 하셨느니라"(사 1:12, 13, 16, 17). "그런즉 너는

이 백성을 위하여 기도하지 말라 그들을 위하여 부르짖어 구하지 말라 내게 간구하지 말라 내가 네게서 듣지 아니하리라 너는 그들이 유다 성읍들과 예루살렘 거리에서 행하는 일을 보지 못하느냐"(렘 7:16-17).

85 "그러므로 형제들아 내가 하나님의 모든 자비하심으로 너희를 권하노니 너희 몸을 하나님이 기뻐하시는 거룩한 산 제사로 드리라 이는 너희가 드릴 영적 예배니라. 너희는 이 세대를 본받지 말고 오직 마음을 새롭게 함으로 변화를 받아 하나님의 선하시고 기뻐하시고 온전하신 뜻이 무엇인지 분별하도록 하라"(롬 12:1-2).

86 "그리스도의 사랑이 우리를 강권하시는도다! 우리가 생각건대 한 사람이 모든 사람을 대신하여 죽었은즉 모든 사람이 죽은 것이라. 저가 모든 사람을 대신하여 죽으심은 산 자들로 하여금 다시는 저희 자신을 위하여 살지 않고 오직 저희를 대신하여 죽었다가 다시 사신 자를 위하여 살게 하려 하심이니라. 그러므로 우리가 이제부터는 아무 사람도 육체대로 알지 아니하노라. 비록 우리가 그리스도도 육체대로 알았으나 이제부터는 이같이 알지 아니하노라. 그런즉 누구든지 그리스도 안에 있으면 새로운 피조물이라 이전 것은 지나갔으니 보라 새 것이 되었도다. 모든 것이 하나님께로 났나니 저가 그리스도로 말미암아 우리를 자기와 화목하게 하시고 또 우리에게 화목하게 하는 직책을 주셨으니 이는 하나님께서 그리스도 안에 계시사 세상을 자기와 화목하게 하시며 저희의 죄를 저희에게 돌리지 아니하시고 화목하게 하는 말씀을 우리에게 부탁하셨느니라. 그러므로 우리가 그리스도를 대신하여 사신이 되어 하나님이 우리로 너희를 권면하시는 것 같이 그리스도를 대신하여 간구하노니 너희는 하나님과 화목하라!"(고후 5:14-20) 아멘.

87 "내 사랑하는 자들아 너희가 친히 원수를 갚지 말고 하나님의 진노하심에 맡기라. 기록되었으되 원수 갚는 것이 내게 있으니 내가 갚으리라고 주께서 말씀하시니라. 네 원수가 주리거든 먹이고 목마르거든 마시게 하라 그리함으로 네가 숯불을 그 머리에 쌓아 놓으리라. 악에게 지지 말고 선으로 악을 이기라"(롬 12:19, 20).

88 물론 미국정부의 대 세계정치가 다 동의할 수 있다는 말은 아니다.

89 참조. 주도홍, 『독일 통일에 기여한 독일 교회 이야기』; 주도홍, 『통일, 그 이후』.

90 한국 정부는 교회의 순수한 성경적 북한 사랑에 보다 열린 자세로 이해하며 법적으로 호응해 주어야 할 것이다. 사실 지금까지의 경험으로 볼 때 독일의 경우도 마찬가지이지만 분명 교회는 정부가 감당하지 못하는 영역에서 기대 이상의 결과를 가져왔기 때문이다. 교회 역시 민주적 절차를 통해 선출된 정부를 신뢰하며 바른 파트너십을 강화할 필요가 있을 것이다.

91 「뉴스엔조이」(2003. 6. 26) "아름다운 은퇴 그리고 새로운 출발": 기독교 양대 지성 손봉호·이만열 교수의 '쓴소리·단소리'에서 손봉호 박사의 발언.

92 중점적으로 다룰 선언들을 약칭으로 열거하면, 88선언, 94선언, 96선언, 88선언 10주년 선언(98년)들이다.

93 참조. 주도홍, 『독일 통일에 기여한 독일 교회 이야기』.

94 한국복음주의협의회, "KNCC의 통일론에 대한 복음주의 입장"(1988. 3. 30), 김명혁, 『한국복음주의협의회 성명서 모음집』 (서울: CLC, 1998), 35-38.

95 후론할 것이다. "1994 한국 기독교인통일선언", 기독교학문연구회, 『민족

통일과 한국 기독교』(서울: IVP, 1994), 255-256.

96　참조. 주도홍, "한국 교회의 통일관 무엇인가?", 한국 기독교 통일포럼, 「통일 한국포럼」, (인천, 2006), 43-65; 주도홍, "한국복음주의교회의 통일인식", 한국개혁신학회, 「한국개혁신학」 (한국개혁신학회 논문집 20권, 2006), 171-194.

97　이만열, "10주년을 맞는 '민족의 통일과 평화에 대한 한국 기독교회 선언' (1988)", 1(1-10). 참조. 주도홍, "한국 교회의 통일관 무엇인가?"

98　이만열, "10주년을 맞는 '민족의 통일과 평화에 대한 한국 기독교회 선언' (1988)", 위 논문, 2-3. 재인용.

99　이만열, "10주년을 맞는 '민족의 통일과 평화에 대한 한국 기독교회 선언' (1988)", 4.

100　'88선언', 2(1-6).

101　'88선언', 3.

102　'88선언', 3.

103　'88선언', 1.

104　'88선언', 3.

105　'88선언', 2.

106　'88선언', 4.

107　'88선언', 5.

108　참조. Alfred Burgsmueller/ Rudolf Weth(ed.), *Die Barmer Theologische Erklaerung* (Neukirchen, 1984), 39. "Das Wort deutsch ist Gottes Wort!···Christus ist zu uns gekommen durch Adolf Hitler.···Wir haben eigentlich nur eine Aufgabe: Werdet deutsch! Nicht: werdet

Christen"(Kirchenrat Leutheusser am Tag der DC in Saalfeld am 30. 8. 1933).

109 참조. "통일과 북한선교를 위한 결의문"(한기총, 1994)은 총 10항 중 2항에서 다음과 같이 죄책을 고백한다. "우리는 남북분단과 북한 교회 황폐가 우리 남북 민족이 범한 불신앙의 죄악 때문이며, 특히 한국 교회가 신사참배를 정당한 것으로 가결했던 우상숭배의 죄악과 화해와 일치를 이루지 못한 분열의 죄악 때문임을 깨달아, 이를 회개하며 이 민족을 향한 하나님의 긍휼을 간구한다."

110 기독교학문연구회, 『민족통일과 한국 기독교』. '94선언'은 255-256에 있다.

111 기독교학문연구회, 『민족통일과 한국 기독교』, 255.

112 '94선언'에 나름대로 참여한 이만열의 역할을 생각할 때 이러한 가능성은 충분하다. 무엇보다도 이만열은 '88선언'의 죄과고백에 대해 최고의 평가를 아끼지 않는다. "이 '선언'의 가장 중요한 핵심부분이면서 기독교적 정체성을 나타낸 바로 이 '죄과고백' 부분 때문이다. 이 죄과고백은 이 선언에 생명력을 불어넣었고, 이 땅 기독교인들이 지금까지의 허물에도 불구하고 민족 앞에 떳떳해질 수 있는 계기를 만들었다고 생각한다. 또 이 선언이 다른 통일선언과 구별되는 기독교적인 차별성도 바로 여기에 있다.… 교회는 '예언자적 몸부림'으로 자신의 죄책을 먼저 선언했다"(이만열, "10주년을 맞는 '민족의 통일과 평화에 대한 한국 기독교회 선언'[988]", 4-5).

113 기독교학문연구회, 「민족통일과 한국 기독교」, 256.

114 참조. 조용훈, "한국 교회와 반공주의", 한국 기독교사회윤리학회, 「기독

교사회윤리」(제12집) (성남: 선학사, 2006), 55-73.

115 김명혁, 『한국복음주의협의회 성명서 모음집』 (서울: CLC, 1998), 61-63. 4항의 표현, "우리는 남과 북의 막힌 담을 헐어버리고 쌍방간의 자유왕래와 전면적인 개방이 조속히 이루어지기를 갈구하며, 이를 가로막는 각종 장애요인과 제도적 장치가 조속히 철폐될 것을 촉구한다"가 구체적으로 무엇을 말하려고 하는지를 물을 수 있겠다.

116 한국기독교총연합회 북한교회재건위원회, 『북한교회재건백서』 (서울: 1997), 428-429.

117 한국기독교총연합회 북한교회재건위원회, 『북한교회재건백서』, 422-423.

118 한국기독교총연합회 북한교회재건위원회, 『북한교회재건백서』, 422.

119 한국기독교총연합회 북한교회재건위원회, 『북한교회재건백서』, 428.

120 '88선언'은 '96선언'에 비해 양에 있어 4배 정도의 분량을 보인다.

121 한기총과 긴밀한 관계에 있었던, 1995년 설립된 북한 교회 재건위원회는 이러한 시나리오를 근거로 하여 설립되었음을 당시 주도적으로 이 운동을 이끌었던 K목사를 통해 확인할 수 있었고, 『북한교회재건백서』는 곳곳에서 이러한 추측 내지는 기대를 전제로 하고 있음을 보여준다. "북한 교회 재건위원회는 바로 이러한 시기, 임박한 통일을 앞에 둔 시기에 북한 동포들에게 떡과 복음을 온전히 전하기 위한 일을 준비하는 기관으로 세워졌다"(43).

122 www.kncc.or.kr. "한국기독교교회협의회 88선언 10주년 기념 선언문", 1-5.

123 www.kncc.or.kr. "한국기독교교회협의회 88선언 10주년 기념 선언문", 5.

124 www.kncc.or.kr. "한국기독교교회협의회 88선언 10주년 기념 선언문", 2.

125　www.kncc.or.kr. "한국기독교교회협의회 88선언 10주년 기념 선언문", 3.

126　www.kncc.or.kr. "한국기독교교회협의회 88선언 10주년 기념 선언문", 2.

127　www.kncc.or.kr. "한국기독교교회협의회 88선언 10주년 기념 선언문", 2.

128　www.kncc.or.kr. "한국기독교교회협의회 88선언 10주년 기념 선언문", 5.

129　www.kncc.or.kr. "한국기독교교회협의회 88선언 10주년 기념 선언문", 5.

130　복음주의권은 이 점에서 이론은 약할지라도 실천적으로 많은 활동을 하고 있음을 본다.

131　주도홍, 『독일 통일에 기여한 독일 교회 이야기』, 37-65; 80-93.

132　주도홍, 『독일 통일에 기여한 독일 교회 이야기』, 29-35.

133　주도홍, 『독일 통일에 기여한 독일 교회 이야기』, 29-30. 재인용.

134　주도홍, 『독일 통일에 기여한 독일 교회 이야기』, 32-33. 재인용.

135　주도홍, 『독일 통일에 기여한 독일 교회 이야기』, 35.

136　참조. 최용준, 『하나됨의 비전』 (서울: IVP, 2006), 162-167: "이데올로기를 넘은 하나됨".

137　J. Calvin, *Institut*, iii, 25, 2: "das hoechste Gut des Menschen seine Vereinigung mit Gott ist."

138　한국찬송가공회, 「찬송가」 (서울: 예장출판사, 2008), 586장 1절.

139　2012년 한국장로교 총회 100주년(합동)을 맞아 양지 총신대원 강당에서 발제한 글임을 밝힌다.

140　물론 신학적 문제로 어쩔 수 없이 나누어져야 할 때도 있었지만, 대부분의 분열은 그 정당성을 확보하기가 쉽지 않은 것으로 판단된다. 김영재, 『한국 교회사』 (서울: 이레서원, 2004), 334-346.

141　박명수, "한국 교회 분열의 원인과 연합의 방안", 한국복음주의협의회,

2012년 2월 주제발표문, 8-9.

142 참조. 박정수, 『성서로 본 통일신학』 (서울; 한국성서연구소, 2010).

143 참조. 주도홍, 『독일 통일에 기여한 독일 교회 이야기』; 주도홍, 『통일, 그 이후』.

144 참조. 주도홍, 『독일 통일에 기여한 독일 교회 이야기』, 67-93: "동서독 교회의 특별한 유대 관계".

145 그는 서울시 동작구 사당동에 위치한 물댄동산교회의 담임목사이기도 하다.

146 참조. 전우택, 『사람의 통일을 위하여』 (서울: 오름, 2000).

147 Roy Richard Grinker, *Korea and Its futures: Unification nd the Unfinished War*, New York: St. Martin's Press, 1998, 47-48.

148 참조. 조용관, 김병로, 『북한 한 걸음 다가가기』 (서울: 예수전도단, 2002). "곰곰히 생각해 보면 북한이 상상하는 남조선이 허구이듯이 남한이 생각하는 북한은 어쩌면 지구상에 존재하지 않을지도 모른다. 북한은 한국 사회의 가장 그늘지고 소외된 극히 일부분을 남조선으로 상정하고 온갖 원한과 미움과 분노를 거기에 투사하였다. 그러나 불행히도 북한이 희망하는 남조선은 지구상에 없다. 마찬가지로 남한은 북한의 가장 취약한 부분을 북한으로 형상화하여 이 세상에서 가장 끔찍한 곳으로 만들어 버렸다.… 그러나 북한이 보는 남한이 그렇듯 이런 북한은 허상이 아닐까?" (26.)

149 '북한 교회 재건운동'은 역사적으로 평가할 때 가장 빠른 보수적 한국 교회의 일종의 통일운동이었다 하겠다.

150 인터넷에서 '벨하 신앙고백'을 찾아보라.

151 이런 맥락에서 한국 교회 내에도 있는 섣부른 확실하지 않은 오해나 판단은 형제의 마음에 상처를 주는 일로 마땅히 삼가야 할 것이다.

152 필립 야콥 슈페너, "피아 데시데리아"(제2부, 44-165), in: 주도홍,『독일경건주의』(서울: 이레서원, 2003), 129.

153 주도홍,『통일, 그 이후』, 67.

154 김준곤 목사와 박정희 대통령과의 관계는 교회사적 연구가 별도로 보다 엄밀하게 진행되어야 할 것이다.

155 맥스 L. 스택하우스,『세계화와 은총』글로벌 시대의 공공신학. 이상훈 역 (서울: 북코리아, 2013).

156 김준곤,『CCC와 민족 복음화 운동』(서울: 순출판사, 2005), 4-5.

**민족 복음화의 환상과 기도**

어머니처럼 하나밖에 없는 내 조국

어디를 찔러도 내 몸같이 아픈 조국

이 민족 마음마다, 가정마다, 교회마다, 사회의 구석구석,

금수강산 자연환경에서도 하나님의 나라가 임하게 하시고

뜻이 하늘에서처럼 이 땅에 이루어지게 하옵소서

이 땅에 태어나는 어린이마다

어머니의 신앙의 탯줄, 기도의 탯줄, 말씀의 탯줄에서 자라게 하시고

집집마다 이 집의 주인은 예수님이라고 고백하게 하시고,

기업주들은 이 회사의 주인은 예수님이고

나는 관리인이라고 고백하는 민족,

두메마을 우물가의 여인들의 입에서도

공장의 직공들 바다의 선원들 입에서도

>     찬송이 터져 나오게 하시고
>
>     각 급 학교 교실에서 성경이 필수과목처럼 배워지고
>
>     국회나 각의가 모일 때에도 주의 뜻이 먼저 물어지게 하시고
>
>     국제 시장에서 한국 제 물건은 한국인의 신앙심과 양심이
>
>     으레 보증수표처럼 믿어지는 민족
>
>     여호와로 자기 하나님으로 삼고 예수그리스도를 주로 삼으며
>
>     신구약 성경을 신앙과 행위의 표준으로 삼는 민족
>
>     그리하여 수십만의 젊은이들이
>
>     예수의 꿈을 꾸고 인류구원의 환상을 보며
>
>     한 손에는 복음을 다른 한 손에는 사랑을 들고
>
>     지구촌 구석구석 누비는 거룩한 민족이 되게 하옵소서!

157  김안신,『돈키호테와 산초들』(서울: 순출판사, 2010), 78-79.

158  김준곤,『CCC와 민족 복음화 운동』, 46.

159  김준곤,『CCC와 민족 복음화 운동』, 47.

160  주서택,『하나님을 주로 삼는 민족』(서울: 순출판사, 1998), 15-16.

161  김준곤,『CCC와 민족 복음화 운동』, 70-82: "민족의 예수 혁명론"

162  주서택,『하나님을 주로 삼는 민족』, 15.

163  주서택,『하나님을 주로 삼는 민족』, 16.

164  김준곤,『CCC와 민족 복음화 운동』, 217-218.

165  김준곤,『CCC와 민족 복음화 운동』, 78.

166  김준곤,『CCC와 민족 복음화 운동』, 80.

167  김준곤,『CCC와 민족 복음화 운동』, 42-43.

168  김준곤,『CCC와 민족 복음화 운동』, 45.

169　김준곤,『CCC와 민족 복음화 운동』, 64.

170　김준곤,『CCC와 민족 복음화 운동』, 84. "한국 기독교가 70년대에 민족의 예수 혁명을 못하면 그 심판을 역사적으로 받는 날이 올 것입니다. 우리가 그리스도를 심어 주지 못하면 우리의 젊은이들은 히피화·섹스화되고, 광포하고 파괴적인 선동을 받게 되며, 잡스러운 신흥 종교들이 판을 치게 될 것입니다."

171　바로 이 대목에서 김준곤과 박정희의 관계를 짚어볼 수 있지 않을까 생각한다.

172　주서택,『하나님을 주로 삼는 민족』, 151-152.

173　김준곤,『CCC와 민족 복음화 운동』, 290. "6월 25일을 기도와 금식의 날로 정했으면 한다.… 민족수난의 상징인 6·25가 화합, 참회, 통일을 위한 금식기도의 의미를 부각할 것이며, 모이기에도 계절상 적절하다고 생각한다. 그날은 민족화합의 날, 구제의 날, 사랑과 봉사의 날이다. 그날 한 끼를 금식하면, 금식으로 모은 돈으로 첫째는, 국민 5퍼센트에 해당하는 저변층의 불우 이웃과 둘째는, 개방된 후 북한의 4,300여 리(里)·동(洞)의 어려운 동포들과, 셋째는, 세계 230여 개국 중 기아에 시달리고 있는 많은 가난한 나라들을 도울 수 있을 것이다. 이 아름다운 날을 후세에 정신적 유산으로 길이 남겨줄 수 있었으면 한다. 이것은 분명 모든 사람을 감격시키고 합의를 도출해 내기에 충분한 새로운 일이 될 것이다. 이에 6월 25일을 '국가기도의 날'로 제정할 것을 제안한다."

174　김준곤,『CCC와 민족 복음화 운동』, 209.

175　김준곤,『CCC와 민족 복음화 운동』, 215. "공산주의는 기독교의 이단이므로 기독교인들에게는 공산주의를 이겨야 할 책임이 있습니다. 휴전선

은 반드시 무너뜨려야 할 영적인 상징입니다. 우리는 민족 전체가 성령으로 충만해야 합니다. 이것이 복음화의 목표요, 모든 기독교인들의 한결같은 마음입니다."

176 김준곤, 『CCC와 민족 복음화 운동』, 122.

177 김준곤, 『CCC와 민족 복음화 운동』, 176-177.

178 김준곤, 『CCC와 민족 복음화 운동』, 218.

179 홍정길, 『김준곤 명상』 (서울: 순출판사, 1996), 81-82.

180 김준곤, 『CCC와 민족 복음화 운동』, 231-232.

181 김준곤, 『CCC와 민족 복음화 운동』, 236-237.

182 김준곤, 『CCC와 민족 복음화 운동』, 317. "한국 교회는 북한에 3,000교회 재건 복구 계획을 세우고 기도하고 있습니다. 그러나 200만 북한 동포가 굶어 죽어갈 때 한국 교회는 무엇을 했습니까? 그러면서 과연 한국 교회가 하나님의 뜻대로 했다고 할 수가 있습니까? 통일의 에네르기는 교회에서 나올 수 있습니다."

183 김준곤, 『CCC와 민족 복음화 운동』, 318.

184 김준곤, 『CCC와 민족 복음화 운동』, 315-320: "국토 통일 이전에 사랑의 통일을!" -평화 통일과 한국 교회의 역할-

185 김준곤, 『CCC와 민족 복음화 운동』, 60-62.

186 김준곤, 『CCC와 민족 복음화 운동』, 83. "나는 나의 사랑하는 한국 교회와 함께 우리들의 지상 과제인 우리 민족의 복음화를 위하여 비상한 헌신과 결심을 하고 싶습니다. 200만 기독교도가 총동원되어 전도로 민족의 혁명을 이룩하는 일보다 빠르고 좋은 남북통일의 길과 민족이 잘 사는 길은 없다고 생각합니다."

187  김준곤, 『CCC와 민족 복음화 운동』, 88.

188  김준곤, 『CCC와 민족 복음화 운동』, 89.

189  "너희가 내게 대하여 제사장 나라가 되며 거룩한 백성이 되리라 너는 이 말을 이스라엘 자손에게 고할지니라."

190  김준곤, 『CCC와 민족 복음화 운동』, 208-229. "한국의 완전 기독교화 운동"

191  김준곤, 『CCC와 민족 복음화 운동』, 279-280.

192  김준곤, 『CCC와 민족 복음화 운동』, 65; 172.

193  김준곤, 『CCC와 민족 복음화 운동』, 304. "통일 독일에서 일어났던 문제입니다. 서독의 한 종교 지도자가 말하기를 동독 사람은 삼류 시민이 되었고, 서독 사람들이 분단 이전에 자기들이 소유했던 땅이며 재산을 찾는 데 혈안이 되는 바람에 동독 사람들의 마음속에 정치적 장벽보다 더 무서운 마음의 장벽이 생겼다고 합니다. 우리나라의 통일은 그래서는 안 되겠습니다. 남북통일이 되면 교회마다 경쟁적으로 북한에 교회를 세우려 할 것이고, 잘못하면 북한에 선교 식민전쟁이 일어날 것입니다. 하지만 조직적으로 잘만 하면 5년 이내 북한 주민의 50%에서 80% 정도가 예수를 믿게 될 것입니다. 이 천재일우의 기회를 사용하려면 개 교회를 초월한 조직적인 선교가 필요합니다."

194  김준곤, 『CCC와 민족 복음화 운동』, 278. "그렇습니다. 가정에도 예수가 필요하고, 국회에도, 경제에도, 군대에도 예수가 필요합니다. 예수운동은 민주화 운동이고, 복지 운동이며, 남북통일운동, 애국구국운동, 자유운동, 인권운동, 위대하게 하는 운동, 깨끗하게 하는 운동입니다. 이 이상의 운동은 없습니다."

195 김준곤, 『CCC와 민족 복음화 운동』, 294.

196 CCC 통일연구소, 한국 CCC 제공 유인물, 2014.

197 CCC 편지 1996년 11월호, 12월호, 1997년 4월호.

198 CCC 통일연구소, 한국 CCC 제공 유인물, 2014.

199 CCC 통일연구소, 한국 CCC 제공 유인물, 2014.

200 김준곤 목사 제자들, 『나와 김준곤 목사 그리고 CCC』 (서울: 대학생선교회, 2005), 372.

201 CCC 통일연구소, 한국 CCC 제공 유인물, 2014.

202 CCC 통일연구소, 한국 CCC 제공 유인물, 2014.

203 김준곤, 『CCC와 민족 복음화 운동』, 309-310.

204 CCC 통일연구소, 한국 CCC 제공 유인물, 2014.

205 김준곤, 『CCC와 민족 복음화 운동』, 320.

206 참조 주도홍, "통일 한국을 위한 파트너로서의 한국 교회", 한국개혁신학회, 「한국개혁신학」 (서울: 2014), (43호), 156-177.

207 한국 CCC 유성 김준곤 박사 제5 주기 추도식 특강 (2014년 9월 29일)

208 참조. Erich Kellner(ed.), *Christentum und Marxismus - Heute*, (Wien, 1966).

209 주도홍, 『독일 통일에 기여한 독일 교회 이야기』; 주도홍, 『통일 그 이후』.

210 「기독신문」(2007. 2. 28, 3.14); 「기독교연합신문」(2007. 2. 4, 3. 11, 3. 18); 「국민일보」(2007. 3. 15)

211 물론 체육관이나 폐쇄된 공간에서 북한 주민과 상관없이, 또는 몇 몇 동원된 북한 사람들과 남측에서 올라간 대부분의 사람들이 100주년 기념집회를 평양이라는 장소를 세주고 빌려 개최하는 것을 가정할 수는 있다.

그렇지만, 한국 교회는 결코 이런 식의 평양 대부흥 집회를 계획하는 것은 아닌 것 같다. 예를 들어, 100만 명이 모이는 빌리 그래햄 식의 집회 또는 엑스플로 74식의 여의도 대형 집회를 상상하고 있으니, 그렇다면 더더욱 많은 생각을 해야 할 것이다.

212 주도홍,『독일 통일에 기여한 독일 교회 이야기』, 30-35; 참조 주도홍,『통일 그 이후』.

213 주도홍,『독일 통일에 기여한 독일 교회 이야기』, 32-33. 재인용.

214 주도홍,『독일 통일에 기여한 독일 교회 이야기』, 35. 재인용.

215 주도홍,『독일 통일에 기여한 독일 교회 이야기』, 37-65: "사회주의 속의 교회"; 요한네스 발만,『종교개혁 이후의 독일 교회사』, 오영옥 역 (서울: 대한기독교서회, 2006), 353-357: '사회주의 속의 교회'.

216 요한네스 발만,『종교개혁 이후의 독일 교회사』, 356.

217 주도홍,『독일 통일에 기여한 독일 교회 이야기』, 39. "이 원칙과 함께 교회는 잠시라도 사회주의 국가와 함께 그 입장을 같이 하는 일은 결코 있을 수 없는 것이었다. 교회는 이러한 국가 속에서 자신에게 주어진 현장을, 그리고 자신이 속한 사회의 규율을 인정하였다. 그리고 이 사회주의 국가 역시도 긍정하였는데, 그 긍정이란 교회 스스로가 어떠한 입장에서든지 독자적 공동체로서 그리고 조직체로서 이 국가와는 구별됨을 인식하였기 때문이었다."

218 주도홍,『독일 통일에 기여한 독일 교회 이야기』, 65. "역시 사회주의 속에서도 프로테스탄트교회는 복음의 진리를 말할 수 있었던 공간을 가지고 있었다.…물론 국가 안기부와 협력한 것을 반성하고 공격받을 만한 교회의 지도자들도 분명 없진 않았지만, 사회주의 속의 교회는 바벨론적 포

로 생활을 한 것은 아니었다."

219 주도홍,『독일 통일에 기여한 독일 교회 이야기』, 40-43.

220 주도홍,『독일 통일에 기여한 독일 교회 이야기』, 43-44.

221 주도홍,『독일 통일에 기여한 독일 교회 이야기』, 63-65; 참조. G. Besier, *Der SED-Staat und Kirche*, 1969-1990. Die Vision vom Dritten Weg (Berlin, 1995).; Frederic Hartweg(ed.), *SED und Kirche. Eine Dokumentation ihrer Beziehungen*.Bd. 2: SED 1968-1989. Neukirchen, 1995.

222 요한네스 발만,『종교개혁 이후의 독일 교회사』, 358; 주도홍,『독일 통일에 기여한 독일 교회 이야기』, 95.

223 G. Besier, *Der SED-Staat und Kirche*, 1969-1990. "우리는 교회가 법을 철저히 지킬 것을 함께 인식하며 기뻐하는 바입니다. 국가 정치에 반하는 행위들과 동독의 명예를 훼손하는 그 어떠한 일일지라도 교회 스스로가 막아야 할 뿐 아니라, 그러한 일이 발생해서도 안 된다는 것입니다."

224 주도홍,『독일 통일에 기여한 독일 교회 이야기』, 123.

225 Frederic Hartweg(ed.), *SED und Kirche. Eine Dokumentation ihrer Beziehungen*, 411-412.

226 주도홍,『독일 통일에 기여한 독일 교회 이야기』, 96-106. "종교개혁은 사회적, 민족적, 정치적, 종교적 동기들과 상관되고,…초기 민중 혁명 운동에 결정적인 영향력을 제공하였다.…그럼에도 그의 진취적 역할은 한계를 갖는데…루터 스스로가 당시 농민전쟁에 참여했던 민중을 거부해 버렸다는 점이다. 그럼에도 루터야말로 독일의 시성(詩聖) 괴테 이전 독일어의 최대의 거장 중 한 사람이며, 칸트 이전 가장 의미 있는 윤리가 중

의 한 사람이다"(101.).

227 주도홍, 『독일 통일에 기여한 독일 교회 이야기』, 132.

228 지금까지는 루터의 전 생애를 다루는 일은 제약을 받았다. 1525년 농민전쟁을 기해 루터가 민중을 '배신'하였다고 보기에 그 이후의 생애에 대한 전기적 기록 내지 긍정적 평가는 공산 정권하에서 쉽지 않았다.

229 Joachim Rogge, "Luther-Forschung und literarische Vorhaben in der DDR im Blick auf das Gedenkjahr 1983," in: Heinz Blauert(ed.), *Die Zeichen der Zeit. Evangelische Monatsschrift fuer Mitarbeiter der Kirche*(36. Jahrgang), 1982, 101-104.

230 주도홍, 『독일 통일에 기여한 독일 교회 이야기』, 130-131.

231 요한네스 발만, 『종교개혁 이후의 독일 교회사』, 358.

232 G. Besier, Der SED-Staat und Kirche, 1969-1990, 513. "총회 대다수의 결정은…사회주의 속에 존재하는 교회가 언제든지 계속적으로 국가와 함께 활동할 수 있는 보다 더 열린 자세를 견지하자는 의견에 일치를 보았다.…특이한 것은 지금까지 결코 한번도 이러한 교회의 선명한 입장 표명이 이루어진 때가 없었으며, 교회 지도자 회의에서 그러한 원리적 입장이 그토록 관대하게, 완전히 하나의 목소리로 일치된 때가 없었다는 사실을 확인할 때이다."

233 G. Besier, *Der SED-Staat und Kirche*, 1969-1990, 520.

234 주도홍, 『통일 그 이후』, 35.

235 Armin Volze, "Kirchliche Transferleistungen in die DDR", in: Deutschland Archiv 1, 1991, 59-66.

236 요한네스 발만, 『종교개혁 이후의 독일 교회사』, 361.

237 참조. 권오성, "독일통일과 교회의 역할", (기독교대한감리회 서부연회).

238 조용훈, "한국 교회와 반공주의", 기독교사회윤리학회, 「기독교사회윤리」(제12집) (성남: 선학사, 2006), 56-73.

239 참조. 「시사저널」(2006. 10. 24), 34-37: "기독교는 왜 홀로 쇠퇴하고 있는가?"

240 참조. 주도홍, "한국 교회와 남북통일", (한국장로교신학회 제10회 학술발표회, 2007. 3. 10, 자료집), 43-69.

이미의
통일론

Road of the Korean Church to the National Unification

# 통일로 향하는

# 교회의 길

새 계명을 너희에게 주노니 서로 사랑하라
이로써 모든 사람이 너희가 내 제자인줄 알리라(요 13:34-35).

서평

## 『통일로 향하는 교회의 길』을 읽고

**김명혁** 박사

강변교회 원로목사, 한국복음주의협의회 회장

내가 귀하게 여기며 사랑하는 제자 주도홍 교수가 아주 적절한 때에 그의 평생의 간절한 관심사인 '남북통일'에 관한 학문적이면서도 실제적인 내용의 책을 저술하게 된 것을 귀하게 생각하면서 책의 내용을 서평하려고 한다. 우선 책 서두에 고백한 다음과 같은 '사랑'의 고백을 아주 귀중하게 생각한다.

"기독교는 사랑의 종교이다. 기독교의 사랑은 원수 사랑에서 그 빛을 발한다. 기독교의 모든 것은 십자가의 사랑이다. 사랑은 허다한 죄를 덮는다. 그 사랑 맛본 자만이 그 사랑을 실천하려 애쓴다."

여기 '사랑'이란 말을 7번이나 계속해서 사용했다. 사실 기독교는 진리 선포만의 종교도 아니고 예배 의식만의 종교도 아니다. 기독교는 '사랑'의 종교이다. 그래서 긍휼과 용서와 자비와 사랑과 함께 '화해'와 '평화'와 '통일'을 아주 귀중하게 여긴다. 결국 기독교의 오메가 포인트는 인간과 우주 만물의 '화해'와 '평화'와 통일이라고 지적한다. 그와 같은 관점에서 저자는 통일을 '이미의 통일'로 묘사한다.

"이 책이 말하려고 하는 것은 '이미의 통일론' 곧 선취통일론이다. 아직(not yet) 분단이어도 그리스도의 사랑으로 북한을 품을 수 있을 때, 한국 교회는 이미(already) 통일을 맛볼 수 있다는 것이다. 아직 나누어져 있어도 서로 만나고 오순도순 한솥밥을 먹으며 대화할 수 있다면, 벌써 실질적인 통일의 상태로 들어 서고 있는 것이다."

사도 요한이 우주의 평화와 통일을 '이미' 미리 내다본 것처럼 저자도 남북의 통일을 '이미' 미리 내다보고 있다고 생각한다.

저자는 남북의 '화해'와 '평화'와 '통일'에 관한 책을 쓰게 된 동기가 간절한 사랑이고 아픔과 고민과 안타까움이라고 고백한다.

"이 책은 70년간의 남북분단의 상황 가운데 지난하게 고통받는 남북의 동족을 향한 사랑에서 시작되었다. 1945년 광복과 함께 시작된 외세에 의한 한반도의 남북분단은 오늘에 이르기까지 말로 형용할 수 없는 아픔을 이 땅에 살아가는 사람들에게 주고 있다는 사실이다. 어떻게 하면 이 비극을 종식시킬 수 있을지를 한반도에 살아가는 한 일원으로서, 게다가 한 기독교인으로서 고민하지 않을 수 없었다. 저자는 독일통일에 있어 독일 교회의 역할을 연구하며, 성경에서 안타까운 분단을 넘어 통일로 가는 그 길을 찾으러 노력했다. 성경의 주제인 예수님의 십자가는 바로 죄로 인해 갈라진 사람과 하나님의 하나됨, 곧 화목과 사랑을 다루고 있기 때문이다. 곧 통일의 교과서가 다름 아닌 '성경'이라는 점이다."

너무나도 순수하고 올바른 성경적인 관점이라고 생각한다. 지금 우리들은 너무 세속적인 정치·경제·문화적인 관점과 가치관에 치우쳐 있는데 말이다. 좀 어리석어지고 약해지고 바보스러워지는 것이 필요한

데 말이다. 그것이 바로 성경의 길이고 십자가의 길인데 말이다. 나는 저자의 순수한 성경적이고 십자가적인 사랑의 관점을 너무나도 귀중하게 생각한다.

저자는 구체적으로 우리 사회에 복잡한 문제를 일으키고 있는 '반공주의'의 문제를 순수하게 다룬다.

"한국 교회가 남북의 문제를 말할 때 이데올로기적 접근을 하고 있었다는 사실이다. 그토록 성경을 강조하는 한국 교회가 남북의 문제를 말할 때는 성경을 제쳐 두고 다른 이야기로 시작하며 흥분을 금하지 않는다는 사실에 놀라움을 금할 길이 없다. 한국 교회는 남북분단을 이야기를 할 때 가장 먼저 가져오는 것은 반공주의였다. 물론 유물론적이고, 반신적이고, 반교회적인 공산주의의 북한에 대해서 한국 교회가 결코 환영하고 기뻐할 수 없는 상대임에는 말할 것도 없다. 그렇지만 한국 교회가 분명히 알아야 할 사실이 있는데, 이념은 인간 역사의 시대적 산물이며, 구원의 복음은 영원불변한 진리인 하나님의 계시라는 점이다. 그러기에 복음의 관점에서 남북분단의 문제를 직시하며, 예수님이라면 이 문제를 어떻게 하실지를 마땅히 생각하고 노력해야 한다는 점이다. 그 길이 다름 아닌 복음의 길이다. 이 복음의 길에서 한국 교회는 남북통일의 지혜를 얻으리라 확신한다. 예수님이 가신 길이라면 기꺼이 그 길을 따라 갈 때 한국 교회는 교회다움을 회복할 것이다. 21세기 사마리아 북한을 향해 과연 예수님이 어떻게 하셨을까? 우회하셨을까? 포기하셨을까? 아니면 그 사마리아로 들어가셨을까?"

기독교 신학자 치고 이렇게 반공주의와 남북통일의 문제를 순수하게 복음적으로 다루는 것을 별로 본 일이 없었다고 해도 과언은 아니다. 저자는 총11장에서 남북분단의 문제들과 통일 방안들을 복음적으로 그리고 구체적으로 다루는데 그 내용을 다음과 같이 간단하게 적어 본다.

저자는 1장에서 남북분단의 비극을 구체적으로 서술하고 반통일적인 정서를 서글프게 지적하면서 '왜 통일을 원하는가?' 라는 질문을 던진다. 그리고 이렇게 대답한다.

"서로 사랑하기 위해서이다. 기독교는 사랑의 종교이다. 기독교가 말하는 사랑은 일반적인 사랑이 아니다. 사랑 받을 수 없는 사랑을 사랑하는 별난 사랑이다. 궁극적으로 우리의 사랑은 원수를 사랑하는 원수 사랑에서 그 진가를 제시한다."

"광활한 세상으로 나아가기 위해서이다. 작은 땅 한반도가 그것도 남북으로 나뉘진다는 것은 오늘 한국에 사는 우리가 섬에 갇힌 형국이 아닐 수 없다. 어느덧 사람들의 소심함이 이루 말할 수 없고, 그 답답함은 스트레스로 변한다."

"북한의 복음화를 위해서이다. 북한처럼 철저하게 복음의 문이 닫힌 땅은 극히 예외적이고 극단적인 이슬람 국가를 제외하고는 지구상에 없을 듯하다. 분단 이전에 평양은 '제2의 예루살렘'이라 불릴 정도로 신앙이 꽃핀 땅이었다. 그런데 오늘의 북한 현실은 너무도 극단적으로 치우치고 있다. 이러한 극단적인 비정상을 바로 잡는 길은 남북이 하나 되어 정상적인 나라가 되는 것이며, 무엇보다도 북한에 살아가는 사람들이 인간답게 살아 신앙의 자유를 향유하도록 하는 것이다."

저자는 이와 같이 얽히고설킨 남북의 분단과 관련된 모든 문제를 '사랑'의 열쇠로 풀려고 한다. 너무나도 귀중하고 올바른 방식이다.

저자는 2장에서 통일 파트너로서 한국 교회의 사명과 역할을 지적한다. 이명박 정부와 박근혜 정부가 남북관계 개선에 아무런 열매도 거두지 못했음을 지적하면서 한국 교회가 통일의 파트너로서의 사명과 역할을 수행하여야 할 것을 제안한다.

"한국 교회가 비정치적으로 길을 열어 남북의 정치적 관계에 숨통을 터줄 수는 없을까?" 하면서 그 길을 구체적으로 다음과 같이 제시하고 있다.

첫째, 한국 교회가 남북분단을 영적인 눈으로 바라보며 얼마나 무서운 죄악 가운데 한반도가 진통하고 있는지를 인식하기를 바란다는 점이다.

둘째, 좌파, 우파, 진보, 보수의 한 편을 지지하면서 통일에 관한 입장을 찾을 것이 아니라, 그것을 떠나 성경적으로 복음적 통일론을 정립하라는 것이다. 곧 예수님이라면 남북분단의 대치상황에서 어떻게 하실지를 찾으라는 것이다.

셋째, 한국 교회가 복음에 근거하여 분단을 극복하기 위해 국가(한국 정부)의 소중한 파트너로서 역할을 감당할 수 있다는 사실을 인식하는 것이다.

넷째, 한국 정부가 남북관계에서 한계상황에 마주치면서 스스로의 무력과 한계를 인정하고, 한국 교회가 분단을 넘어서는 일에 있어 중요한 파트너가 될 수 있음을 인정하기를 바란다는 점이다."

아주 올바른 성경적이고 복음적인 관점이며 동시에 현실적인 제안들이라고 생각한다. 저자는 또한 칼빈(Jean Calvin)과 웨슬리(John Wesley)와 카이퍼(Abraham Kuiper)가 교회는 국가와 긴밀한 파트너십을 유지하는 것이 바람직하다는 입장을 취했다고 지적한다. 저자는 한국 교회가 한국 정부의 소중한 파트너로서 통일의 역할을 수행하여야 할 것이라고 다음과 같이 제안한다.

"첫째, 한국 교회는 문화변혁의 사명에 충실해야 한다.
둘째, 교회의 길은 섬김의 길이고 사랑의 길이다.
셋째, 사회적 이슈에도 복음적으로 처방하는 힘을 길러야 한다.
넷째, 국가도 교회가 자신들의 파트너임을 인식해야 한다.
다섯째, 기독교인을 즉결 처형하는 북한에서의 선교는 신중해야 한다.
여섯째, 한국 교회의 남북관계에는 전문성을 가져야 한다."

저자는 3-5장에서 독일통일과 독일 교회의 역할을 다루면서 독일통일이 한국 교회에 주는 교훈을 찾으려고 한다. 독일에서 역사신학을 전공하면서 독일통일에 있어서 독일 교회가 수행한 사랑과 섬김의 역할을 직접 목격한 사람으로 그리고 기독교통일학회를 만든 사람으로 이론이 아닌 구체적이고 실제적인 조언을 하고 있다. 몇 가지 중요한 조언들을 인용한다.

"동독 교회를 서독 교회는 순수한 사랑에 의해 물질적으로 도왔는데, 참으로 감동적인 순간이었다. 놀라운 것은 단 한 번도 도와준 돈의 사용처를 확인하지 않았다는 점이다."

"재정적 지원의 중요한 다른 축을 형성하고 있었던 그룹은 다름 아닌 디아코니아 재단이었다. 디아코니아 재단의 활동은 병원, 양로원, 고아원 등을 위시하여 도움의 손길이 필요한 그 어떠한 기관이라도 주의 사랑으로 찾아가서 따뜻한 이웃이 되었다. 디아코니아 재단의 활동은 결국 동서독의 인간관계를 언제나 견고히 묶어주는 사랑의 띠였던 것을 우리는 확인하였다."

"역사적인 독일의 통일은 실로 '조용한 개신교 혁명'이었다. 이와 같은 역사의 교훈에 귀를 기울이는 한국 교회여야 할 것이다. 역사는 궁극적으로 오늘의 자신을 인식하게 한다. 역사의식의 상실은 결국 모두를 역사적 치매로 이끌어 하나님이 주시는 참된 내일의 희망이 아니라, 근거 없는 미래의 불안만을 가중시킬 뿐이다. 북한에 남겨진 형제/자매들을 돕는 일은 우리 주님의 명령에 대한 순종일 뿐 아니라, 궁극적으로 우리 자신을 돕는 일이 될 것이다. 왜냐하면 이것이 다가올 통일 한국으로 가는 길을 닦고 가꾸는 지혜이기 때문이다. 교회는 정치적 논리를 따라가서는 안 된다. 교회는 민족의 상처를 메우고 넘어서 이제 서로 용서와 화해, 사랑과 하나됨, 통일에로 나아갈 수 있도록, 그 길을 평탄케 하는 일에 앞장서야 할 것이다."

"민족의 허리를 자르고 묶어 놓은 휴전선은 한국 교회가 세계복음화로 나아가는 데 있어 거대한 장애물임을 바로 통찰하고 인식해야 할 것이다. 그것은 바로 흑암에 앉아 신음하는 2,300만 북한 동포에게, 13억 중국인에게, 그리고 저 광활한 실크로드를 타고 중동아시아와 아랍 여러 나라들과 마침내 사도 바울이 그 첫걸음을 떼었던 복음선교의 출발지인 예루살렘, 안디옥으로 향하는 거대한 복음선교의 대장정을 펼칠 수 있는 길을 가로막고 있는 것이다. 이 지구상 마지막 남은 철의 장막 휴전선이 제거되는 순간 한반도의 통일과 함께 복음의 환태평양 시대가 북한을 출발점으로 도래할 것으로 기대한다. 세계복음화의 본격적 출발은 비로소 휴전선이 걷힐 때이며, 이것이 21세기 우리가 통찰해야 할 한국 교회를 향한 하나님의 세계사적 비전으로 생각한다."

저자는 복음과 역사에서 중요한 복음적인 교훈과 함께 역사적 통찰의 교훈을 찾아서 우리들에게 전해주고 있다. 그리고 저자는 한국 교회가 복음보다는 이념에 사로잡혀 있음을 지적하며 한국 교회가 지녀야 할 것은 이념이 아닌 십자가에 나타난 원수 사랑이라고 거듭해서 지적한다.

"북한 문제에 있어서 한국 교회는 이념으로 발목잡혀 있다. 특히 일제시대, 6.25 그리고 분단 시대를 살아오면서 겪은 이념으로 인한 깊은 상처는 마치 복음이 이념을 대치하여 존재하는 상대적 진리로 착각하게 만들었다. 그래서 공산주의 내지는 사회주의의 적은 기독교이며, 기독교 역시 공산주의 내지는 사회주의를 적그리스도로 생각하기에 이르렀다. (사실) 예수 그리스도를 죽인 자들은 유대인들이었다. 그들이 예수 그리스도를 대적하며 그들의 적으로 삼은 것이었다. 죽임을 당하신 예수님은 유대인들을 적그리스도로 여기며 그들과 싸울 것을 마음에 굳게 다짐했는가? 결코 그렇지 않았다. 자신을 죽였던 원수들을 역으로 품으시고 사랑하신 예수님의 모습은 오늘 한국 교회가 공산주의 북한을 향해서 가져야 할 태도이다.

한국 교회가 가져야 할 자세는 이념을 대적하여 북한을 원수 삼아 쳐

부수고 싸울 것이 아니라, 그들을 그리스도의 사랑으로 품고 그들의 어리석음을 내놓고 기도하며, 그들의 고난과 아픔에 참여하는 진정한 기독교인으로 살아가야 한다. 하나님의 복음은 인간의 이념을 치유하는 것이지, 인간의 이념을 대적하여 싸우는 하나님의 진리가 아니다. 그렇지 않고서는 통일 후 무신론적 공산주의자와 기독교인이 함께하지 못한 채 평화를 깨뜨릴 뿐 아니라, 통일 한국에서의 트러블메이커로 등장할 가능성도 없지 않음을 새겨들어야 할 것이다. 복음의 사람들이 품지 못할 사람들이 없음을 성령의 능력으로 확실히 인식해야 한다. 기독교의 사랑은 궁극적으로 원수 사랑이기 때문이다."

한국 교회가 현실적으로 받아들이기에 너무 어려운 조언이지만 너무나도 귀중하고 올바른 십자가 복음적인 사랑의 조언이라고 생각한다. 사실 나 자신은 본래는 반공, 반북, 반이슬람 운동에 앞장섰던 극히 보수적이고 배타적인 사람이었는데 지금은 이상하게도 공산주의자들, 북한 사람들, 이슬람교도들 및 타종교인들과도 친밀하게 교제하며 사랑과 도움의 손길을 펴는 진보적이고 포용적인 사람이 되었다. 저자는 계속해서 몇 가지를 제안한다.

"기독교 대북 NGO 활동: 싸늘한 냉전 가운데 남북의 대치 상황에서 한국 교회가 할 수 있는 길은 기독교 대북 NGO를 통한 실천이 바람직하다."

"교회의 사회적 역할: 세상을 바꾸지 못하는 복음은 허수아비이며, 그 존재를 의심하게 한다."

"새 술은 새 부대에: 옛 사람을 벗어 버린 후 새 옷을 입은 사람들로서 새 시대를 준비하는 기독교인이 되어야 한다."

"이미의 통일론: 여전히 분단으로 인해 문제는 많지만, 그래도 교회는 '이미' 통일을 앞당겨 맛보는 지혜를 가져야 할 것이다."

"맺는 말에서는 통일이 이루어졌을 때 부작용이 많이 일어나지 않도록 준비해야 하며, 특히 정신적으로 북한인들에게 도움이 되도록 우리의 신앙과 도덕성을 함양해야 할 것이다."

일곱 가지 원칙을 확립하는 한국 교회가 될 수 있었으면 한다.

첫째, 성경적 음성에 순종하라.

둘째, 존경을 받는 교회로 거듭나라.

셋째, 십자가의 사랑에 보답하라.

넷째, '상처 입은 치유자'로 나서라.

다섯째, 정치를 이끄는 교회가 되라.

여섯째, 통일을 앞당겨 맛보라.

일곱째, 사회적 역할을 감당하라.

깊고도 바르게 생각한 제안들이라고 생각한다.

저자는 5장에서 독일통일을 '조용한 개신교 혁명'이라고 지칭하면서 한국 교회에 주는 교훈을 계속해서 찾고 있다.

"통일 후 독일 교회의 현황과 과제를 인식하여 통일 후 한국 교회의 모습을 예측하며, 그에 대한 사전 준비를 하는데 필요한 아이디어를 발견하고자 함에 있다."

"물론 독일과 한국은 분단에 있어서 확연히 다른 역사와 상황들을 가지고 있다. 동족상잔의 뼈아픈 전쟁을 치른 한반도의 상황, 그로 인해 남북이 서로 간에 가졌던 원한과 상처는 독일과는 비교할 수 없는 것이기도 하다."

"그럼에도 불구하고 방관과 미움의 태도를 계속해서 한국 교회가 견지해도 좋다고 할 수는 없다."

"어쨌든 서독 교회가 무신론주의에 빠진 동독을 돕는 일은 어렵고 지난한 일이었고, 오늘 우리가 북한을 돕는 일도 어렵고, 힘이 들고 분명 지난한 일임에 틀림없다. 그럴 때일수록 한국 교회는 하나님께 칭찬받는 교회로 거듭나야 한다."

"독일통일 전 독일 교회의 통일을 위한 역할은 자타가 인정하듯이 매우 결정적이었는데 저자는 이에 대해 '특별한 공동체', '실천적 대화', '섬김의 신학', '디아코니아 재단', '사회주의 속의 교회'로 구분하여 동서독 교회가 함께 했던 공동 행사 등으로 묘사할 수 있다."

"마음의 통일: 동독과 서독 사이의 장벽이 허물어진 것은 사실이다. 그러나 이보다 더 어려운 것은 사람들의 마음속에 있는 장벽을 제거하는 것이다."

"깨어진 꿈: 독일 교회의 가장 큰 좌절감의 근거는 통일 후 기대했던 교회로의 '복귀의 붐'이 일어나지 않은 점이었다."

"공산주의의 잔재: 현재 독일 교회가 당면한 문제로서 '청소년 축복식'은 동독 공산 정권이 오늘 통일 독일에게 남겨준 슬픈 유산이다."

"의무 신앙교육: 통일 후 독일 공립학교의 정식 의무과목인 '학교 신앙교육'은 위기를 맞고 있다."

"극우파의 부활: 통일 후 독일에서 극우파 네오 나치주의자들에 의한 외국인 증오로 인한 범죄는 심각한 수준에 이르고 있다."

"부흥을 외치는 독일 교회: 급기야 독일 교회는 통일 후 교회의 어려운 현재를 보며, 부흥을 외치는 교회로 나섰다."

"교회의 사회적 역할: 독일통일 후 제기되는 많은 사회적 문제는 교회의 손을 요구하고 있다."

"통일과 한국 교회: 독일 교회의 역사에서 우리 한국 교회는 지혜를, 교훈을 얻어야 한다. 그것은 한 마디로 북한 동포를 위한 예수 그리스도의 사랑, 그 조건 없는 사랑의 인내 어린 실천이다!"

저자는 6장에서 한국 교회의 통일신학을 언급한다.

"21세기 세계 최대 사건은 남북의 통일이 될 것이다"라고 선언하면서 '한국 교회의 통일신학'을 사실적으로 다룬다. 먼저 한국 교회가 복음과 현실을 외면하고 있다고 비판적으로 진단한다.

"한국 교회에서 복음은 하늘에서 내려오다 말고 공중에 멈춰 서 있다. 처절하기까지 한 인간의 삶의 현장인 땅에까지 이르지 못하고 있기에, 구체적 현실에서 어떻게 행동해야 하고 살아야 할지를 말해 주지 못하고 있다. 너무 홀리한(?) 한국 교회는 사람들의 생의 현장을 모르기에 말하기를 꺼려할 뿐 아니라, 그들의 땅의 삶을 쉽게 속되다 말하며 무관심 속에 방치하기에 이르고 있다. 한국 교회는 이중적이고, 이원론에 빠진 중세 교회와 다르지 않다."

"한국 교회가 처한 한반도의 위기에 대한 인식도 감상적이며 즉흥적이고 체계적이지 못하고 세상적이며 이념적이다. 세상과 함께 길을 잃은 한국 교회는 답 없이 거센 세파에 밀려 방황하고 있다."

저자는 이와 같은 상황으로부터 한국 교회가 새로워져야 한다고 지적한다.

"이제 한국 교회는 거룩하다는 성의를 벗고 일상의 작업복으로 갈아입어 성도들이 처한 리얼한 삶의 현장으로 내려와 함께 생활하며 예수님처럼 그들의 친구가 되어야 한다."

"한국 교회는 한반도가 처한 안타까운 현실에 대한 바른 인식이 이루어져야 한다. 세상이 어떻게 돌아가는지, 세상이 어느 곳에 와 있는지, 우리의 이웃이 어떻게 아파하며 눈물을 흘리고 있는지, 무엇이 문제인지를 치열하게 공부하며 알아야 한다."

"한국 교회는 예배당에 숨어 있다. 아니 한국 교회는 예배당에 갇혀 있다. 한국 교회는 실질적으로 세상 속에서의 역할을 상실하는 교회로 전락하고 말았다. 감사한 것은 점점 한국 교회의 지도자들이 성경에 근거하여 사회참여가 바람직하다는 생각을 하고 있다는 점이다. 하나님이 다스리지 아니할 한 치의 땅도 지구 위에는 존재하지 않는다. 이런 맥락에서 한반도의 분단은 오늘의 한국 교회가 마땅히 짊어져야 할 십자가, 중요한 과업으로 다가오고 있음은 다행하고 감사하다."

저자는 한국 교회가 변화되기 위해서는 예배 자체가 '삶으로 드리는 예배'가 되어야 한다고 지적한다.

"진정한 성도의 예배는 예배당 안에서만 이루어지는 의식으로서 결코 모든 것을 다했다고 할 수 없다. 삶이 전제되지 않은, 또는 삶과는 무관한 예배를 하나님이 받으신다는 생각은 잘못이다."

"기도가 달라져야 한다"라고 지적한다. 개인주의에 입각한 기복주의에서 벗어난 "하나님의 나라 및 하나님의 통치 관점에서 기도가 행해져야 한다."

"우리의 기도가 하나님의 나라가 그 곳이 어디든지 속히 임하길 바라는 간절함과 소망 가운데에서 드려지는 기도로 변할 때 한국 교회는 한반도의 분단이 얼마나 크고 강렬한 기도의 제목인가를 인식하며 세상을 변화시키는 눈물 어린 뜨거운 기도를 하게 될 것이다."

"한국 교회가 복음의 진리를 삶의 현장으로 가져가는 일에 보다 더 치열한 혼신의 노력을 기울여야 한다."

"분단하의 한국 교회가 감당해야 할 역할은 정치를 뛰어넘고 이념을 초월하여 복음적 확신 속에서 오직 십자가의 사랑으로 배고픔, 추위, 질병, 인권유린으로 인해 죽어가는 2,400만 명의 이웃을 향해 순수한 사랑을 조건 없이 베푸는 일이다. 그럴 때 아직 땅은 분단 상황이지만 그 분열을 넘어 하나 되는 통일을 벌써 맛보게 될 것이다. '아직' 분단 상황이지만 '이미'의 통일을 당겨 누리게 되고, 보다 자연스럽게 그 바라던 '아직'의 통일도 현실로 찾아오게 된다는 말이다."

저자는 7장에서 '선언문으로 본 교회의 통일운동'을 다룬다. 한국기독교교회협의회(KNCC)의 이름으로 1988년 2월 29일 발표된 '민족의 통일과 평화에 대한 한국 기독교회 선언'과 1994년 2월 19일 기독교학문연구회와 기독교대학설립동역회 등7개 단체의 이름으로 발표한 '1994 한국 기독교인 선언'을 다루면서 그 의미를 평가한다. 그리고 1994년 5월 한국 기독교총연합회 대표회장의 이름으로 발표된 '통일 및 북한선교를 위한 결의문'과 1996년 12월 17일 한기총 49개 가맹교단

교단장과 13개 기관단체장 및 한기총 통일정책위원회 임원 전문위원 및 공개정책회의 참석자의 이름으로 발표된 '한국 교회의 통일정책 선언'도 다루면서 그 의미를 평가한다. 그리고 1998년 11월 9일 한국기독교교회협의회가 '88선언'의 10주년을 맞이하여 발표한 '한국기독교교회협의회 88선언 10주년 기념 선언문'도 다룬다. 그러면서 다음과 같이 지적한다.

"교회는 메시아적 공동체이다. 미래를 현재로 사는 공동체이다. 아직 통일이 오지 않았지만, 이미 통일의 새 세계를 열어가며 사는 공동체이다. 그렇게 함으로써 남북교회는 남북의 모든 민중에게 소망을 줄 수 있어야 한다."

"새로운 출발은 참된 회개에서 가능하다. 회개를 통한 새로운 삶의 변화를 요청하고 있다. 통일운동은 진보와 보수를 아우르는 대중적 연대 운동이어야 한다."

"우리 주님께서는 섬김을 받으러 오신 것이 아니라, 도리어 섬기러 오셨는데 예수님 스스로가 자신을 '섬기는 자'라고 일컬으셨다. 우리도 이처럼 이러한 섬김의 행위를 가지고 이 사회 속에서 존재하기를 바랄 뿐입니다. 교회의 삶의 스타일은 사랑이라는 의미입니다."

저자는 8장에서 '한국 장로교와 통일 비전'이라는 제목으로 한국 장로교회의 밝은 면과 어두운 면을 있는 그대로 진술하게 다룬다.

"한국 장로교회는 100여 년 동안 세계 교회사에서 유래를 찾아 볼 수 없을 정도로 하나님의 크신 은혜를 누렸다. 세계 교회도 부러워하며 호기심 어린 눈으로 한국 교회를 주목하게 되었으니 참으로 감사하지 않을 수 없다."

"그렇다고 한국 교회에는 마냥 감사할 일만 있지 않았음을 인정한다. 결코 길지 않은 세월 속에서도 한국 장로교회는 수많은 분열을 거듭하였으니 얼굴을 제대로 들 수 없을 정도이다. 한국 장로교회는 서로 이해하지도 사랑하지도 관용하지도 못한 채 상대방의 작은 티를 들보로 확대해 보며 정죄하고, 부질없는 세상 욕심 때문에 수많은 싸움과 분열을 거듭해 왔다. 2012년 현재 300여 개가 넘는 한국 장로교단은 기네스북에라도 올릴 수 있을 만큼 무분별한 분열의 프로, 아니 분열의 포로가 되어 있다."

"한국 교회가 아무리 세계선교를 거창하게 외치고 열정적으로 이웃사랑을 내세운다 할지라도 가장 가까운 우리의 이웃 북한의 2,400만의 영육을 사경에 헤매게 방치하고 있다면 한국 교회는 위선자이며, 회칠한 무덤이다. 하나님은 한국 교회가 올바르게 성숙하기를 원하시며, 보다 더 업그레이드되길 기다리신다."

저자는 하나님께서 한국 교회와 한국 장로교회에 내리신 세계복음화의 사명을 완수하기 위해서라도 남북의 화해와 통일을 반드시 이루어야 한다고 강조한다. 그리고 거듭해서 성경적 통일론을 다음과 같이 구체적으로 설명한다.

"원수를 사랑하라."

"사마리아로 가라."

"비유의 의미를 재고하라."

저자는 그 비유의 의미를 이렇게 재고한다.

"범죄한 강도를 정죄하고자 선한 사마리아 사람의 비유를 들고 있는 것은 아니다. 예수님께 강도는 십자가 위에서 행하셨던 것처럼 구원의 대상이며 사랑의 대상이다. 십자가 위에서 만난 강도에게 구원이 선포되는 장면은 오늘날 한국 교회가 마음에 담아야 할 소중한 장면이다.

이런 맥락에서 십자가의 복음은 강도와 같은 죄인들을 감동시키는 복음이어야 한다. 그들을 정죄하며 기독교적 삶의 영역에서 쫓아내어 소외시키는 우를 범해서는 안 된다. 이럴 경우 다시 바리새인적 우를 범하게 되며, 사람의 하나됨을 근원적으로 추구해야 할 통일의 아름다움을 한국 교회가 앞서 무너뜨리게 될 것이다. 제자들의 강력한 만류를 뿌리치고 사마리아로 들어가셔서 사마리아의 복음화를 이룩하신 놀라운 예수님처럼 한국 교회는 북한을 품에 안고 기도한 후 그가 누구이든지 간에 우리가 가진 정죄와 판단의 칼을 내려놓은 후 선한 사마리아 사람이 행했던 그 순전한 사랑을 비로소 실천할 수 있게 될 것을 기억해야 할 것이다."

너무나도 귀중한 재고이고 착상이고 받아들이고 실천하여야 할 교훈이라고 생각한다. 그리고 한국 교회가 언젠가 21세기 세계사에 있어 최대의 사건이 될 남북통일이 이루어졌을 때, 하나님과 세계 교회 앞에 '한국 신앙고백'(The Confessio Coreana)을 '제2의 예루살렘'으로 불렸던 평양성에서 선포하는 것이라고 지적한다. 그리고 '교회의 남북교류를 위한 5원칙'을 다음과 같이 제안하고 있다.

첫째, 성경적 원리를 확립하라.

둘째, 존경 받는 교회여야 한다.

셋째, 보답하는 사랑을 해야 한다.

넷째, '상처 입은 치유자'로 나서야 한다.

다섯째, 정치를 이끄는 교회여야 한다.

저자는 9장에서 '북한 교회 회복'을 다룬다. 북한 교회의 회복과 재건에 대한 여러 전문가들(김중석, 한화룡, 한기총 남북교회 협력위원회, 조동진, 신효숙, 오일환, 정지웅, 김동선, 손봉호 등)의 제안들을 조심스럽게 그러나 긍정적으로 소개한 후 다음과 같이 현실적인 결론을 내리고 있다.

"한국 교회는 먼저 통일 후 북한 교회 재건에 대한 잘못된 환상을 버려야 한다. 통일 후 많은 돈을 들여 멋있는 예배당을 북한 땅에 짓고, 잘 교육된 목회자들을 파송하면, 북한 교회 재건이 쉽게 되리라고 생각한다면 그것은 큰 오산이다. 통일 후 독일 교회는 이러한 환상이 얼마나 잘못인지를 가르치며 교훈하고 있다. 그러기에 북한 교회 재건은 이미 분단 하에서 보다 침착하고 슬기롭게 준비되어야 한다. 분단하 한국 교회가 어떻게 하느냐에 따라 통일 후 북한 교회 재건의 성패는 달려 있다. 통일 후 전리품 정도로 북한선교를 생각한다면 한국 교회는 다시 뜻밖의 위기를 맞을 것이다. 준비하는 통일이 아름답다고 할 수 있을 뿐만 아니라, 준비하는 북한 교회 재건이 아름답다고 하겠다.

한국 교회는 기도로 준비해야 할 뿐만 아니라, 실질적이면서도 다각도로 예상하고 전문적으로 준비해야 하고, 탈북자 교회를 통해 '이미의 북한 교회'를 재건하는 데 노력해야 한다. 사실 탈북자들의 결신율은 그리 높지 않은데, 이는 북한 교회 재건이 얼마나 어려울지를 미리 보여준다. 이런 맥락에서 독일 교회는 우리에게 생생한 경험을 선사한다. 그렇게 꿈꿨던 '복귀의 붐'이 독일 교회에서는 전혀 뜻밖에도 무산되었다. 반세기에 걸친 집요한 동독 공산 정권의 반기독교 교육이 통일 후에도 여전히 힘을 발하고 있기 때문이다."

"통일 한국을 꿈꾸며 한국 교회가 시급히 준비해야 할 것은 예루살렘 성전도 그리심 산 성전도 결코 아니라는 사실이다. 통일 한국 북한 교회 재건을 위해 우선되어야 할 것은 영과 진리로 하나님 앞에 예배드릴 수 있는 그 구별됨, 거룩함의 사람, 사람들이다."

저자는 10장에서 '김준곤의 통일신학'을 상세하게 다룬다.

"남북통일을 위해 김준곤이 제시한 길은 제3의 길이었다. 한반도의 캄캄한 어둠이 아직 걷히지도 않은 때 서둘러 길을 나선 그만의 길, 곧 김준곤의 공공신학이었다. 그의 모습은 많은 기도, 묵상, 독서 게다가 세상을 바라보는 예리한 통찰력이 낳은 열매라고 생각한다. 한 마디로 유성(김준곤의 호)의 통일신학은 한결같고 분명했으며, 복음적이었다. 그는 암담한 시절 절제된 언어로 통일을 꿈꾸며, 그가 만난 꿈을 잃어버린 한국의 청년들에게 자기만의 강렬하고 노골화된 언어와 방식으로 애절하고 강력하게 호소했다.

시간이 지나면서 정치적 상황이 바뀜과 함께 점점 적극적인 언어로 그의 통일을 향한 비전이 보다 구체적으로 분명하게 드러났다. 김준곤은 정치적이고 이데올로기적이며 냉전적 성격을 지닌 남북분단을 영적인 차원으로 바라보며 따뜻한 민족 복음화에서 그 해결책을 찾았다."

저자는 김준곤의 통일신학을 '혁명주의', '반전주의', '반공주의'로 규정하면서 동시에 '민족 복음화'의 열정에서 찾고 있다.

"반공주의자 김준곤과 공산주의자와의 만남은 결코 쉽지 않지만, 그들의 복음화를 위해 원수 사랑은 김준곤에게 길을 열어 주고 있는 것이다. 김준곤은 예수님이야말로 '초주의자'로서 이 지상의 어느 정치 체제도 지지하거나 반대하는 그 어떤 주의자가 아니며 진보주의자나 보수주의자도 아니고 초주의자이며, 좌익도 우익도 아닌 '초익'이라는 점이다. 예수님이야말로 그 대상이 누구이든지 모든 죄인들을 위한 구세주라는 사실을 제시한다. 여기서 북한의 공산주의와 김준곤이 소유한 예수 복음과의 만남이 기꺼이 만나게 된다. 바로 여기에 김준곤의 통일신학의 핵이 있다."

결국 저자는 김준곤의 '통일신학'을 '사랑의 통일'과 '복음화의 통일'로 설명한다. 그리고 김준곤의 통일운동을 다음과 같이 기술한다.

"김준곤에게 통일운동은 한국 교회가 연합하여 함께 건너야 하는 강이며 뚫어야 할 장벽으로 피할 수 없는 과제였다."

저자는 김준곤이 '1.1.1.기도운동'을 일으킨 것을 소개한다.

"매일 오후 1시에 1분 동안 각자가 있는 곳에서 세 가지 기도를 하는 운동으로, 그 중 첫 번째 기도가 남북통일, 민족과 세계의 복음화를 위해 기도하였다. 북한의 한 동리, 학교, 기관들을 양촌(陽村) 삼듯 기도자의 중보기도 대상 마을로 삼는 기도운동이다."

저자는 김준곤이 북한 동포들을 돕기 위해 '식량은행'을 만든 것을 소개한다.

"한국 교회가 예수님의 사랑에 근거하여 북한 동포들의 식량을 책임지겠다는 자세로 식량자금 모금 및 적금을 위한 운동을 전 교회적으로 전개하기 위한 운동이었다."

저자는 김준곤이 '기독교 대학생 통일봉사단'을 만든 것을 소개한다.

"한국 CCC는 1995년 5월 20일 잠실올림픽 주경기장에서 10만 대학생 통일봉사단의 입단 및 헌신 서약식을 거행하였다. 이는 북한선교와 아울러 세계선교에 헌신하는 순간이었다."

저자는 김준곤이 북한 동포들을 돕기 위해 '금강산 젖염소 목장'을 만든 것을 소개한다.

"이렇게 김준곤은 국토 통일 이전에 '사랑의 통일'을 꿈꾸었던 것이다."

저자는 한국 교회가 대북 정책에 있어서 양극으로 갈라져 있을 때 김준곤은 남북통일을 위해서 자기만의 길을 걸어갔다고 지적한다.

"그러한 현실에서 남북통일을 위해 자기만의 길을 줄기차게 걸어갔던 인물이 김준곤이었다. 그 길은 예수님의 삶에서 밝혀 낸 복음적인 통일론으로 미워할 수밖에 없는 북한을 예수님 사랑으로 극복하여 그들의 고난에 적극적으로 참여함과 동시에 그들을 예수 그리스도의 피 묻은 복음으로 북한과 한국을 복음화하여 결국은 민족 복음화로 통일을 이루는 것이었다. 그토록 열심히 김준곤은 통일을 외쳤으나 순수하게 성경 안에서 통일의 길을 찾았던 것이다. 여기에 이념적인 오해를 떨쳐 버릴 수 있었기에 철저한 반공주의자 김준곤에게 철저한 반공주의로 무장한 한국 교회도 그리고 군사독재 정권도 그 어떠한 이의를 제기하지 않았다.

세월이 흘러 군사독재 정권이 끝나고 김영삼 장로가 대통령이 되고, 김대중 대통령, 노무현 대통령이 정권에 올랐을 때 김준곤의 통일신학은 실천적인 면에서 점점 더욱 두드러지는 행보를 보이기 시작하였다. 여기서 김준곤의 통일신학은 이론과 실천을 갖춘 진정한 복음적 통일신학으로 평가할 수 있을 것인데, 21세기에도 여전히 예배당에 갇힌 한국 교회가 추구해야 할 공공신학(public theology)이라 일컬을 수 있을 것이다. 철저한 체험적 반공주의자인 김준곤이 어떻게 북한을 품어 그토록 뜨겁게 사랑할 수 있는지에 대해서는 놀랄 수 있겠지만, 예수님 사랑이 김준곤으로 하여금 불가능한 원수 사랑을 가능하게 하는 능력이었다.

한반도에 살아가는 민족의 가슴마다 피 묻은 그리스도를 심어 푸르고 푸른 그리스도의 계절이 오기를 갈망했던 열정적인 복음의 사람 김준곤은 결국 민족 복음화에서 남북통일의 꿈을 달성하려 했다. 실타래처럼 꼬인 남북분단의 문제를 김준곤은 영적 방정식으로 풀어낼 수 있었던 것이다. 하나님의 방법으로 민족의 길을 찾아 나섰던 김준곤이야말로 영적 꿈쟁이, 한국의 요셉이었다.

이제 우리에게 남겨진 일은 그의 비전을 따르며 그것을 보다 구체화하고 체계화하는데 최선을 다해야 할 것이다. 남북통일은 오늘도 한계에 부딪힌 정치가에게만 맡겨 놓을 것이 아니라, 21세기 한국 개신교의 피할 수 없는 숙제라는 점, 그리고 왜 한국 교회가 이 일을 과제로 삼아야 하는지를 바로 인식하여 알리는 것이라 하겠다. 미래 어느 날 남북통일이 되었을 때, 김준곤의 통일신학이 통일에 초석을 놓아 한국 개신교가 이룩한 일이었다고 평가를 들을 수 있었으면 참으로 좋겠다."

저자는 마지막 11장에서 '평양 대부흥 집회'에 대한 입장을 피력한다.

"한국 교회는 2007년을 맞이하여 제2의 도약을 추구했다. '부흥, 어게인 1907'이 2007년을 맞이하는 한국 교회의 바램이었다."

그런데 그 바람은 무산되고 말았다.

"한국 교회는 그 뜨거울 것만 같았던 부흥을 경험하기는 고사하고, 한국사회, 언론의 심한 질타를 받으며, 아니 무차별적인 폭격을 받으며 침몰의 위기마저 느끼고 있다. 한국 교회는 부흥은 고사하고 현상유지도 어렵다는 두려움에 빠져들기도 했다."

결국 저자는 지금 요구되는 것은 대형 집회가 아닌 '윤리적인 실천'이라고 지적한다.

"동서 분단하 독일 교회의 NGO '디아코니아 재단'을 통한 활약은 남북분단하 한국 교회의 윤리적 실천에 많은 숙고와 아이디어를 제공한다. 무엇보다도 무신론주의에 빠진 북한 정권과 기독교와의 연결고리는 다름 아닌 윤리적 현장일 수밖에 없다는 점이다. 아가페의 사랑에 입각한 수준 높은 기독교 사회윤리를 가지고 공산주의자들을 감동시키는 방법 외에 다른 방법은 없다.

한국 교회가 '1907년 부흥 어게인'을 외치며 여기저기 기존의 대형 집회를 옛 방법으로 계획했지만, 무언가 겉돌고 있다는 느낌이다. 특히 평양에서의 집회까지도 계획해 보았지만 꿈같은 공허한 이야기로 끝을 맺고 있다."

"그렇지만 최근 들어 기독교 NGO의 활동, 곧 NGO를 통한 디아코니아가 다양하며 구체적이고 활발하다. NGO 사역에의 참여를 통해 상당한 기독교인들이 사회 속에서 존재 의미를 발견해 가고 있는데, 이는 '너희는 세상의 소금과 빛'이라는 예수의 윤리적 선언을 조금씩 깨달아 가고 있기 때문이다. 사회를 향한 한국 기독교 윤리의 천착이 이론적으로뿐만 아니라 실천적으로도 절실하게 요구된다고 하겠다. 기독교

NGO는 기독교 사회윤리의 구체화라는 관점에서 절실히 요구되고 있으며, 한국 교회가 무신론주의 북한과의 연결고리를 만드는 성경적 지혜이기도 하다."

저자는 다음과 같이 마무리한다.

"한반도 평화와 남북통일을 향하는 한국 교회의 인식은 보수와 진보의 입장차가 분명히 있지만, 시간이 지나면서 점점 전향적으로 나아가고 있으며 많은 점에서도 생각이 겹치고 있다. 한국 교회가 이제는 더욱 체계적이고, 더욱 성숙한 신앙과 교회로 거듭나서 북한을 상대할 수 있길 기대한다. 한국 교회는 성숙된 신앙과 그리스도의 사랑으로 하나 되는 통일을 미리 맛볼 수 있을 것이다.

분단의 휴전선을 초월하여 그리스도의 사랑으로 통일을 미리 앞당겨 맛보는 '이미의 통일론'을 가져야 할 것이다. 기독교 사회윤리의 실천은 기독교 최고의 미션인 복음전파, 선교를 위한 또는 향한 가교 곧, '이미의 복음화'(Pre-evangelism)의 역할을 감당한다. 한국 교회가 기독교 사회윤리학적 관점에서 지금이라도 철저한 자기 개혁적 성찰이 요구된다. 과연 고난당하는 북한에게 한국 교회는 어떤 존재였는지, 북한은 한국 교회를 어떻게 생각하며 이해하고 있는지를 알 필요가 있다. '배고픈 자에게 먼저 먹을 것을 주라'는 주의 음성이 들린다."

저자의 귀중한 저술인 『통일로 향하는 교회의 길』의 독후감을 마무리하면서 내가 2015년 1월 1일 오후 2시 임진각에서 모인 '한국 교회 평화 통일 기도회'에서 '한반도의 화해와 평화와 통일을 염원하며' 라는 제목으로 전한 메시지 또는 기도문을 거의 그대로 옮긴다.

## 기도문

 "하나님 아버지! 하나님께서는 우주 만물을 창조하시고 우리 죄인들을 구원하시는 창조와 구원의 하나님이시지만 궁극적으로는 '화해와 평화와 통일'의 하나님이신 것을 이 죄인은 잘 알면서도 한 평생 민족의 구원은 물론 민족의 '화해와 평화와 통일'을 위해서 마음도 몸도 생명도 바치지 못하고 오히려 상대방을 미워하고 정죄하는 반화해적이고 반평화적이고 반통일적인 아니 반하나님적인 반역과 위선의 죄를 짊어지고 이기적이고 정욕적으로 살아온 것을 뉘우치며 북녘 땅을 바라보는 이 자리에서 통회자복합니다.

 하나님 아버지! 하나님께서는 야곱이 자기를 죽이려고 하던 형 에서의 목을 끌어안고 입을 맞추고 울면서 형과 화해한 사실을 기록해서 우리들에게 알려 주셨지만, 우리들은 잘못을 범한 동족을 끌어안지도 함께 울지도 못하고 서로 미워하면서 한 평생을 살아오고 있습니다.

 하나님 아버지! 하나님께서는 요셉이 자기를 애굽에 노예로 팔아 먹은 형들을 만나서 분노와 증오를 나타내는 대신 형제의 정을 억지하지 못하고 방성대곡하고 울면서 형들과 화해한 사실을 기록해서 우리들에게 알려 주셨지만, 우리들은 6.25를 통해 우리들에게 해를 끼친 북녘 동포들에 대한 분노와 증오를 계속해서 지니고 나타내면서 한 평생을 살아오고 있습니다.

 하나님 아버지! 우리들은 분단 70주년을 맞는 지금까지도 남북의 화해는커녕 남남의 갈등과 한국 교회의 분열만 조성하면서 분노와 증오와 정죄와 위선을 몸에 지닌 반화해적이고 반통일적인 삶을 살아오고 있는 죄를 뉘우치며 북녘 땅을 바라보는 이 자리에서 통회자복합니다.

하나님 아버지! 하나님께서는 독생자 예수님께서 십자가에 달려서 보배로운 피를 흘리신 것이 우리 죄인들을 구원하실 뿐만 아니라 세상에 '화해와 평화와 통일'을 이루시기 위함이라고 기록해 주시고 우리들에게 알려 주셨으며 그리고 우리들에게 '화해와 평화와 통일'을 이루는 사명을 주셨지만, 우리들은 오히려 불화와 혼란과 분열을 조성하고 정당화하는 반십자가적인 삶을 살아온 죄를 뉘우치며 북녘 땅을 바라보는 이 자리에서 통회자복합니다.

하나님 아버지! 이제 부끄러운 우리 죄인들이 하여야 할 일이 무엇인지를 생각해 봅니다. 먼저 '화해와 평화와 통일'의 하나님 앞에 무릎을 꿇고 울면서 죄를 회개하는 일이고 그리고 우리 북녘 동포들의 목을 끌어안고 울면서 화해하는 일이라고 생각합니다.

하나님 아버지! 우리들의 불순종의 죄를 통회자복합니다. 북녘의 동포들이여! 우리들의 무정함과 적대시하는 죄를 통회자복합니다.

하나님 아버지! 우리들은 전혀 자격이 없지만 성자 예수님께서 우리 죄인들의 구원과 함께 '화해와 평화와 통일'을 이루시기 위해서 십자가에 달려서 죽으시고 '화해와 평화와 통일'의 제물이 되신 것처럼, 스데반 집사와 손양원 목사가 그 뒤를 따른 것처럼, 우리들도 민족의 '화해와 평화와 통일'을 위한 조그만 제물들이 될 수는 없습니까?

하나님 아버지! 저는 아무 자격이 없는 죄인 중의 괴수이지만, 주님과 누군가를 위해서 제물 되는 삶을 살다가 제물 되는 죽음을 죽기를 소원합니다. 북녘 동포들을 위해서 그리고 민족의 '화해와 평화와 통일'을 이루기 위해서 혹시 제가 제물 되는 삶을 살다가 제물 되는 죽음을 죽을 수는 없습니까?

하나님 아버지! 여기에 모인 부족한 우리들이 평화 통일을 염원하는 기도 소리를 들으시고 긍휼을 베푸셔서 조만간 우리들에게 평화 통일을 선물로 주시옵소서!

하나님 아버지! 여기에 모인 부족한 우리들을 불쌍히 여기시고 남북과 민족의 '화해와 평화와 통일'을 위해 바쳐지는 조그만 제물들이 되게 하여 주시옵소서!

하나님 아버지! 독생자 예수님께서 흘리신 보혈을 보시고 그리고 순교자들이 흘린 피 소리를 들으시고 우리 모두에게 긍휼과 용서와 자비와 은혜와 사랑을 베풀어주시옵소서! 주여! 우리들을 '화해와 평화와 통일'의 도구들로 써 주시옵소서! 미움이 있는 곳에 사랑을 심고, 혼란이 있는 곳에 평화를 심고, 분열이 있는 곳에 일치와 하나됨을 심게 하시옵소서! 예수님의 이름으로 기도드립니다. 아멘!"

## 통일로 향하는 교회의 길
Road of the Korean Church to the National Unification

2015년 05월 30일 초판 발행

지 은 이 | 주도홍

편　　집 | 박상민, 진규선
디 자 인 | 고찬송
펴 낸 곳 | 사)기독교문서선교회
등　　록 | 제16-25호(1980. 1. 18)
주　　소 | 서울시 서초구 방배로 68
전　　화 | 02) 586-8761~3(본사)　031) 942-8761(영업부)
팩　　스 | 02) 523-0131(본사)　　031) 942-8763(영업부)
홈페이지 | www.clcbook.com
이 메 일 | clckor@gmail.com
온 라 인 | 기업은행 073-000308-04-020, 국민은행 043-01-0379-646
　　　　　예금주: 사)기독교문서선교회

ISBN 978-89-341-1458-1 (93230)

※ 낙장·파본은 교환해 드립니다.

이 도서의 국립중앙도서관 출판시 도서목록(CIP)은 서지정보유통지원시스템 홈페이지(http://seoji.nl.go.kr)와 국가자료공동목록시스템(http://www.nl.go.kr/kolisnet)에서 이용하실 수 있습니다. (CIP제어번호: CIP2015012367)